数字化时代下高校教育教学管理创新研究

张毅驰 ◎ 著

吉林出版集团股份有限公司
全国百佳图书出版单位

图书在版编目（CIP）数据

数字化时代下高校教育教学管理创新研究 / 张毅驰著. -- 长春：吉林出版集团股份有限公司，2024.3
ISBN 978-7-5731-4778-3

Ⅰ．①数… Ⅱ．①张… Ⅲ．①高等学校－教学管理－研究 Ⅳ．①G647.3

中国国家版本馆CIP数据核字(2024)第069400号

SHUZIHUA SHIDAI XIA GAOXIAO JIAOYU JIAOXUE GUANLI CHUANGXIN YANJIU

数字化时代下高校教育教学管理创新研究

著　　者	张毅驰
责任编辑	张婷婷
装帧设计	朱秋丽
出　　版	吉林出版集团股份有限公司
发　　行	吉林出版集团青少年书刊发行有限公司
地　　址	吉林省长春市福祉大路5788号（130118）
电　　话	0431-81629808
印　　刷	北京昌联印刷有限公司
版　　次	2024年3月第1版
印　　次	2024年3月第1次印刷
开　　本	787 mm×1092 mm　　1/16
印　　张	11.75
字　　数	260千字
书　　号	ISBN 978-7-5731-4778-3
定　　价	76.00元

版权所有·翻印必究

前　言

经过多年努力,我国教育管理研究和改革实践取得了不错的成绩,在许多方面都有了突破性进展。全国教育工作会议的召开和《关于深化教育教学改革全面提高义务教育质量的意见》《深化新时代教育评价改革总体方案》《关于新时代加强和改进学校体育工作的意见》等一系列教育法规文件的颁布,对教育管理改革提出了许多要求,教育管理工作需要在新形势下做出进一步的调整、深化和完善。

高校的教学管理体系除理念需要更新外,还存在方式陈旧的现象。当前,部分高校仍旧采用行政化的教学管理方式,这种教学管理方式在以前对学生管理起到了很大的作用,但随着社会的进步,行政化的教学管理方式的弊端也逐渐显现出来,它在很大程度上抑制了学生的思想及行为的发展,阻碍了学生的全面发展,高校的教学管理水平、教学质量也得不到提高,因此改革与创新高校教学管理体系势在必行。

随着高等教育的普及,高校学生的数量也越来越多,高校教学管理教师需要管理的学生也越来越多,管理教师不可能兼顾每一个学生,这就要求高校管理教师要不断地提高自己的管理素质,从而能够更好地进行管理。此外,部分高校教学管理教师注重个人的发展、专业的提升,而忽视了对学生的管理,从而导致高校教学管理工作效率低下,阻碍了高校的发展,也不利于学生综合素质的提高。

由于笔者水平有限,本书可能存在一些不足,希望广大读者给予批评指正,以便在今后修订时订正。

目　录

第一章　数字化时代与教育 … 1
第一节　数字化与学习方式的变革 … 1
第二节　数字化与教学方式的变革 … 2
第三节　数字化时代课堂教学变革的历史机遇 … 3
第四节　数字化时代课堂教学变革反思 … 6

第二章　高校教育教学管理概述 … 9
第一节　高校教育教学管理的概念与特点 … 9
第二节　高校教育教学管理中的矛盾分析 … 13
第三节　高校教育教学管理的原则 … 17
第四节　高校教育教学管理的现代理念 … 20

第三章　教育管理的管理科学理论基础 … 26
第一节　古典管理理论 … 26
第二节　行为科学管理理论 … 30
第三节　现代管理科学理论 … 37

第四章　数字化时代高校教学管理理论研究 … 54
第一节　数字化新媒体对高校教育教学管理带来的冲击 … 54
第二节　数字化新媒体时代高校教学管理体系的改革 … 59
第三节　数字化新媒体环境下教学档案管理 … 61
第四节　数字化时代探究式公共管理案例教学 … 63
第五节　数字化新媒体的实践教学过程管理和质量考核 … 67
第六节　数字化新媒体背景下高校多媒体教室的管理 … 70
第七节　高校数字化新媒体建设管理办法 … 74

第五章　数字化时代下高校教育教学与改革···77

　　第一节　新媒体与高校新型教学互动···77
　　第二节　数字化时代下高校教育工作···80
　　第三节　数字化时代下高校课堂教学···83
　　第四节　数字化时代下高校媒介素养教育···87
　　第五节　数字化时代下高校心理健康教育···89
　　第六节　数字化时代下高校教育教学改革···93

第六章　数字化时代下高校教育教学创新研究·······································113

　　第一节　新课程理念下的数字化新媒体教学·······································113
　　第二节　数字化新媒体实务教学新路径···115
　　第三节　数字化新媒体实践教学与设计···118
　　第四节　数字化新媒体环境下构成设计教学·······································123
　　第五节　数字化新媒体环境下字体设计的教学···································126

第七章　数字化时代高校教学管理创新研究···131

　　第一节　数字化时代高校教学管理创新的必要性·······························131
　　第二节　数字化时代高校教学管理创新发展探索·······························134
　　第三节　数字化时代高校教学管理创新···137
　　第四节　大数据背景下高校教学管理创新···142
　　第五节　MOOC背景下高校教学管理创新··144
　　第六节　数字化高校教学管理创新问题及发展思路···························163

参考文献···179

第一章　数字化时代与教育

美国著名的新闻和媒体大亨鲁伯特·默多克在一次演讲中说："在座的各位，都不需要我告诉你们，人才和科技怎样使我们的生活变得更加富有和多彩。不管我们到哪里，我们都可以看到电子科技给生产力带来的进步。科技也创造了比以往更多的工作机会，同时把我们从时间和空间的局限中解放出来。"

以信息技术为枢纽的数字化形式是当前世界经济转型的典型表现，在信息技术的冲击下，未来的社会将逐步向扁平化演进，在这种扁平化趋势影响下的全球分散式信息，将会形成基础设施。因此，未来每一个人都必须具备理解当今全球性知识的基础技能。可见，以互联网为支撑的产业革命让科技生产者处于创新人才链的源头位置，具有丰富的知识、能够自我获取新兴科技和探索未知能力的创新人才成为这个时代的领军人物，这些人才是在互联网上能够灵活运用各种科技知识的综合型人才。

面对这样的人才需求，在讨论全球教育改革思潮时，有学者认为，之所以当前以新自由主义为主导的经济理论日渐盛行，各国不约而同地围绕经济展开激烈竞争，这都与新的信息技术发展密切相关，正是新的信息技术发展才使得"产生知识、信息处理与沟通技术"成为生产力的来源，教育创新更是在全球范围内迅速更新原来的模式。在教育领域，信息技术带来了个性化、智能化、定制化等新的学习理念，基于这种理念，也出现了新的学习方式。新的人才培养将以新技术与信息技术融合创新为手段，更注重学生的学习能力发展，这不仅是顺应社会的发展，而且满足人类全面发展的需要。

第一节　数字化与学习方式的变革

一、学习方式

传统的学习方式主要是教师对学生的单向传输，学生需在规定时间内达到测试要求，学习路径呈现出同质和线性发展趋势。而今，信息技术让知识以网状化进行传播和应用，具有强烈的时效性和前沿性。这些碎片化的知识点来源于人们任意时间的意义表达，学习者用多元化思维来思考。学习内容不再局限于教材，获取知识的途径和时间更趋向个性化，真正实现了"以人为本"。信息技术创造了跨越时空的扁平化交互式教育平台，消除了人们之间的距离。学习结构由传统金字塔型转变为分散网络型，它们围绕即兴的目标随时进行信息交流，使教育与世界交融。从这种意义上说，信息技术体现了为任何人、任何时间和地点的人类需求而提供服务的价值取向，这种跨越为全球化学习打下了坚实基础。基于不同领域新技术的个体组合所形成的交互平台，也见证了人们通过互联网形成了交叉知识链接的协同学习结构。

二、学习地点

显然，新形势下的学习方式已从教室延伸到了全球领域横向体验的共同学习环境中，提升了个人对全球变化的分布式体验。从课内到课外、从学校到家庭、从国内到国外，使传统面对面师生讨论实现了可扩展和可选择的大教育状态，突破了师生间传统的主从关系，对学习具有深远意义。以互联网为代表的信息技术让移动学习、微学习、泛在学习等一系列数字化学习不断涌现，成为人们按照自身需求创造出来的人为社会系统，开启了教育的多种渠道。这些渠道使人们之间的同步与异步交流得以实现，不断缩小着人们与教育环境的距离，刺激了教育者去拓展新的学习环境设计，使得"时时、处处、人人皆学"成为现实，从根本上创造出了前所未有的全新学习环境。资源共享、多重交互、自主探究、协作学习等所具有的智能化、快捷化、超链化等特征，使学习者感受着客观世界的一切变化过程，为人们提供了"技术、环境与人"相互协调的教育生活空间，使人的生命本质在教育生活中得以彰显。

教育发展的历史与现实表明，教育的终点就是要回归生活。马克思曾指出："人们的存在就是他们的实际生活过程。"教育的本质就是人的生命实践，从这种意义上说，信息技术让教育环境获得了工具性、生活性和文化性的多重诠释，使信息技术拥有了人类和社会的生命和文化等多种价值，贴近了生活，也走向了更加具体的生命实践，使生活和学习融为一体，形成了一种高度智能的信息化学习生态环境。

第二节 数字化与教学方式的变革

关于教学，古希腊时期的苏格拉底和柏拉图采用诘问法或反驳式提问；洛克认为教师对学生实施形式教育要有坚实的经验基础，通过经验教学来使学生掌握深层次的概念；裴斯泰洛齐创设了"实物教学"；从学生身心发展来看教学的卢梭对爱弥儿的教育采用了自然教育的方式。上述的教学理论和方式，没有随着时间而消逝，而是在不断的改进并被现今的我们所采用。随着科学技术的不断发展，教育理念也在不断更替，从以往的以教师为中心到后来的以学生为中心，从以往单一的课程到现今多样的选择，从以往的死记硬背到现今的个性化发展，无一不体现着教育的与时俱进。由此可见，在科技如此高速发展的今天，以往的教学方式和技术已经不能满足现今学生的需要，因而改革势在必行。

在多媒体技术还未产生之时，教师在课堂教授知识时，一般都采用口头描述或在黑板上记录的形式，但这些教学方法都不能很好地将教师所讲的知识清晰、全面、深刻地传授给每一个学生。有时，教师为了讲解一个数学公式的由来，需要写满满一黑板，既浪费时间，又不能让学生直观地了解。但是，随着多媒体技术在教育中的应用，教师在讲课时，将知识以"数字化"的形式存入电脑中，再通过多媒体将知识教授给学生，使学生更为直观地了解这一知识。另外，远程教学也是教学方式的一大新突破，远程教学的出现，使得每一个学生都可以通过网络得到优质的教学资源。这一教学方式突破了时空的局限，使优质的教学资源可以在更广的范围内为大多数学生所共享，使优质资源的效益得到最大化。

教学方式在教育的过程中起着至关重要的作用，一位教师教学方式的优劣，直接关系到学生对于知识的学习，《国家中长期教育改革和发展规划纲要（2010—2020）》中强调要强化信息技术的应用，提高教师应用信息技术的水平，更新教学观念，改进教学方法，强化教学效果。教师需要借助现今的数字化技术来为自己的教学增光添彩，而不应固守前人的教学方式。事实上这并不是对已有教学方式的冲击，也不是摒弃陈旧的教学，只是在原有的基础上，进行一些变革，使之能更好地适应现代社会。众所周知，我们现在已处于信息化的时代，因而我们的教学也应该具备这一时代的特征。

第三节　数字化时代课堂教学变革的历史机遇

数字化时代的到来，为教育事业的发展带来了翻天覆地的变化，尤其是给课堂教学造成了极大的影响和冲击。比如，由于受数字化的影响，传统的师生之间以教科书为中介的简单的互动模式已经不能满足当前"信息潮"支撑下的实际需要，更值得关注的是，数字化的引入为课堂教学开辟了诸多教学研究从未涉及过的新领域。当然，这种影响和冲击，既体现了课堂教学研究与发展的历史机遇，也反映出课堂教学改革与创新的新挑战。其面临的历史机遇，主要表现在下列六个方面。

一、激起了教学理念的创新

教学理念是教师教学实践中形成的对教学的基本观点和根本看法，以及在此基础上形成的相对稳定的思想和观念体系。可以说，教学理念至少包括三层意思：第一，它是一种思想观念，即它是不同于他人的具体教学实践，是一种主观认识体系；第二，它源于教学实践，即由教师在教学实践中不断概括而成；第三，它是教师对有关教和学活动的内在规律的总体认识。可见，教学理念的发展与变化总是基于教师的教学实践的发展和变化。数字化的引入对现实的教学活动提出了诸多新的要求，如在数字化背景下教师必须会操作电子产品，而且能认识和接受从现实世界到虚拟世界的变化等。这必将引起旧的教学理念与新的教学条件不相适应，在我们无法抵制数字化所带来的新的、具有绝对优势性的教学条件的诱惑时，我们只有从观念认识上改变自我，改变我们对待教学活动的态度，即变革和创新我们的教学理念。

二、突破了教学思维的瓶颈

教学过程作为一种认识活动，同样是人们的思维逻辑过程逐渐展开的结果。这就决定了教学思维在教学活动过程中的意义。这里的教学思维，是指教师基于教学实践活动而引起的关于教和学的活动的各种思维方式、过程和结果的总和。显然，数字化时代的到来，为教师的教学思维开辟了一片新天地。在课堂教学领域，由于数字化的引入，教师原有的关涉课堂教学活动的思维方式发生了根本性的变化。由于数字化世界所构筑的赛博空间的存在是基于现实而又超越现实的存在，我们的认知思维同样可以在源于现实而又超越现实的情境下无限制地遨游于赛博空间。

三、超越了教学时空的局限

在传统意义上，基于空间的课堂主要是指进行教学活动的教室；而基于时间的课堂则是持续40分钟或45分钟的教学过程。在数字化时代的今天，我们的课堂教学则有了新的定义，教室不再是学生接受知识的唯一场所。比如翻转课堂就颠覆了传统的课中接受知识、课后内化知识（通过作业复习巩固）的模式，而将学生接受知识的过程提到课前由学生自主学习来完成，课堂上则通过探究、讨论等方式解决学生接受知识过程中所遇到的种种困难。

因此，数字化背景下的课堂教学不再仅仅是向40分钟或45分钟要质量，而是充分利用现代教学媒体的优势，帮助学生从广泛信息潮中寻求需要的信息，而仅仅依靠教师提供的知识信息是有限度的，不足以满足学生的学习需求。更重要的是在数字化背景下，由于虚拟世界的存在，实现了诸多如抗灾、救火等现实课堂教学中无法实现的教学活动。因此，数字化时代的课堂教学已经在空间上超越了教室的局限，跨过了现实的界限，通过网络技术，融入虚拟世界；在时间上超越了传统意义上的40分钟或45分钟的局限，比如翻转课堂的"先学后教"模式，就把学生的大量学习时间转移到了课前的学习准备上了。

四、引起了教学结构的变化

教学结构是在一定教育思想、教学理论、学习理论指导下的,在某种环境中展开的,由教师、学生、教材和教学媒体四个要素的相互联系、相互作用而形成的教学活动的进程的稳定结构形式,它将决定教师按照什么样的教育思想、教学理论与学习理论来组织教学活动进程。根据教学结构的定义,我们会发现,教学结构实际上反映的是教师、学生、教材和教学媒体四个要素之间的相互关系结构,从已有的课堂教学结构来看,传统的教学结构主要有以教师为中心的教学结构、以知识为中心的教学结构和以学生为中心的教学结构。随着数字化时代的到来,课堂教学也从以教师和知识为中心的教学结构形式转向以学生为中心的教学结构形式,陆志平在其《数字化时代的课堂重建》中论述到,在数字化时代,课堂教学正由辅助教学转向"E学习"。也就是说,在课堂教学的教师、学生、教材和教学媒体四要素中,计算机辅助教学模式所支持的是教师在教学媒体的辅助下教教材,即通过信息技术把知识传递给学生。可见,计算机辅助教学是支持传统教学模式的。然而,在数字化环境下的"E学习",如翻转课堂的先学后教,则是以学生为中心的,即教师和信息技术都是作为学生直接面对知识的媒介,其中,教师起指导和帮助作用,而信息技术起支持和辅助作用。

五、实现了教学方式的变革

数字化时代改变了传统的粉笔加黑板式的简化教学形式,实现了现代化教学手段支撑下的"虚拟+现实"的新型教学形式。在传统教学中,由于条件的限制,主要使用的教学方式是讲授式、讨论式、问答式、表演式等,而在数字化背景下,课堂教学方式有了诸多新的变化。为了适应数字化教学环境的需要,教师在探索教学方式时,不仅离不开计算机网络技术的支持,更是希望什么都能与新型教学媒体挂钩,甚至认为没有融入现代信息技术的课堂是不合格的课堂。可见,数字化时代的教学方式的变革与创新的核心是对现代信息技术的充分运用,或者说是对现代信息技术的依赖。在现代化信息技术的支持下,虽然我们没办法逐一呈现课堂教学变革的具体内容,但其变革的维度至少包括三个方面:一是由于信息技术的运用,从质上推进了课堂教学方式的变化,如在师生之间的直接对话过程中介入了一个虚拟场景,这能避免很多教学交往中的尴尬局面;二是由于信息技术的运用,实现了课堂教学方式在量上的变化,如可以通过云技术进行多方面展示、通过技术设计开发教学软件、通过网络平台实现在线学习和咨询等;三是实现了时空维度上的拓展,即促进了课堂教学方式在结构形态上的变化,传统课堂教学主要采取讲、听、练、考等单向推进的方式进行,而进入数字化时代后,则主张课堂教学主要采用自主、合作、探究等方式综合进行。

六、改变了教学评价的方式

数字化时代的课堂教学不仅在教学理念、教学思维、教学时空、教学结构和教学方式等方面存在一系列变化，还引起了课堂教学评价的变化。由于数字化信息技术的运用，评价的方式更加开放、多元。

诚然，在数字化时代里，引起课堂教学评价发生改变的原因是多方面的，但概括起来大致有两点：一是传统的教学评价方式已经不足以适应新型课堂教学结构的变化，在现代化信息技术支撑下的课堂教学引入了数字化的虚拟世界，给人一种虚拟感觉，这不是简单的考试和分数所能涵盖的，它需要借助现代化信息技术进行精确的数据测量和分析。比如虚拟仿真实验的引入和运用等。二是随着现代化信息技术的运用，大量新型社会评价方式逐渐被师生所青睐。比如，有学者建议："日常评价可以引进投票、关注、粉丝、网评等学生喜闻乐见的评价方式，改变分数加排名的简单做法。"

当然，我们在教学过程中对这些新型社会评价方式的选取和运用也不能盲目进行，必须遵循一定的原则。首先，应该遵循新型社会评价方式的教育性原则，即引入此类新型社会评价形式的目的是促进学生身心的和谐、健康发展，而不是赶时间；其次，应遵循综合性原则，即这些评价虽然在一定程度上能吸引学生的注意，激发学生的学习兴趣，但往往隐含着不足，比如网评本来是一件方便快捷的好事情，但经常由于缺乏面对面的交流而导致评价的虚假和恶搞等，因此，必须综合多种评价形式，以将评价中由于个人偏好而造成的不真实成分控制在有限范围；最后，遵循人文关怀性原则，或者说是评价方式的修正性原则，即当我们在运用现代新型社会评价方式进行评价时，必须考虑教学实际，顾及个体感受，不能因为评价而伤及某位教师或学生。

第四节　数字化时代课堂教学变革反思

毋庸置疑，数字化的应用给我们的课堂教学带来了颠覆性的变化。然而，面对此种机遇与挑战并存的情况，我们究竟应该怎样做才能更有效地使数字信息服务于我们的课堂教学呢？对此，我们可以从下列几个方面进行思考。

一、切实转化师生的教学主体性角色

在传统的教学条件下，师生之间的互动模式主要是基于现实课堂教学的"人—人"交往模式，师生之间直接面对面地进行交流。显然，在这种有限条件下，课堂教学主要是基于以教师或知识为中心的结构形式，教师组织教学的目的主要是尽可能高效率地将所备知识传递给学生，学生则完全处于等待接受的状态，而且教学资源也主要源于教材和教参。然而，由于数字化资源的引入，这种课堂教学结构发生了根本性的变化，教师不再享有对知识的绝对优势权，师生互动所借助的客观知识（教学内容）也不再局限于某本单一的教材，学生也不再是等待接受的被动学习者。这就需要处于课堂教学中的师生必须切实转化各自的教学主体性角色。

从教师主体来说，理应改变以"我"（教师）为中心的教学态度，因为开放、丰富的数字资源早已经超越了"教材"的局限，学生获取知识的渠道也不再仅仅源于教师或单一的教材，因此，教师所做的应该是为学生获取更多知识提供方便，帮助学生在浩瀚的知识海洋里尽可能快地获取需要的信息。

从学生主体来说，在这个丰富多彩的信息世界里，那种等待接受、被动吸收的"享乐主义"角色已经不复存在了，为了适应变幻莫测的数字世界的需要，学生需要积极、主动地去获取知识信息。

二、谨慎对待数字化时代的教学变革步调

数字化使当今课堂教学发生着变化，但是变革不能一蹴而就，仍需循序渐进，谨慎为之。也就是说，我们在认同和接受数字化时代引起的课堂教学变化的同时，需谨慎对待数字化时代诱发的教学变革步调。这是因为：一方面数字化的世界让我们在真假难辨的情况下，淡化了对现实、对直接经验的亲历需求，因为虚拟的数字世界所呈现的仿真经验往往是经过加工、处理、选择后相对完美的经验，且很容易让涉世未深、缺乏辨别能力的学生产生虚拟世界的东西才是自己真正需要的错觉；另一方面数字化世界所存储的大量信息在使学生的学习更加方便、快捷的同时，增强了学生对网络搜索的依赖，或许这正悄无声息地夺走学生独立思考问题的能力。正如有些学者指出的："我们以为虚拟是真实现象的数字化再现，其实它是经过选择、加工的主观再现，它以貌似客观真实的方式呈现着主观、虚拟的内容。因此，无论是旧媒体还是新媒体，都不能直接应用于教学，必须通过有目的的、自觉的改造，才能使其服务于教学。"然而，所谓的谨慎为之，并不意味着放弃而不为之。虽然数字化世界变幻莫测、多姿多彩，使得我们疲于应付，乃至应接不暇，但也正是因为这种多样性、超现实性刺激了我们不断改革与创新的神经，使我们不得不自我调整并主动适应时代的发展需求。因此，我们所指的谨慎对待数字化时代的教学变革步调，实质是告诉大家既要"埋头拉车，更要抬头看路"。在面对虚实相济的数字世界时，我们要紧扣教学实际，进行循序渐进的教学改革；我们也应该极力克服畏难情绪，要乘风破浪，勇于探索和创新，致力于寻求教学改革与时代发展的切合点，深入教学实践，不断反思与总结经验，让教学实践成为践行改革成效的根本标尺。

三、极力匹配数字化时代教学变革的辅助系统

常言道,有了思想不去行动等于妄想,有了行动不思效果等于茫然。为了让数字化时代的课堂教学变革顺利进行,我们在付诸实际行动的同时,还不得不思考如何使之更加合理有效地进行。也就是说,我们在甩开膀子干的同时,还应辅之以相应的支持系统。对此,我们可从四个方面建设该辅助系统:一是提高思想意识。数字化已经成为时代发展的必然趋势,我们应该清楚地意识到在此背景下,进行课堂教学变革也是势在必行,否则我们的课堂教学将难以满足数字化时代学生追求知识的强烈欲望。二是加强科学研究。面对数字化时代带来的课堂教学的机遇与挑战并存的现实,我们既不能因为它是一次机遇就绝对信赖地往前冲,也不能因为数字化时代抛给我们的挑战而畏缩不前,我们需要把握好变革的步调,有目的、有计划地进行课堂教学变革,加强对数字化时代的课堂教学变革与创新的科学研究,防止课堂教学的改革大军被浸没在虚拟世界的陷阱中。三是注重实践探索。课堂教学变革不能跟风随雨、人云亦云,更不能只停留在纯理论的思辨与妄想之中,而应该深入课堂实际,进行实践反思与创造,从而在不断否定、再否定中追求进步。四是拟定相应的政策文件,一方面赋予师生进行课堂教学变革的应有权利,另一方面制定相应的规章制度,既起规范之效,又有监督之力,从而确保课堂教学改革的顺利进行。

四、重新界定课堂教学的时空概念

数字化时代带给教学的变化是显而易见的,其中尤其值得注意的是引起了课堂教学在时空上的变化。在数字化时代,课堂教学正以非常快速的步伐从主要关涉现实世界走向兼顾关涉现实与虚拟的双重世界。这一变化导致了现如今的课堂教学在时间上,超越了每节课的40分钟或45分钟,在空间上从教室拓展到大千世界,以致单一的教室活动已经不足以满足数字化时代的课堂教学的根本需求,因此,若想全面深刻地理解当前的课堂教学,就必须对课堂教学的时空概念做出数字化时代的重新解读。否则,传统意义上对课堂教学的理解必将束缚数字化时代赋予课堂教学的全新意义的合理发挥。基于这样的思维逻辑,我们提出"泛课堂教学"的概念,即只有在"泛课堂教学"理念的包容下,数字化时代的课堂教学时空观念才能有其准确合理的定位。当然,我们在此提出"泛课堂教学"概念,与其说是给数字化时代的课堂教学重新定位,不如说是为大家思考数字化时代的课堂教学提供一种全新的思维视角,希望借此引起大家对此更多的关注和思考。

第二章　高校教育教学管理概述

教育教学管理作为一种教育现象，是教育发展的动力。我国对高校教育教学管理的理论研究始于改革开放以后，目前已经取得了一定的成果。随着教育改革的不断深入，高校教育教学管理的改革也正在逐步深化。

第一节　高校教育教学管理的概念与特点

一、高校教育教学管理的概念

高等教育教学管理与高等教育密不可分。高等教育是指建立在中等教育基础之上的，以培养高级专门人才为主要任务的社会实践活动，是一种专业性教育。高等教育教学管理是指管理者组织教育队伍，对高等教育资源进行合理配置，从而高效实现高等教育目标的活动，具体而言，表现为高等教育管理者施于高等教育管理对象的一种活动。

从概念范畴来说，高等教育是培养高级专门人才的一种活动。它的对象是受教育者；它的目的在于发展受教育者的身心，并根据社会的不同要求，培养出对社会有用的人；它的过程是在教育者有目的的指导下，受教育者积极主动地学习基础文化知识、掌握基本的学习和生活技能，个人能力得到发展和提高，体质得到增强，最终形成良好的思想品德的过程。除此之外，此概念范畴也包括大学里的科学研究活动。而教育教学管理的管理对象是教育资源。其目的是合理调配有限的教育资源。其过程是对教育教学管理活动进行计划、组织、指挥、协调和控制等，以实现教育教学管理目标的动态过程。教育教学管理活动不仅组织、协调、指导着教育、教学、生产、科研等活动，并为这些活动的开展提供丰富的资源、创造良好的环境，而且将各种资源和内外部条件有效地结合起来，让它们最大限度地发挥作用。

通过上述的比较可知，在大学里，存在着三种活动，即教育活动、科研活动和组织教育科研活动的管理活动，与之相对应的是三种过程，即教育过程、科研过程和管理过程。就三者的关系来看，管理过程与教育过程、科研过程是不同的，但却是密切相关的。在大学的教育工作中，教育过程一直处于中心地位；科研过程有时可以说是教育过程的一部分，与教育过程是相互配合、相互补充的。管理的职能是对教育、科研等活动进行组织并提供相关服务，为的是保证教育和科研的顺利进行，并实现最终目标。

教育教学管理要遵循教育规律。教育规律的教育理论对高校教育管理实践有重要的指导作用。因此，高等教育教学是大学教育管理学的理论基础。其实，管理本身也是一种社会实践活动。它与三大社会实践活动（科学实验、生产实践、社会实践）共存，并且对其产生影响。脱离了三大社会实践活动的管理没有任何意义；三大社会实践活动脱离了管理，也不可能有序地进行，更不可能取得成效。与其他一般社会活动的管理相同，教育教学管理也是遵循自身规律的。因此教育教学管理的规律不能被教育规律完全替代。也就是说，高校教育教学管理者除了要掌握教育规律外，还要研究教育管理的规律，更不能把教育管理理论与教育理论看作同一种理论。大家常说要遵循教育规律办事，这里的"事"更多的是指教育教学管理活动，当然也包括教师的教育实践活动。

二、高校教育教学管理的特点

通常情况下，管理要解决的矛盾是资源和目的之间的矛盾，注重的是将有限的资源进行合理分配，最大限度地获得效益。这是管理区别于其他活动的特殊属性。而合理协调、配置和使用有限的教育资源是教育教学管理的任务，因此教育教学管理也具备了这一特殊属性，但是这也仅仅说明了它具备一般管理所具有的共性。而高校教育教学管理的本质，即高校教育管理过程中各类矛盾的特殊性，才是大学教育事业宏观管理的基础和条件。因此，对高校教育教学管理理论的研究，应着眼于大学管理活动的特点。

（一）高校教育教学管理目标的特点

培养人才和取得科研成果是高校教育的主要任务，具有很强的学术性。因此与一般管理相比，高校教育教学管理的目标具有特殊性。

1. 以高校教育目标为主要制定依据

任何社会实践活动都有其预期目标。高校教育的目标是保证培养的人才的数量与质量，提高人才的品质与学术水平。而高校教育教学管理目标是充分利用现有的教育资源，培养出数量更多、质量更好的专门人才，创造出数量更多、作用更大的科研成果，进而取得更加良好的效益。因此，高校的教育目标是高校教育教学管理目标制定的主要依据。这也是高校教育教学管理目标最主要的特点。这个特点要求在制订管理目标时，高校的各位管理者必须优先考虑用有效的管理来计划、组织教育活动，从而实现教育目标。此外，想要做好高校教育管理并实现最终的教育目标就必须制定明确、科学的管理目标。

2. 方向性

方向性是各种管理都具有的特性，高校教育教学管理也不例外。它的目标方向性也十分明显，并且深受传统文化影响。因为培养人才是高校教育的主要任务，所以高校教育教学管理比一般管理的方向性更强。一方面，培养人才是受一定的政治观念和价值取向支配的有意识的活动。高校教育采用什么样的教学方法，确立什么样的教育目标，选择什么样的教学内容，最终使学生形成什么样的价值观等都与人的思想和意识有着千丝万缕的联系，而且这些都受各国传统文化的影响。因此，高校教育教学管理具有政治方向性。基于此，高校教育教学管理者要保证全面目标领导着教育目标；要使教育目标与国家其他部门所确立的目标相一致；要确立全面的政治政策允许的符合实际的教育目标。另一方面，高校教育要服务于经济和社会发展。因为教育周期相对较长，所以人才培养计划必须超前安排，才能更好地适应经济和社会发展的需求。

3. 社会效益性

与一般管理一样，高校教育教学管理的目的也是提高效率和获得更好的效益。而在衡量高校教育教学管理的效率时，高校教育教学管理者必须充分考虑高校教育工作的特点，而要想有效地管理教学和研究活动只能依靠这些教育活动的参加者。因而，只有充分调动教师工作的积极性、学生自身的积极性与主动性，才能提高教育管理的效率。

（二）高校教育教学管理对象的特点

教师和学生是高校教育教学管理的主要对象。在高等教育系统中，教师是主导性成员，学生是主体性成员，他们有着各自的特点。

1. 教师的特点

教师是以掌握专门知识为标志的群体。在对教师进行管理时，管理者应注意他们的心理活动和以脑力劳动为主的集体生活特征，要使管理方式与这些特征相匹配。同时，教师面对的学生都是具有主观能动性的有意识的个体，因此，教师既是被管理者又是管理者。

2. 学生的特点

学生一般都是受过完全中等教育的青年。在管理学生时，管理者要明白他们的身心发展是分阶段的，而且各个阶段都有其特征。因此要注意，采取的管理方式应该与他们各个发展阶段的特征相符合。教育过程和管理过程深受学生主动性的影响。学生在被教师塑造的同时，又参与了自身的塑造和研究活动。从这个角度来讲，学生不仅是教师的管理对象，也是学校的管理对象。从提倡加强学生的自我管理上说，学生也是管理者。

无论是教师还是学生，他们都是脑力劳动者，他们主要进行的都是学术性活动。因此，他们的工作性质要求他们需具有创造性思维，而且也决定了他们的工作方式个体化程度比较高。高校教育教学管理能否合理配置财力、物质等教育资源，也与教师和学生自身以及他们的工作和学习有着密不可分的联系。因此，调动教师和学生内在的主动性和积极性，并且创造有利于他们独立思考的环境，提供有利于他们自由发挥的条件，是高校教育教学管理的一个相当重要的任务。

（三）高校教育教学管理活动的特点

1. 学术性

高校教学、科研是分专业、分学科进行的。传授、创造和应用知识是教育教学管理的基本职能。学术水平和应用价值可以用于衡量高校所培养的各类专门人才和高校取得的各种科研成果的质量。教学活动和科研活动的媒介都是知识。也就是说，在任何高等教育系统中，知识材料，特别是高深的知识材料都处于核心位置。此外，在高校教育教学管理活动中不仅有行政管理，还存在大量的学术管理。与行政管理相比，学术管理有着不同的规律和特点，但是学术管理和行政管理又经常交织在一起，很难区分开来。

2. 人际交流

一般的管理都重视管理者与管理对象之间的相互交流，都重视人的因素和行为。而在高校教育管理过程中，人的因素起到十分重要的作用。因为这一管理过程是管理者、教师、学生三者之间相互交流的过程。教师要充分地了解学生，用恰当的方式启发学生思维，使学生积极主动地学习，才有可能产生良好的教育效果；师生之间要加强交流，才有可能共同进步；管理人员也必须加强与各专业和各学科教师之间的交流，才有可能进行有效的学术管理，进而达到良好的成效；当然，管理人员与学生之间也要经常相互交流，才有可能取得对方的理解和支持。这说明管理者在高校教育管理过程中要十分重视人的因素。

3. 综合性

高校教育过程是十分复杂的，具有综合性的特点。众所周知，高校中有很多个专业，但无论是什么专业，都要体现出德、智、体、美等多方面的综合素质要求。高校教育的根本任务是培养人才，但是除了这一根本任务，高校教育还要开展包含多种社会职能、涉及多个不同方面的工作，如科学研究工作、传播社会主义精神文明工作等，并且各项工作之间既相互联系又相互制约。以上这些就要求管理者在管理工作中要善于调动相关人员的积极性，要通过集体的力量推动高校管理活动有效运行；此外，还要注意从整体上综合地分析和处理问题，防止出现"按下葫芦浮起瓢"的现象。

4. 管理过程难以控制

高校教育管理过程的另一个特点是难以控制。主要体现在以下三个方面：a 高校教育工作的周期相对较长，管理效能具有滞后性，管理工作即使出现失误也难以及时地进行反馈。b 教育工作的具体过程很难控制，因为教师的工作方式具有很强的独立性。c 虽然培养学生有一定的质量标准，但与物质产品相比，学生很难定型化、标准化，而且社会供需变化和社会环境等对学生的质量也有很大影响。学生质量要经过很长一段时间才能得到真实的反映。因此，学生的质量很难得到检验。更何况学生具有很强的可塑性，每个学生的性格、思想等也千差万别。因此，管理者在管理过程中也要注意因时制宜、因材施教。这又大大地增加了控制的难度。

（四）高校教育教学管理会受到环境的影响

社会系统中的各种因素对高校教育教学管理都会产生一定程度的影响。教育是受一定社会因素（如经济、政治、文化、科学技术等）制约的，又反作用于一定的社会因素。社会生产力和生产关系的变化、经济基础和上层建筑的发展变化必然会影响高校教育教学管理。而且高校教育教学管理的影响因素也是相当多且十分复杂的，如政治、经济、科技、自然环境、地理条件等。除了这些物质环境之外，人文环境也是高校教育教学管理的重要影响因素。高校教育教学管理中有一项特别重要的任务，就是创造良好的人文环境。因此，管理者必须意识到高校教育事业并不是孤立于社会大系统之外的，而是整个社会大系统中的一个子系统。所以，管理者应在此前提下去认识高校教育的种种现象，并对它进行有效管理。在高校教育管理中，管理者必须充分重视各种环境因素对高校教育教学管理的影响。

第二节 高校教育教学管理中的矛盾分析

一、个人与组织

高等教育系统是一种社会系统，是以人为主体的系统。在这个系统中，个人是指在高等教育活动中具有自己的意志和行为、有个人利益和需求的人。首先，他们在这个系统中的存在形式是个人。其次，他们每个人都有着各自的思想和情感，都有着各自的需求、利益和行为活动等。这些个人在高等教育管理活动中可以划分为管理者与被管理者。但是这种划分不是绝对的，而是相对的。因为在高等教育管理中，管理的层次决定个人的身份，某个个人可能具有双重身份，既有可能是管理者，也有可能是被管理者。每一个人虽然有所不同，但都是组织中的一员，无论是谁都不能脱离一定的组织而独立存在。

一个组织可能是行政的组织，也可能是学术的组织，是由多个个人结合而成的实体。当然，这些个人是具有相同的高等教育目标和相互协作关系的。相同的高等教育目标将具体的个人（如教师、学生、管理人员等）结合在一起；而具体的个人之间的相互协作又保证了可以最大限度地实现高等教育目标。在高等教育管理中，个人和组织既是统一的又是对立的。从本质上说，两者之间主要是利益与责任、需要与满足需要之间的矛盾。

个人和组织对立的一面主要体现在以下两个方面。

第一，组织利益高于个人利益。组织利益不等同于个人利益，它是个人利益的集中表现，所以肯定会高于个人利益。在高等教育系统中，每一个高等教育组织的利益最终都要通过高质高量地出人才、出成果和为社会服务来体现，而每个人的利益可能千差万别，其中既有与组织利益一致的，也有与组织利益不一致甚至矛盾的。

第二，高等教育组织的功能是组织内所有个人功能变化了的一种新的功能。高等教育组织通过其内在的结构和活动可以产生个人分散活动所不能产生的新结果。仅就培养一个人而言，它是通过许多教师的辛勤教育，许多管理者的活动、许多服务人员的努力劳动，以及学生的认真学习而得以实现的。由此可见，组织力量不是简单地将组织内所有个人力量相加得到的总和，而是大于这个总和的一种新力量。任何个人，不论是教师与学生还是管理者与被管理者，要想有所作为，必须依靠组织。

实际上，在高等教育管理中个人与组织对立的一面是次要的，它们之间统一的一面才是主要的。在高等教育管理中个人与组织之间的统一主要表现在：高等教育组织中任何个人都无法脱离高等教育组织而存在，教师、学生、管理人员因具有一定的功能而成为高等教育组织中的一员，而这种功能的发挥也有赖于高等教育的组织。没有高等教育组织，这些功能不能得以很好地发挥，每个人的功能也不能被综合为高等教育的整体功能。高等教育组织也离不开个人，个人是构成高等教育组织实体的最小单位。如果高等教育组织中没有教师、学生、管理人员是无法想象的。在高等教育教学管理中，每一个组织中的人数有多有少，这与组织的任务有关。人数的多少各有利弊，但更多地取决于管理的水平和性质。高等教育组织中个人利益与组织利益是紧密相连的。利益能反映出人的物质和精神需要能否得到满足及得到满足的程度。在高等教育组织中，个人的文化知识层次各不相同，甚至差异较大，既有高层次的知识分子，又有一般的员工，还有即将进入社会的莘莘学子。其需要各不相同，利益也各异，如经济利益、文化利益、政治利益等。利益在高等教育活动中体现着个人和组织同精神文化生产活动及人才培养活动的关系，但更重要的是它体现着在享受这些活动带来的利益时组织和个人之间的关系。组织利益与组织内各个成员的利益是一致的，是组织内全体成员个人利益的升华，组织利益源于成员的个人利益。这就要求管理者在管理过程中，在维护组织整体利益的同时要保护个人利益，努力满足个人的正当需要，营造一种积极向上、团结一致、同甘共苦的组织氛围。为满足各自的需求，不同的个人相互协作，用组织利益来代表成员的个人利益。于是个人利益同组织利益紧密相连，在组织利益得以实现的时候，为组织利益做出贡献的个人的利益也得以实现。总之，在高等教育管理活动中，管理者只有兼顾组织利益和个人利益，把两者很好地结合起来，使两者相得益彰，才能促进高等教育系统的健康发展。

二、稳定与改革

稳定是由高等教育系统运行的相对稳定性决定的，它是高等教育管理活动的相对常态的标志。教育系统的相对稳定性使得高等教育系统在一定程度上依赖于自身的规律，按照其内在的逻辑发展表现出来。例如，高等教育管理的目标、模式、原则等需要具有相对稳定性，否则高等教育管理活动就无法正常进行，相关的研究者也无法对管理要素和管理过程进行研究。但高等教育管理活动的相对稳定是有条件的、暂时的。首先，当我们说某些要素处于稳定状态时，只是相对于一定的管理系统和时间、地点、空间而言的。例如，在某个高等学校系统中，校长作为一所学校的最高管理者与学校其他被管理者的划分是相对的，这个特定的高等学校子系统进入整个高等教育大系统后，情况就会发生变化。其次，稳定中包含着高等教育管理活动中的量变。当高等教育管理过程中某一阶段或某一体制没有发生质变仍保持其自身的性质时，我们就说它是相对稳定的。但同时，它在性质不变的情况下仍有量的变化。例如，计划过程在没有向组织过程发生变化之前，发生着由目标向预测、决策方面的转变。因为这种变化并没有改变计划过程的性质，所以计划过程是稳定的。在我国高等教育管理体制由高度集中的计划管理体制向以市场为导向的管理体制转变之前，虽然其内部也在发生各种变化，但我们仍可以说这种体制是相对稳定的。

改革是由高等教育系统的开放性所决定的，标志着高等教育管理活动中的质变，其实质是对未来的反应。高等教育管理活动要根据外界环境的变化制定新的目标和政策，改变原本的管理模式和体制，给过去的教育赋予新的职能。例如，随着高等学校职能由教学、科研向社会服务延伸，高等教育管理的范畴也将延伸，不仅包括教学、科研管理，也包括高等学校的社会服务活动管理，具体包括科学技术成果及产品推广、相关产业活动管理等活动。这就使得管理活动的内容发生了部分质的变化。因为科技成果推广、产业活动管理，无论在内容上还是在形式上都与教学截然不同。随着我国经济体制由计划经济向社会主义市场经济转变，高等教育管理体制也正经历着由高度集中统一的、以行政手段直接干预的管理体制向统一领导、分级管理、以宏观调控手段间接干预为主的管理体制转变。

在高等教育管理中，稳定和改革是对立统一的。

稳定和改革是相互渗透、相互包含的。这里的改革是指高等教育管理体制发生全面性、根本性的变化。在改革发生之前，管理活动虽然处在一个相对稳定的状态，但局部的改革总接连不断地发生。高等教育管理过程的稳定性标志着人们对高等教育管理活动中计划、组织、协调、控制过程的充分认识和把握。但在任何一个具体的管理过程中，改革也无时不在进行，如调整目标、变化组织、改变领导方式等。改革本身就是动态管理的基本特征。所以，管理者要根据客观条件的变化，及时改革一切不适应系统发展之处。所以，稳定中有改革的因素。此外，改革中也有稳定的因素。改革本身也是一个过程，改革也有一定的步骤和阶段。改革中推行的政策、体制、模式以及采取的措施都应具有一定的稳定性，以便观察、评价，最终进入一种新的稳定状态。

总之，稳定—改革—稳定的转变过程，预示着高等教育管理活动不断由低级向高级发展，保证了高等教育系统的健康运转。如果这种转变过程的结果不是发展，不是前进，那么这种变革就是错误的，甚至是失败的。

三、社会效益与经济效益

在市场经济体制下，存在着高等教育的经济效益。这是一个客观事实。

高校教育教学管理者要正确认识高等教育中的经济效益。如果从教育系统的外部来讲，经济效益指高等教育培养出来的人才为社会经济发展创造的财富；如果从教育系统的内部来讲，经济效益指在单位时间内，高等教育培养出来的人才的数量和质量与成本之间的关系。在整个社会系统中，高等教育系统被归结为非物质生产部门，因此不能着重强调它的社会物质服务性。但是，如果将它归结为物资生产部门，它的经济效益又远不如物质生产领域那么明显。因此，我们可以认为高等教育系统既可以产生一定的经济效益，又可以产生大量的社会效益，其中更主要的是产生大量的社会效益。

高等教育活动对整个社会系统长期的、整体的影响就是社会效益。社会效益不仅仅影响经济的发展，还影响社会政治、文化等多个方面的发展。受过高等教育的人对社会活动更能产生巨大且深远的影响。因为高等教育是培养高级专门人才的一种社会活动，同时人又是各种社会活动的主体。此外，科学技术既决定着生产力的发展，又是社会发展的关键。这就要求高等教育不仅仅要让人掌握科学技术，还要将科学技术发展到更高水平。与此同时，让人在认识和改造自然的过程中不断地完善自身是高等教育的目的。以上这些情况都可以说明，高等教育会产生巨大的社会效益。

高等教育的经济效益在一定程度上是可量化的。有关研究发现，经济进展的五分之三是教育的作用，故教育对国民收入增长率的贡献是35%；美国经济学家舒尔茨运用教育资本储量分析法，探讨了教育对经济发展的影响，发现教育水平的提高对国民经济增长的贡献是33%。这方面的国际研究还有待继续深化。高等教育的社会效益很多方面往往是难以量化的。例如，高级专门人才在为社会创造更多物质财富的同时对社会精神文明发展所做的贡献，在社会政治、法制、民主上所做的贡献，科学技术成果，尤其是人文、社会科学领域内成果的社会价值等，都是难以完全被量化的。因此，我们既不能用可以量化的高等教育的经济效益来简单地替代整个高等教育的效益，过分强调经济效益，忽视社会效益，也不能以高等教育的社会效益不可量化为理由简单地否定对高等教育经济效益的相关研究。与其他经济现象比较，经济学也不能测量整个工业化的社会效益。虽然数量化是经济学很重要的部分，但经济学也只是部分数量化的学科。教育亦如此，当然，在程度上两者存在着很大的差异。

在高等教育管理中，社会效益与经济效益具有辩证统一的关系。

①社会效益与经济效益相互促进。在高等教育管理中，社会效益才能体现办学效益的高低。但经济效益和社会效益又是相互联系的，良好的经济效益是社会效益的重要指标，也保证了社会效益的提高；好的社会效益也为提高经济效益创造了前提条件。社会效益在高等教育管理中表现为一种长期的行为，与之相对应，经济效益在更多情况下表现为短期行为。要想在提高社会效益的过程中追求合理的经济效益，就必须把该短期行为变成长期行为中的一部分。

②经济效益被包含在社会效益之内，因此在谈社会效益时，不能脱离经济效益。高校在管理过程中，特别是在教育资源十分有限的情况下，要加强对成本的管理，努力提高经济效益，从而更好地实现社会效益的最大化。

这些矛盾虽各有其特殊之处，但又都反映着高等教育管理过程的本质，是我们理解高等教育管理活动中各种复杂关系相互作用的钥匙，指导着我们认识这些矛盾运动及发展，并最终指导着高等教育管理的实践。

第三节 高校教育教学管理的原则

一、高效性原则

高效性原则直接体现了高等教育管理的本质，也是高等教育管理的具体化表现。它要求用最少的高等教育资源，培养出更多合格的高级专门人才，取得更多的高水平研究成果。这一原则揭示了良好的办学效益就是高等教育管理所追求的目标，主要体现在经济效益和社会效益两个方面。高等教育所培养的人才和取得的研究成果是否对社会、文化、经济等的发展起到更好的促进作用，高等教育在实施过程中是否能实现各种资源利用最大化、资源浪费最小化，应该作为办学效益的评判标准。保证提高办学效益的前提条件是，在确定总体发展规划、设置具体专业、聘用相关人员等诸多方面，高等教育必须有足够的灵活性和活力。

二、整体性原则

高等教育系统的整体性和高等教育目的共同决定着高等教育管理应遵循整体性原则。整体性原则可被理解为，在充分考虑到各种社会环境因素影响的情况下，围绕培养人才这一中心科学地组织各种工作，使它们有效配合起来。

整体的功能大于各个部分的总和是高等教育系统最大的特点。在实际的管理工作中，局部和全局之间经常会发生冲突。有时候从某一个部分来看，确实能产生一定的效益，但是从整体来看，其损失远远超过局部产生的效益。因此我们一直强调局部服从整体。有研究表明，人只有在有具体目标时才会发挥自己的潜能，也只有在达到这个具体目标后，才会获得成就感和满足感。要想使用来维系整体性原则的目标真正发挥统领全局的作用，就必须使这个目标具体化，并且将目标渗透到整个管理过程中。

与一般系统一样，高等教育系统中也没有任何一个人或组织可以脱离其他的人或者组织，而单独满足自身的需要。一种合作行为如果没有管理目标做指导，那么这种行为就没有管理的整体性。因为社会与组织的分工不同，所以高等教育系统中工作目标也各不相同，但它们都依赖于高等教育总体目标，并在总体目标的指导下相互配合。整体性原则的体现方式在不同功能的组织中也是各不相同的。通常，经济组织一般以功利性为主，强调竞争；军事组织以强制性为主，强调服从。

三、民主性原则

高等教育管理的学术性决定了高等教育管理的民主性。高等教育管理者只有发扬民主精神，充分激发师生的创造性和积极性，才能办好一所既封闭又开放的高等学校。高等教育领域人才济济，思想活跃，追求和强调学术自由。因此高等学校在开展学术活动时要充分体现这一点。从本质来讲，高等学校的教学和科研活动都是学术性活动，而这些活动不可能离开民主与自由而得以顺利开展。从前面的论述中可知，高等教育系统中充满利益和权力的冲突，一个决策的制定和实施往往需要多种力量的协商和妥协。

承认个人价值是民主的基础。因此在学校重大事件的决策过程中，每一位师生都有权利发表自己的意见。领导和组织必须以听取师生意见为前提，依据科学的程序做出恰当的决定。这也是学校民主的体现。民主与公正是密不可分的，人们在享受公正待遇的同时享受着民主。高等教育管理者要做到公正，就要建立严格透明的规章制度，平等待人，不徇私舞弊，而且要接受学生的民主监督。

民主性原则要求高等教育管理者在高等教育管理中制定决策、执行决策、检查决策执行情况、评定决策执行结果都要充分发扬民主精神。

四、动态性原则

动态性原则是指高等教育管理者在高等教育管理活动中必须根据不同的情况，采取不同的措施进行动态调节，从而使高等教育具有一定的适应性和针对性。为了在动态的环境中保持协调发展，动态性原则十分重视高等教育管理的创新与发展。高等教育承前启后的社会职能决定了其工作不仅仅具有稳定性和继承性，还具有发展性和创造性。在高等教育管理中，高等教育管理者应该以稳定和继承为基础和条件，以发展和创造为目的和动力，在相对稳定的前提下把握发展，在运动发展的过程中寻求稳定。

动态性原则要求高等教育管理者必须重视旧体制、旧办法的改革。但改革的前提是基本不打乱教育稳定性。任何改革的稳定性都是相对的。不过，改革有一定的标准：改革不能脱离实际，必须与实际相贴合，必须适应社会的发展需要；学校的教育目标、管理政策、发展计划等要具有灵活性。这样，改革才能顺利进行。为了保持管理系统的稳定性，改革一定要遵循循序渐进的原则，不能冒进，不能急于求成。

五、导向性原则

导向性原则是指管理者用管理手段引导所有组织成员向已经确定的目标持续努力。管理者制定的各种方针政策、采取的各种工作措施、营造的工作氛围等都具有引导作用。

从政治导向来说，相关研究者提出导向性原则的主要依据是高等教育管理的两重性规律。其中，两重性指的是自然属性和社会属性。自然属性表现为普遍性、共同性和技术性，该属性决定了我国高等教育可以按照对外开放政策，学习国外先进的科学技术和管理经验；社会属性表现为历史继承性和政治性，该属性决定了在借鉴各个国家的教育管理经验时，不能全部照抄、照搬，一定要考虑社会形态的不同。一个国家的高等教育必然会受到这个国家的政治制度的影响，而且一定会在管理上有所反映。在阶级社会中，各个国家之间的社会活动都被深深打上了阶级的烙印。国家的教育方针已经明确地规定，高等教育活动培养的人是传承和发展国家及民族文化的接班人和建设者。从宏观或微观的角度来看，对一个国家或民族来讲，高等教育应该放在首位的是育人的方向性。这是由阶级社会的政治性决定的。

从管理工作导向来说，其主要包括措施导向和条件导向。在管理者的指导下，组织成员自觉或者不自觉地工作。这里还存在着利益导向和心理导向问题，在此不做赘述。

六、依法管理原则

《中华人民共和国高等教育法》是指导和约束中国高等教育活动的根本大法。《中华人民共和国高等教育法》共八章，全面规范了高等教育活动。

从管理体制来说，全国高等教育事业由国务院统一领导和管理。各省、自治区和直辖市的人民政府负责管理主要为地方培养人才的高校和经国务院授权给地方管理的高校，还负责统筹该行政区域内的高等教育事业。国务院的教育行政部门主要负责管理全国高等教育工作和国务院确定的主要为全国培养人才的高等学校。国务院的其他有关部门在规定的职责范围内，负责相关的高等教育工作。

在高等教育管理的活动中，我们已经感受到了依法办事的重要性。这是因为我国正在逐步向法治化国家的轨道迈进，而且高等教育活动中的矛盾只有通过法律法规才能得到妥善处理，特别是国家与国家之间的矛盾，高等教育内部与社会其他部门之间的矛盾，高等教育组织法人与其他法人主体之间的矛盾，高等教育组织内部法人与法人之间的矛盾，高等教育内部成员之间的矛盾等。因此，依法管理的原则也越来越重要。

依法管理的原则，指要依据这些法律，还有教育行政主管部门规定的法规，来规范高等教育活动。从微观高等教育管理来讲，依法管理原则要求依法治校，建立健全各种规章制度，依法行政，通过制度来规范管理者的行为。

第四节 高校教育教学管理的现代理念

一、现代教育理念的内涵

所谓的教育理念就是一种关于教育方法的观念，也可以说是有关教育一般原理和规律的一种理想的观念。教育理念是对未来教育的"远见卓识"。当然，它必然是以前人的教育思想为基础，以未来社会对人才的需要为前提的。科学的教育理念可以正确地反映教育的本质特点和时代特征，为教育的发展指明方向。基于此，现代教育理念作为社会文化的典型代表，除了为我们提供教育的理想模式外，还始终保持着对社会各方面发展的前瞻性。

二、高校教育管理的十大现代理念

在对教育实践和教育理论进行了长期深入的研究之后，人们赋予了现代教育理念比较深刻的思想内涵。

从理论层面来说，现代教育理念突破了以往以教育经验为导向的思想束缚，改变了传统教育更加侧重应试教育这一特征，使教育内容更加系统且更具有针对性。现代教育理念也表现出了客观、可信的科学特征，也被赋予了开拓精神、创新精神、批判精神、冒险精神等思想内涵。

从操作层面来说，在指导教育实践过程中，现代教育理念则表现得更加成熟，也体现出了教育的包容性、可行性、持续性。这必定会对高等学校的教学起到十分积极的导向作用。下面将对高校教育教学管理的十大现代理念展开详细论述。

（一）以人为本理念

在经济、科技等高速发展的今天，社会已经从注重科学技术发展的时代进入以人为本的时代。在这个时代，坚持以人为本的教育理念也符合当下的要求。因为人既是教育的出发点，又是教育的归宿。所以教育作为一种培养和造就合格人才以满足社会发展需要的崇高事业,自然要全面体现以人为本的时代精神。因此,现代教育应强调以人为本,在教育教学的整个过程中,全方位地贯彻重视人、尊重人、提升及发展人等精神;同时,现代教育也应重视开发人的禀赋、挖掘人自身的潜能,关注人当下的现实需要和未来的发展需要,更应重视人自身的价值及如何使他们实现个人价值,并且应致力于使人自尊、自爱,增强人自立、自强的意识。正是由于现代教育坚持以人为本的理念,因而人们的精神品位和生活质量也在持续提高,人的生存能力和发展能力也得到了提高,进而人的自身也得到了发展与完善。鉴于此,现代教育不仅仅成了增强民族凝聚力的重要手段,也成了提高综合国力的基础,并渐渐地融入时代的潮流之中,十分受人们的青睐。

(二)全面发展理念

促进人的自由全面发展是现代教育的宗旨。因此,现代教育十分注重人发展的全面性和完整性。从宏观上说,现代教育是面向全体公民的教育,是注重民族全面发展的国民性教育。它要使社会上的每一个成员都能通过正规或者非正规的渠道接受一定的教育。它的根本目标是提高整个民族的思想道德修养,大力发展整个民族的科学文化素质,提高民族的知识创新能力和技术创新能力,增强综合国力。从微观上说,现代教育是面向全体学生的教育。它要使每一个学生都能在原有的基础上得到一定的发展,使每一个学生都能达到社会规定的合格标准,使他们成为社会需要的人才。它的根本任务是促进每一个学生在德、智、体、美等方面的全面发展,将学生造就为全面发展的人才。这就要求人们在教育观念上,要将传统的应试教育观念改变为素质教育观念,将精英教育、专业性教育转变为大众教育、通识性教育;在教育方法上,要改变只注重提高成绩、不注重学生身心发展的方法,而采取促进学生德、智、体、美全面发展的整体育人的方针政策。当然,全面发展并不是平均发展,它会给予每个学生平等的个性发展机会和自由选择机会。

(三)素质教育理念

传统教育的思想和方法只重视传授和吸纳知识,不利于学生的全面发展。因此,现代教育摒弃了这种教育思想和方法。现代教育重视的是在教育过程中转化知识,即将知识转化为能力,内化为学生的良好素质。它强调的是知识、能力和素质三者在整个人才结构中的相互作用、相互渗透与和谐发展。传统教育过于重视知识的传承和考试分数,往往忽视了学生的实践能力和综合素质的发展。针对这一弊端,现代教育更加强调锻炼学生的实践能力,培养学生的综合素质。现代教育认为,与知识相比,能力和素质更重要、更持久、更稳定。

现代教育把培养与提高学生的综合素质作为教育教学工作的中心,把帮助学生学会学习和提高学生个人素质作为基本的教育目标,为的是将学生隐藏的多种潜能全面开发出来,使学生的知识、能力和素质和谐发展,提高学生的整体发展水平。

（四）创造性理念

实现将知识性教育转变为创造力教育是传统教育转向现代教育的重要标志之一。因为在以知识为基础、以脑力劳动为主体的知识经济的概念下，人的创造性作用体现得更为明显，人的创造力潜能也成了最具价值的重要资源。现代教育充分强调教育教学过程应该是一个极具创造力的过程，要以培养学生的创造力为基本目标，积极挖掘学生的创造力潜能。现代教育主张在创造教育教学环境时，要运用创造性的教育教学手段，同时要结合优美的教育教学艺术；在培养人才时，要培养学生的创造力，将学生培养为创造型人才。现代教育认为创新精神和创业精神二者相结合形成的生态链才是完整的创造力教育的构成要素。因此，加强创新教育和创业教育并且促进两者相互融合，培养出创新、创业型人才也成了现代教育的基本目标。

（五）主体性理念

现代教育其实是一种主体性教育。因为现代教育对人的主体价值给予了充分的肯定，积极弘扬人的主体性，有效激发教育主体的能动性，并使其在一定程度上得到提高，同时增强人的主体意识，提高人的主体能力，使受教育者不再被动接受外在的、客体实施的教育，而是自主地进行自我教育活动。尊重每一个学生的主体地位是主体性理念的核心。主体性理念主张始终以"学"为中心来开展"教"的活动，最大限度地激发学生的内在潜力和学习动力，将学生转变为积极主动的主体，而不再是被动的接受性客体。真正的教育过程应是学生自觉自主的学习过程和自我构建的过程。因此，主体性理念要求将以教师、教材、课堂为中心的传统教育模式转变为以学生、活动、实践为中心的现代教育模式。这种新颖活泼的主体性教育模式倡导的是快乐教育、自主教育、成功教育以及研究性学习等。这种模式才能点燃学生学习的热情，才能更好地培养学生的各种兴趣，才能促进学生养成良好的学习和生活习惯，使学生的学习能力不断提高，促进学生积极主动地学习和发展。

（六）个性化理念

多元的个性发展才是创造精神和创新能力的重要源泉。我们处在知识经济创新的时代。这个时代需要大批的人才来支撑，而这些人才必然是具有丰富且鲜明个性的人才。正因如此，个性化教育理念才应运而生。现代教育强调的是尊重个性、正视个体差异；它不仅允许学生发展方向的不同，而且鼓励学生的个性发展；它会采用不同的教育方法和评判标准来对待学生不同的个性特点，会创造出更有利于学生个性发展的条件。现代教育注重的是学生的身心素质，特别是人格素质的发展，因此，它要求教育教学的每个环节都要贯彻培养和完善个性的理念。首先，在教育实践过程中，个性化理念要求创设个性化的教育环境，营造个性化的教育氛围，搭建个性化的教育平台；其次，在教育观念上，个性化理念提倡精神宽容、地位平等和师生互动，承认并且尊重不同学生之间的个性差异，为每一个学生的个性展示提供平等的机会，为每一个学生的个性发展提供有利的条件，鼓励每一个学生展示自己的个性和长处；最后，在教育方法上，个性化理念注重因材施教，实行个性化教育，要求针对不同个性的学生采取不同的教育措施，最终达到将共性化教育转变为个性化教育的目的，为学生个性的健康发展提供足够的成长空间。

（七）开放性理念

现如今，我们正处在一个空前开放的时代。科学技术高速发展、日新月异，不仅为我们的生活带来了便利，也让我们的世界逐渐成了一个联系更加密切的有机整体。一种全方位开放式的新型教育打破了传统教育的封闭式格局。这种新型教育从教育资源、教育内容、教育目标、教育观念、教育方式、教育过程和教育评价等方面全面取代了传统的封闭式教育。

1. 教育资源的开放性

教育资源的开放性，即充分开发、利用一切可以利用的教育资源以服务于教育活动、激活教育实践。这些教育资源可以是现实的、物质的、传统的、民族的，也可以是虚拟的、精神的、现代的、世界的。

2. 教育内容的开放性

教育内容的开放性，即所设置的教育教学环节和课程内容要面向未来、面向世界、面向现代化，要消除教材内容封闭僵化的弊端，使教学内容变得新颖、开放、生动，而且更具包容性。

3. 教育目标的开放性

教育目标的开放性，即教育应该不断地开启学生的心灵世界，激发学生的创造潜能，不断地提高学生的自我发展能力，不断地拓展学生的发展空间。

4. 教育观念的开放性

教育观念的开放性，即一个民族的教育要广泛汲取世界上优秀的教育思想、教育理论和教育方法。

5. 教育方式的开放性

教育方式的开放性，即教育走的道路应该是国际化的道路、产业化的道路和社会化的道路。

6. 教育过程的开放性

教育过程的开放性，即教育要从学历教育拓宽到终身教育，要从课堂教育延伸到实践教育及信息网络化教育，要从学校教育拓展到社区教育及社会教育。

7. 教育评价的开放性

教育评价的开放性，即改变单一文本考试这一传统的教育评价模式，建立多元的教育评价体系，使教育评价机制更富有弹性。

（八）多样化理念

现代社会所处的时代是在一个多样化的时代。高度分化的社会结构、复杂多变的社会生活和多元化的价值取向使教育的发展趋势也呈现出多样化的特点。教育多样化首先体现为教育需求多样化。现在的经济社会的发展十分迅速且千变万化，对人才的各方面要求必然会随着社会的发展而变得多样化。其次，办学主体、教育目标和管理体制等体现出了多样化趋势。最后，教育的形式和手段变得灵活多样，教育质量和人才质量的衡量标准也逐渐变得弹性化、多元化。以上这些都表明，相关部门或教育机构在管理教育教学过程和设计教育教学活动时，会面临更多的挑战。多样化理念要求相关部门和教育机构根据不同的办学层次、办学类型、管理机制柔性设计与管理教育教学活动。它推崇的是弹性教学与管理的模式。因为这种模式更加符合教育教学实践。为了促进教育事业的繁荣发展，它主张建立更加多元的社会政策法规体系，营造更加宽松的舆论氛围。

（九）生态和谐理念

在大自然中，植物、动物、微生物等都无法离开良好的生态环境而自由生长。当然，人也一样。而且社会生态环境对人的成长的影响是十分重要的，只有宽松和谐的社会生态环境才能促进人才的健康成长。现代教育主张将教育活动作为一个有机的生态整体。从教育活动的内部条件来说，这个整体的和谐性体现为教师与学生和谐相处、课堂与实践有机统一、教育内容与方法协调一致等；从教育活动的外部条件来说，这个整体的和谐性体现为教育活动与整个育人环境的协调统一、教育活动与文化氛围的亲和融洽等。现代教育要求教育者在教育的每个环节都要营造融洽、和谐的氛围，以形成完整统一的教育生态链，让人才健康成长所需要的养分、土壤等各因素之间产生和谐共鸣，最终达到和谐育人的目的。因此，现代教育倡导的是和谐教育，追求构建有机的生态教育环境，在整体上努力做到教学育人、管理育人、环境育人等，为人才的健康成长创造最佳的生态环境，以促进人才的和谐发展。

（十）系统性理念

随着知识经济和学习化社会的到来，现代教育也实现了终身教育。对个人来说，教育是一生中最重要的活动之一；对国家来说，教育是国之大计。因此，教育不仅仅是学校的事情，也是整个社会进步与发展的大事；教育不只是为了提高个人素质，更重要的是提高整个国家的国民素质；教育也不仅仅是满足个人精神文明需求的活动，更是国家精神文明建设和两个文明协调发展的战略性大业。教育是一项复杂的社会系统工程，由多方面的各种要素组成，涉及多个部门、多种行业，因而，如果想要搞好教育，就必然需要整个社会全员参与，共同奋斗。我国正在形成的社会大教育体系，与传统教育体系明显不同，它要以系统工程的理念为指导，进行统一规划、统一设计和一体化运作。它的目标是培养学生的自主学习能力，提高学生的生存发展能力。它主张在社会系统各部门和各环节协调运作的基础上，完成健全教育社会化网络的工作，并把该工作作为构建教育环境工作的中心，进而促进大教育系统工程的良性运转。

第三章　教育管理的管理科学理论基础

第一节　古典管理理论

　　古典管理理论是指 19 世纪末 20 世纪初在西方一些国家形成的系统的管理理论。19 世纪末 20 世纪初，科学技术水平和生产社会化程度有了很大提高，尤其是资本主义经济由自由竞争阶段进入垄断阶段，企业规模扩大，管理工作日益复杂，劳资矛盾进一步加剧，经济危机频发。这一切都表明，资本家原来那种家长式的行政管理和单凭经验办事的管理方法已不能适应生产发展的需要。在这种背景下，资本主义国家的一些企业管理人员、工程技术人员开始进行各种实验研究，总结管理经验，探求提高劳动生产率的新的管理方法。其主要代表是泰罗的科学管理理论、法约尔的一般管理理论和韦伯的行政组织体系理论。这三个理论被称作古典管理理论的三大支柱。

一、泰罗的科学管理理论

　　美国管理学家泰罗（1856—1915）是科学管理理论的创始人，在资本主义管理学史上被称为"科学管理之父"。他原本是一个工人，当过工长、绘图员、技术员和工程师，最后当上了总工程师和管理顾问。他一生有许多发明和技术革新成果，获得技术专利 100 多项。他在总结前人研究成果的基础上，通过管理方面的许多重要的试验研究，如"搬运生铁块试验""铲铁砂和煤块试验""金属切削试验"等，提出了他的科学管理理论。他的主要著作有《计件工资制》《工场管理》《科学管理原理》。泰罗科学管理理论的主要思想可以概括为以下几点。

　　（1）科学管理的目的和中心问题是提高劳动生产率。泰罗认为，最高的劳动生产率是工厂主和工人共同富裕的基础。它能使工人关心较高的工资和工厂主关心的较低的劳动成本结合起来，从而使工厂主得到较多利润，工人得到较高工资，可以提高他们对扩大再生产的兴趣，促进生产的发展，达到工厂主和工人的共同富裕。

　　（2）科学管理的重点是要求管理人员和工人共同实行重大的精神革命。精神革命就是工人和工厂主之间不要对立,不要把注意力放在多余的分配上,而应转向增加盈利上,在科学管理的基础上实现劳资双方相互合作,共同促进生产,提高效率。

(3)标准化原理。标准化原理即通过对工人的每一个动作和每一道工序的分析研究,确定标准的操作方法,以代替过去工人单凭经验的操作方法。与此同时,实现操作所需要的工具和环境的标准化,并根据标准化的操作方法和环境的标准化,确定工人一天必须完成的劳动定额。

(4)为了鼓励工人打破劳动定额,实行激励性的差别计件工资制度。

(5)科学地选择"第一流的工人",并用科学的操作方法来培训他们,使他们真正按科学的方法去操作。

(6)把计划职能和执行职能分开,使工人和管理部门分别执行不同的职能。

(7)实行职能组织制,将管理工作予以细分,使所有的管理者只承担一种或两种职能。

(8)实行例外原理。泰罗提出高层主管人员为了减轻处理纷繁事务的负担,应把处理一般日常事务的权力授予下级管理人员,高层主管人员只保留对例外事项(重要事项)的决策权和监督权。

泰罗的管理理论有许多弊端,所谓科学管理实际上是加强劳动控制的手段,它使工人的意识和行动分离,丧失工作过程中的自主权,成为管理部门活的生产工具。所谓"高效率"是以工人极度紧张的劳动为代价的。然而,这毕竟是人类管理活动史上的一次变革,它反映了当时机器工业生产中的某些客观规律,对以后的管理实践和理论的发展有重要影响。正如列宁所说:"泰罗的管理理论一方面是资产阶级剥削的最巧妙的残酷手段;另一方面是一系列最丰富的科学成就。"

二、法约尔的一般管理理论

法国管理学家亨利·法约尔(1841—1925)是与泰罗同时代的人,他于1888年担任康门曲里·福尔亨包特矿业公司总经理,于1918年任公司董事。由于长期担任企业领导工作,法约尔对工厂企业的组织、领导机构及组织管理的过程、原则等表现出极大的兴趣,并进行了卓有成效的研究。他的代表作有《工业管理与一般管理》。

法约尔认为管理和经营是两个不同的概念。企业的全部经营活动可以分为六项,而管理只是其中的一项。这六项活动是技术活动、营业活动、财务活动、安全活动、会计活动和管理活动。

法约尔认为管理包括五项职能,即计划、组织、指挥、协调和控制。法约尔还提出,为了实施这五项职能,必须遵循十四条原则,即分工、权限与责任、纪律、命令统一、指挥统一、个别利益服从整体利益、报酬、集权、组织等级、秩序、公平、人员的稳定、首创精神、集体精神。此外,法约尔还论述了社会组织的各级领导人应具有不同的知识结构以及企业人员的培养问题。

法约尔的管理理论深受泰罗的科学管理理论的影响，但又与之有不同之处。他把管理作为特有的概念加以研究，提出了管理职能和管理原则。他对管理职能的分析，提供了一套管理思想体系。他的管理原则基本上属于组织原则。

三、韦伯的行政组织体系理论

德国社会学家马克斯·韦伯（1864—1920）与泰罗、法约尔不同，他毕生从事学术研究，是当代德国最有影响力的学者和著作家。他涉猎广泛，宗教、政治、社会科学方法论等方面的著作颇丰，代表作有《社会组织与经济组织理论》。特别是他提出的行政组织体系理论（又称官僚组织模式理论、科层管理理论）为西方古典组织理论的确立做出了杰出贡献。其基本观点包括如下方面。

（一）职位分类

每个组织的存在都有其组织任务，组织任务的完成必须依赖各个工作部门，每个工作部门下边还有若干个工作岗位，每个工作岗位都应该专业化。组织的建设就是从职务岗位的划分开始的。

（二）权利分层

组织按照等级原则，从顶层到基层有一条权利线。每个层次有不同的职务、责任和权利。

（三）法定资格

每个岗位的人员都必须是称职的。所以组织以"法"的形式规定每个职位的任职资格和条件以及对他们考核的标准和方法。

（四）委以责任

除按规定必须通过选举产生的公职人员，官员是委任的，而不是选举的。在授权的同时要委以责任，他的行为必须对上级行政组织负责。

（五）遵纪守法

官员不属于任何一个社会组织，而是为全体公民服务的，必须遵守行政组织的纪律和规则。

（六）理性关系

组织内部各个成员之间只讲理性，不讲感情。

（七）固定工资

官员领取固定工资，有明文规定的升迁制度，不得利用行政职位之便获得工资以外的任何报酬。

管理学界认为，20世纪以来工商界的经济组织由家长式的管理演变成科层式管理，这既反映了工业革命对工商业发展的要求，又体现了法治社会的必然结果。这种以责任制为基础、以权利为核心的理性组织的权威性对提高行政组织工作效率具有积极作用。它是一种理想的组织。

美国的古利克和英国的厄威克综合研究了泰罗、法约尔、韦伯的管理理论，认为这些管理理论可以相互补充，结合成一体化的古典管理理论。他们提出了适用于一切组织的八项原则，分别是目标原则、相符原则、职责原则、组织阶层原则、控制跨度原则、专业化原则、协调原则及明确性原则。他们把古典管理理论中有关职能的理论系统化，并提出了有名的"七职能说"，即计划、组织、人事、指挥、协调、报告和预算。

四、古典管理理论对教育管理的影响

古典管理这一理论对美国乃至世界范围的教育管理都有深远而持久的影响。受泰罗的科学管理理论影响，教育管理人员开始注重办学质量和效益问题，甚至把泰罗的科学管理作为衡量学校管理的主要标准。例如，1908年达顿和斯奈登出版的《美国公共教育管理》的基本观点就是要注重管理的合理性和有效性，倡导用较少的管理资源取得较好的实际效果，注重专家的作用，采用行政的方法对教育、教学工作进行业务分析，找出合理的、标准的工作方法。这是泰罗的标准化管理和定额管理在教育管理上的最早应用。雷蒙德·卡拉汉在《教育与效率的狂热》一书中描述当时美国学校的校长为赶"时代潮流"，要求教师以分钟计算安排工作，利用好每一天的时间。埃尔伍德·卡巴利在《公立学校的行政》一书中认为学校是一所将原料制成各种产品以满足各种生活需要的工厂，主张运用泰罗制总结城市学校行政的经验，并把这种办法运用到州和郡的公共教育组织和行政问题上。富兰克林·鲍必特认为，要提高学校行政工作的效率，首先要确定学校"产品"的理想标准（毕业生的标准），其次是规定学校的"生产方式"和程序，最后是明确生产者（教师）必须具备的资格和工作准则。教师要遵守由专家制订的详细的教学计划所应达到的标准，所应用的方法与所使用的教材。这种效率、成本和标准化的观念对传统教育管理产生了很大的冲击，使教育管理人员不得不放弃传统的教育管理观念和做法，接受工商业界的市场规则、价值标准和相应的管理行为。

在国外，人们对在教育管理中应用泰罗制有很多争议。从实际情况来看，泰罗制的管理思想对于实现学校管理的科学化、提高工作效率确实有着积极的作用。但也存在着很多问题，如把工厂企业的管理方法完全照搬到学校管理上，忽视了教师劳动的特点，忽视了学校组织与工厂的区别；泰罗制所推崇的管理方法在学校管理中不一定完全适用，如标准化管理问题，如果学校管理过于强调统一和标准化，就会扼杀被教育者的个性，减弱教育价值；在教育管理中如果过分强调权力等级结构、规章制度、物质刺激，而忽视教职工心理需要，就不能有效地调动他们的积极性。

受韦伯行政组织体系理论的影响，美国教育管理学专家马克斯·阿博特提出的学校组织有许多特征是符合韦伯原则的。他认为学校组织具有分工层级等专业化特性，学校内部有着明确且严格的纪律和规章制度，学校管理的理性化程度高，教职人员是按照自己的职务、责任、工作量领取工资的。因此要提高学校管理的效率就必须从学校组织建设的程序化和规范化做起。

总之，古典管理理论对教育管理无论是在观念上还是具体管理方法上都有深刻的影响。从观念上来说，它使教育管理人员认识到教育管理活动是可以控制的，通过设计一个合理的组织结构，编制一套完善的规章制度，遵循一系列科学的管理原则，再辅以严格的奖惩制度，学校组织也能像其他组织一样，在有限的条件下实现最佳的管理目标。从具体的管理方法来说，如今学校里的许多做法都受到泰罗制的影响，如表3-1所示。

表3-1 古典管理理论应用

古典管理理论	适合于教育管理的例子
建立权力等级结构	控制的层次：教育局局长→校长→教导主任→年级组长→教师→学生
工作任务和作业水平的科学度量	全面测试学生在学科领域的能力等方面的情况，并按学习水平分类
规定工作的科学程序	三年级的知识有别于四年级的知识，并为四年级的知识做准备，依此类推
建立劳动分工	语文教师、数学教师、英语教师、历史教师、体育教师、教学辅助人员、校工
确定适当的控制幅度	中小学师生比为1∶40，正副校长之比为1∶3
制定行为规范	学生手册、教学常规管理条例、教师奖励办法
招聘人员以能力和专业为基础	进入教育部门工作的人员要求有教师资格证书
制定完成任务的最佳方法	学校不断寻求课程的最佳教学法
在雇员中建立纪律	学生要遵守学校规章制度；教师要服从教育规范，为人师表

第二节 行为科学管理理论

从20世纪20年代开始，资本主义经济发展进入一个新的时期，科学的进步、技术的突破使生产规模不断扩大，新技术被广泛用于各类工业部门，资本主义生产越来越机械化、自动化，它不仅对生产者的水平要求越来越高，也使生产者的"异化"程度越来越严重，人们成了机器的附属品。如何使人们摆脱机器的奴役，变被动劳动为积极劳动，成为新的研究课题。另外，由于工人阶级觉悟的提高，他们越来越要求得到经济上和政治上的民主权利，劳资矛盾进一步加剧。为了缓和劳资矛盾，维护资本主义社会的稳定，西方学者开始重视对人以及人与人之间的关系的研究。

一、人际关系理论

人际关系学说的创始人是美国哈佛大学教授梅奥（1880—1949）。他出生在澳大利亚，早年学医，后开始学习心理学，曾在昆士兰大学讲授伦理学、哲学、逻辑学，1922年执教于美国宾夕法尼亚大学沃顿管理学院，1926年进入哈佛大学。他的著作主要有《工业文明的人类问题》《工业文明中的社会问题》。

从1924年起，梅奥负责指导美国西屋电气公司霍桑工厂的试验研究。他们通过对车间照明变化、工作时间和其他条件变化（如休息间隔、工间茶点）对生产效率影响的各种试验以及与全厂工人的谈话和对有关社会组织的试验分析，提出了人际关系学说，其基本观点如下。

（一）人是"社会人"

梅奥反对以往的管理理论中把人看作"经济人"的观点，认为人不单追求金钱收入，还有社会、心理方面的追求。人的思想行为更多地由感情来引导。因此，工资报酬、工作条件并不是影响劳动率的唯一因素，不能单纯从技术、物质条件着眼，而应从社会、心理方面来鼓励工人提高生产率。

（二）正式组织中存在着非正式组织，这两者相互依存，共同影响着劳动生产率

正式组织是具有一定的目标，并由规章、制度、方针、政策等规定企业中各个成员之间相互关系和职责范围的一定的组织体系。非正式组织就是组织内部的成员在共同的工作过程中，由于共同的爱好、共同的倾向等社会情感而形成的非正式团体。这些团体有自然形成的规范，成员约定自觉服从这些规范。梅奥认为，非正式组织可以保护工人免受内部成员忽视和外部人员的干涉所造成的损失。非正式组织涉及每个人，不仅工人中有非正式组织，管理人员、技术人员中也有。管理人员既要强化正式组织，又不能忽视非正式组织的作用。

（三）新型的领导能力在于提高工人的满意度，从而提高劳动生产率

梅奥从"社会人""非正式组织"的观点出发，认为金钱、经济刺激对提高劳动生产率只起第二位的作用，起第一位作用的是工人的情绪和态度，即士气。而士气同人的满意度有关。职工的满意度主要是指对获取安全的、归属的感觉等需求的满意度。满意度越高，士气越高，生产效率越高。他认为，在传统管理理论基础上形成的领导能力只重视物质、

技术因素，不能适应工人社会需求方面的要求。新型的领导能力既要重视技术因素，又要重视生产中的人的因素，关心团体中的人际关系状况，努力提高工人的满意度，最终达到提高生产率的目的。

梅奥的人际关系学说要求管理者按照人的社会特性来改进管理，这不仅是对古典管理理论的重要补充，也开辟了西方管理理论发展的一个新领域和新阶段。在实践中，人际关系学说为调动职工积极性提供了新思路和新方法，如重视职工的感情因素，努力为他们创造一种愉快的工作环境，采取民主的领导方式，使下级拥有提建议和参与管理工作的机会等。

二、行为科学管理理论

行为科学是运用心理学、社会学、社会人类学等学科理论和自然科学的实验、观察方法，研究人的行为产生的原因和影响行为的因素，以激发人的积极性、创造性的综合性学科。

霍桑试验的成功和梅奥提出的人际关系学说引起了学术界、企业界的极大反响。1949年，在美国芝加哥大学召开的一次跨学科会议讨论了是否可能利用现有的科学知识，寻找出人的行为规律的问题。讨论中，与会者充分肯定了人际关系理论的一系列研究成果，认为在此基础上有可能也有必要建立一门新的综合性学科，经过讨论，会议最后确定使用"行为科学"这一名称。20世纪50年代以后，行为科学真正发展起来，并得到美国政府的支持。1952年，美国建立了"行为科学高级研究中心"。1956年，美国出版了第一期行为科学杂志。20世纪60年代以后又出现了组织行为学的名称，重点研究企业组织中人的行为问题。现在这门学科已经被广泛应用到各个部门，特别是经济管理部门。有人称行为科学的出现标志着由以物的管理为中心的时代向以人的管理为中心的时代的转移。行为科学理论也成为管理人员培训的必修课，一些著名大学还设有行为科学系和研究中心。行为科学的研究领域非常广泛，以下是一些有影响的人物及其理论观点。

（一）有关人的需要、动机和激励理论

梅奥等人的人际关系研究，强调人是"社会人"和满足人的社会需要。以后的行为科学家在这方面又有所发展。他们指出，人的各种行为都有一定的动机，而动机产生于人的需要。在组织管理中可以根据人的需要和动机进行激励，使人们更好地完成任务，并在这一过程中达到自我实现。这时的行为科学的研究重点从"社会人"发展到"自我实现的人"。人们对这方面研究的主要理论如下。

1. 马斯洛的需要层次理论

马斯洛（1908—1970）是美国人本主义心理学家和行为科学家。他在1954年发表的《动机和人格》中提出了人的需要层次理论。

马斯洛认为，人是"有需要的动物"，随时有某种需要，当人的某一需要得到满足时，

这一需要就不再是人的激励因素,他便有了另一种需要。人的需要由低到高分为五个层次,分别是生理需要、安全需要、社交需要、尊重需要和自我实现的需要。

马斯洛提出,人所追求的最终目标是达到自我实现,而不是金钱、名誉、地位。他认为,不管一个人的地位、身份、职业如何,只要他全身心地把自己的智慧、才能和精力充分发挥出来就是达到了自我实现。当高级领导干部可以自我实现,当勤杂工也能自我实现;当主角、骨干可以自我实现,当配角、一般成员同样能自我实现。

2. 赫茨伯格的双因素理论

赫茨伯格是继马斯洛之后进一步研究激励动机的美国心理学家,代表作有《工作的激励因素》《工作与人性》。

赫茨伯格通过对美国匹兹堡地区多名工程师和会计人员的访问发现,使职工感到满意的都是属于工作本身或工作内容方面的,可以称为激励因素;而使职工感到不满意的都是属于工作环境和工作关系方面的,可以称为保健因素。保健因素不能对职工起到激励作用,但能预防职工的不满。

赫茨伯格进一步归纳出激励因素包括六项,分别是工作上的成就、得到赏识、进步、工作本身、个人发展的可能性、责任。保健因素包括十项,分别是公司的政策和行政管理、技术监督系统、与监督者个人之间的关系、与上级之间的关系、与下属之间的关系、薪金、工作安全性、人的生活、工作环境以及地位。

3. 弗鲁姆的期望理论

弗鲁姆是美国著名心理学家、行为科学家。他于1964年发表《工作和激励》,提出了期望理论。他认为,激励力 = 目标价值 × 期望概率。也就是说,人在行动之前,首先要对自己的行为目标进行选择,对目标价值做出判断。只有当目标价值比较高时,人们才会努力追求这个目标。其次人们还要根据自己的条件考虑获得目标价值的可能性大小。只有当目标价值高,又有实现目标的把握时,人的积极性才是最高的;反之,某种目标价值对人们没有吸引力或没有实现目标的充分把握时,都不可能激发人们的积极性。

弗鲁姆的期望理论为管理者具体分析影响职工积极性的因素并有针对性地实施激励,有一定的指导作用和实用价值。

(二)人性理论

人性问题从来都是伦理学家争论的焦点,也是管理学者研究的一个中心问题。不同的管理理论和方法背后有着不同的人性观。"科学管理理论"认为人是"经济人",梅奥提出人是"社会人",行为科学理论对此进行了更深入的研究。

1. 麦格雷戈的X理论、Y理论和莫尔斯、洛希的"超Y理论"

麦格雷戈(1906—1964)是美国麻省理工学院教授,1957年首先提出X理论和Y理论的人性假设,并在他的《企业的人性方面》一书中予以表达。

麦格雷戈认为，每一位管理人员对职工的管理都基于一套人性的假定。他把传统管理对人的观点和管理方法称作 X 理论，其要点如下。

①一般人的天性都是好逸恶劳，只要有可能就会设法逃避工作。

②人几乎没有什么进取心，不愿承担责任，而宁愿被别人领导。

③人天生就反对变革，把安全看得高于一切。

④要使人们真正想干活，就必须严格地控制、威胁和不断地施加压力。

麦格雷戈主张在管理指导思想上变 X 理论为 Y 理论，Y 理论是建立在对人性和人的行为动机更为恰当的认识基础上的新理论，其要点如下。

①人并非天生懒惰，厌恶工作，工作对人们来说，正如游乐和休息一样是自然的。

②控制和威胁并不是促使人们为实现组织目标而努力的唯一办法，人们对自己所参与的目标能实现自我控制和自我指挥。

③人追求个人目标和欲望的满足同实现组织的目标并不矛盾，只要组织领导有方，人会处理好个人与组织的关系。

④在适当条件下，人们不但能接受，而且能主动承担责任。

⑤不是少数人，而是多数人在解决组织问题时富有想象力和创造力，对组织目标持消极态度和抵触情绪是由于组织的压力所致。

⑥管理的基本任务是安排好组织工作方面的条件和作业的方法，使人们的潜能充分发挥出来，更好地为实现组织目标和个人具体目标而努力。

在麦格雷戈提出了 X 理论和 Y 理论之后，美国的乔伊·洛希和约翰·莫尔斯选择了两家工厂和研究所进行对比试验，其中一家工厂和研究所按 X 理论实施严密的组织和督促管理，另一家工厂和研究所按 Y 理论实施宽松的组织和参与管理。结果发现，在研究所，实行 Y 理论管理的史托克顿研究所效率高于实行 X 理论管理的卡美研究所；而在工厂，实行 Y 理论管理的哈特福工厂效率低，实行 X 理论管理的亚克龙工厂效率高。据此，他们提出了超 Y 理论。他们的观点是 Y 理论并不是在任何地方都比 X 理论优越，企业的领导方式应因成员的素质而定。有的人希望有正规化的组织和规则条例来要求自己的工作，而不愿参与问题的决策去承担责任，这种人适合 X 理论指导管理工作。有的人却需要更多的自治责任和发挥个人创造性的机会，这种人则适合以 Y 理论为指导的管理方式。

2. 阿吉里斯的"不成熟—成熟"理论

美国哈佛大学教授阿吉里斯对人的个性与组织关系等问题进行了较多研究，提出了关于人的"个性与组织"的假说，叫作"不成熟—成熟"理论。

他认为，人的个性发展如同婴儿期到成年期的变化，即从被动到主动、从依赖性到独立性、从只能有少数几种行为方式到多种行为方式、从偶然淡漠的兴趣到深厚强烈的兴趣、从只有"现在"的时间观念到有"过去""未来"的时间观念、从附属于他人到成年独立、从缺乏自我意识到自我控制意识。他指出，一个人在这个"不成熟—成熟"连续的发展过程中所处的位置就体现了他自我实现的程度。

他认为，大多数组织机构都将他们的成员看作处于不成熟阶段，管理阶层把一切都紧紧控制不放，这就不能适应成熟人的个性发展需要。成员可能离开组织，或对组织采取攻击、退守或冷淡态度等防御措施。为此，他提出了协调个性与组织需要的办法，即：扩大职工的工作范围；采用参与制、以职工为中心的领导方式；使职工有从事多种工作的经验；加重职工的责任；更多地依靠职工的自我指挥和自我控制，使个人和组织都能实现自己的目标。

（三）有关领导行为的理论

对一个领导者怎样领导一个集体，以怎样的方式进行领导，行为学家进行了广泛的研究，提出了各种理论，概括起来主要有以下几种。

1. 坦南鲍姆和施米特的"领导方式连续统一体"理论

最初研究领导方式的人把领导方式划分为独裁方式、民主方式两类，而人们在现实生活中发现领导方式远远不止这两类。美国学者坦南鲍姆和施米特把各种领导行为看作"连续统一体"。如图 3-1 所示：左边的领导人是一个独裁的领导者，右边的领导人是一个民主的领导者，从独裁方式的一端开始向民主一端过渡，权力的影响力在逐渐减弱，而民主力量在不断增强。这样可以划分出七类领导方式：

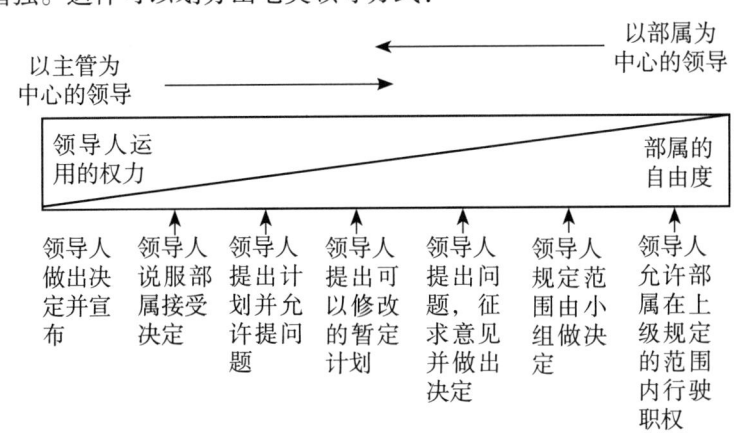

图3-1 七类领导方式

（1）由领导者做出决策，不必同任何人商量，下级只有服从。
（2）领导者做出决策后，要对下级进行宣传解释，要求大家执行。
（3）领导者在决策前征求大家的意见，但是不按下级意见修改。
（4）征求意见后进行修改，再做决策。
（5）领导者只提出需要解决的问题是什么，要求大家出主意、想办法，在群众意见的基础上做出决策。

（6）领导者要求群众提出问题并给出解决问题的办法。

（7）领导者允许群众在自己负责的工作范围内从实际情况出发解决问题。

他们认为，对这七种领导方式，不能抽象地认为哪种好、哪种不好。成功的领导人不是专权的人，也绝不是放任的人，而应该在具体情况下善于考虑各种因素，采取最恰当的解决方案。当需要果断指挥时，善于指挥；当需要职工参与决策时，能提供这种途径，这样才能获得最好的效果。

2. 利克特的"以员工为导向"和"以生产为导向"的领导两维层面理论

伦西斯·利克特是美国心理学家、行为科学家，于1961年出版的《管理的新模式》和1967年出版的《人群组织：其管理和价值》等著作中概括了他的研究成果。他指出，在所有的管理工作中，对人的领导是最重要的中心工作。企业生产率高低的决定因素是领导方式。生产效率高的企业采用的是以职工为中心的领导方式，即强调工作中的人际关系，关心人的需要和发展，重视人的作用。生产效率低的企业采用的是以工作为中心的领导方式，管理者只对技术方面感兴趣，对职工的监督过于严密，甚至动辄批评和处罚。

利克特认为，领导的管理方式有四种：专权的命令式——权力绝对集中，下级绝对服从；温和的命令式——实行授权制，但仍由高级领导集中控制和监督；协商式——实行分权管理、分级决策；参与式——职工参与企业目标的制定，下级参与上级的决策。他认为，第一种是传统的管理方式，第二种、第三种是权力主义管理方式，第四种是民主管理方式，也是最有效的管理方式。

总之，利克特认为，领导者在管理中以职工为中心则生产率高，反之则低；领导者同职工接触的时间多则生产率高，反之则低；管理方式越民主、越合理，参与程度越高则生产率越高，反之则低。

3. 布莱克和莫顿的管理方格理论

美国学者罗伯特·布莱克和简·莫顿于1964年在他们合著的《管理方格》一书中提出了该理论。如图3-2所示。

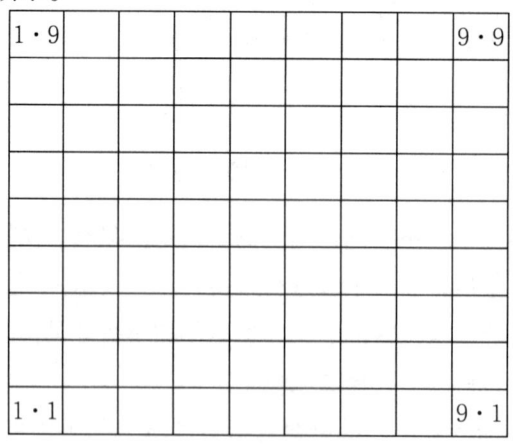

图3-2 管理方格理论

方格的纵轴表示对人的关心,横轴表示对生产或工作的关心。整个方格有81个小方格,每个小格代表领导者对生产的关心和对人的关心以不同的比例结合的管理方式。例如,1·1是贫乏式管理,1·9是俱乐部式管理,9·1是任务式管理,9·9是协作式管理,5·5是中间式管理。他们提出,每一个领导者都应认清自己所处的环境和现有的管理方式,逐步把自己的管理方式向9·9型靠拢,提高管理效率。

行为科学理论的兴起,改变了管理学对人的看法,重视了人的因素。在资本主义管理思想发展史上,可以说是划时代的改变。它所倡导的在工作中恢复人的尊严,实行民主参与管理,使组织目标和个人目标相结合的管理方式,开辟了资本主义管理实践的新道路。西方有些管理学家把它看作一次"管理的革命"。

三、人际关系——行为科学管理理论对教育管理的影响

人际关系——行为科学管理理论对教育管理的影响主要体现在提倡学校管理的民主化,重视教职员在管理中的主体地位,增强教职员的自我激励、自我控制以及自我完善的能力。自20世纪30年代起,很多研究教育管理的学者提出要以梅奥的人际关系学说指导教育管理活动。例如,美国芝加哥大学教育系主任拉尔夫·泰勒撰文提出对人际关系的研究与学校管理人员有关,今后教育管理必将受到梅奥等人在霍桑工厂试验的影响。到20世纪40—50年代,以人际关系学说为理论基础的民主管理方式在欧美学校相当流行。主要表现在以下几个方面。

第一,重视学校中非正式组织的作用,把非正式组织看作学校组织中不可缺少的一部分。

第二,从改善人际关系入手,提高教师的工作激情,特别注重满足教师的社会需要和心理需要。

第三,实施参与决策,把校长看作集体决策中的一员和学校工作的协调者、帮助者,反对校长个人专断。

第四,提倡教学过程中的民主教学和民主监督,在教学中发扬民主,给学生更多的参与机会,让学生成为教学过程的主体,学校领导要充分相信教师,不过多干预教师的教学活动。

第三节 现代管理科学理论

西方的管理理论,在古典学派和行为学派出现以后,特别是在第二次世界大战以后,又出现了许多学派。这些学派在历史渊源和论述内容上互相联系、互相影响。美国管理学家哈罗德·孔茨曾把这种情况形象地叫作"管理理论的丛林",认为它是"走向统一的管

理理论"的必经过程。至于这些学派的划分，在西方管理学界也是众说纷纭。

一、管理理论的丛林

（一）社会系统管理理论

社会系统管理理论的创始人是美国著名的管理学家和企业家切斯特·欧文·巴纳德（1886—1961）。他的代表作是于1938年出版的《经理的职能》。在这本著作中，他把各类组织都作为协作的社会系统来研究，提出了一系列不同于传统组织理论的观点。他是继梅奥之后为社会系统研究做出突出贡献的又一位代表人物，他的观点为现代组织理论奠定了基础。巴纳德的管理思想对西方管理理论进入现代管理理论阶段起着继往开来、承上启下的作用。美国当代著名管理学家哈罗德·孔茨把由他开创的管理理论体系称作社会系统学派。他的主要论点如下：

第一，组织是一个社会协作系统，是"两个或两个以上的人，有意识协调的活动和效力的系统"。

他认为这个定义适用于各种类型的组织。组织的差异在于物质和社会的环境、成员的数量和种类、成员向组织作出的贡献等。组织由人组成，这些人的活动互相协调，因而成为一个系统。一个系统要作为一个整体来对待。系统有各种级别，一个组织内部的各个部门或子系统是低级系统，由许多系统组成的整个社会是一个高级系统。

第二，协作系统包含的三个要素，分别是协助意愿、共同目标、信息联系。

"协助意愿"指的是组织中的每一个人为了结合在一起而做到自我克制，将个人的行为纳入组织整体的行动体系。这种协助意愿的大小跟个人为组织做出的牺牲与组织为个人提供的报酬之间有着密切的关系。

"共同目标"指的是组织中的人们是在共同目标的基础上才进行协作的，个人目标应当与组织目标统一起来。

"信息联系"指的是组织成员只有相互沟通，才能对组织的共同目标有所理解，也才能产生协作的意愿和行为。组织必须有高效率的信息联系渠道和称职的信息联系人员，以保证信息沟通的效能。

第三，在组织中经理是关键人物，他的主要任务是协调组织和个人之间的关系。

经理既要实现组织的目标，又要满足人的感情、欲望和各种需要，实现态度、动机和价值观的变化。经理要想充分发挥每个人的才能去实现组织的目标，就必须帮助他们克服物质、生理、心理和行为习惯的障碍。

第四，经理的权力只有被职工接受的时候才是有效的，因此必须加强彼此间的沟通。要使职工相信经理提出的要求是全面的、合理的；经理提出的要求既符合组织发展的需要，又满足个人的利益,也是自己有可能完成的。

第五,职工是组织的成员,他们要积极地参加组织的活动,并为组织做出贡献;组织要按照他们对组织贡献的大小给予不同的奖励,这种奖励要等于甚至大于他们对组织的贡献。

第六,非正式组织是不受正式组织管辖的个人联系和相互作用以及有关的人的总和。非正式组织可能对正式组织有某些不利影响,但它对正式组织至少有三种积极影响:

(1)就一些易于引起争论、不便在正式渠道提出的,难以确定的事情、意见、建议、怀疑在成员间交换意见。

(2)通过对协作意愿的调节,维持正式组织内部的团结。

(3)维持个人品格自尊心,并抵制正式组织的不利影响以维持个人人格的感情。

巴纳德指出,当个人和正式组织之间发生冲突时,这些因素对维持一个组织的机能起着重要的作用。所以,非正式组织是正式组织不可缺少的一部分,其活动使正式组织的工作更有效率并提高其效力。

巴纳德以前的组织理论把组织看成人的结构与物的结构的联合体,并把这样的联合体视为与外界隔离的封闭组织。巴纳德认为,物的结构只是组织的物理环境,人才是组织本身的构成因素。每个人都是其他组织的成员,把组织看成开放的这一观点从根本上突破了"封闭式组织"的局限性。

(二)决策理论

决策理论是当代西方管理理论的一个重要学派,产生于20世纪50年代。这个学派的主要代表人物是美国卡内基梅隆大学教授赫伯特·西蒙(Herbert A.Simon)。他在决策理论的研究上做出了贡献,曾获得1978年的诺贝尔经济学奖。他的代表作有《管理行为》《管理决策新科学》。

决策理论学派将第二次世界大战以后发展起来的系统理论、运筹学、计算机科学综合应用于管理决策问题,形成了一门有关决策过程、准则、类型及方法的较完整的理论体系。决策理论的主要论点如下。

1. 管理就是决策

这是西蒙等人的著名论断。西蒙认为,一个组织的任何一个成员的第一个行为就是对参加或不参加这个组织做出选择。选择的依据是将对组织做的贡献与从组织中得到的利益进行比较,利益大于贡献他就参加,否则就不参加,因而第一个行为就是决策。组织成员做出参加组织的决策之后,还要进一步做出其他种种决策。组织成员的工作和成就是不断决策的过程。组织中的人都是决策人。组织就是一个人群行为的复杂的决策网状结构系统。组织的决策过程是为实现组织目标而采取何种行为的选择过程。组织就是一个由个人决策和组织决策两个层次构成的复杂的决策网状结构。决策是组织管理活动的中心过程,贯穿整个管理过程的各个方面,无论计划、组织还是控制都离不开决策。

西蒙的决策人和"管理就是决策"的思想是比较深刻的。在管理理论的人的问题上，西蒙的决策人的观点在一定程度上触及了人的主体性。在对管理的理解上，他提出了管理的一个新的内涵：在古典理论和行为科学中，管理主要从管理职能和激励的含义上被理解和看待，而"管理就是决策"的产生在一个新的层次上揭示了管理的本质属性。

2. 决策的过程

决策的过程包括查明决策的理由、研究行动的可行性方案和在各种行动方案中进行选择三个阶段。为此，决策应该做三项相应的工作：情报工作、设计工作和选择工作。

西蒙强调，一个组织的经理花在前两个阶段的时间更多，只有前两个阶段的工作做好了，才能在第三个阶段做出正确的决策。

3. 决策的准则是相对优化原则

西蒙认为，人们通常说的最优化的决策，只是决策的理想状态。实际上，最终"完全合理"的、"最优化"的决策是不存在的。他提出决策的准则应当是"符合要求"和"足够好"。

4. 组织中的决策包括程序化决策和非程序化决策

这两类决策承担者的管理阶层是不同的，基层机构管理人员通常使用的是程序化决策，在中层两种决策都要应用，而高层机构管理人员主要处理的是非程序化决策。因此，人们应当根据一个问题的性质、发生的频率和确定性程度来确定做何种决策以及应当由哪一个管理阶层来做出。程序化决策与非程序化决策关系如图3-3所示。

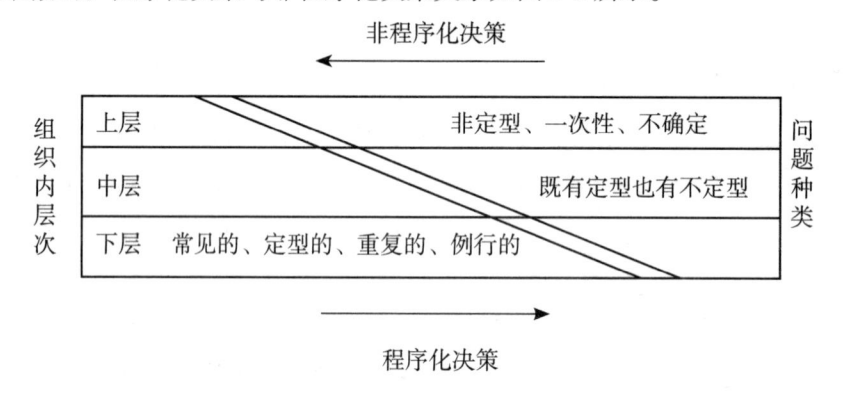

图3-3 程序化决策与非程序化决策的关系

（三）经验主义理论

经验主义学派也称"案例"学派。这一学派认为，管理学就是要研究管理经验，也就是说要通过对大量企业管理经验的总结、比较，形成理论化的知识体系，然后传授给管理人员。由于这一学派一般都强调从企业管理的实际经验出发，而不是从一般原则出发来研究管理，所以被称为经验主义学派。

这一学派的主要代表人物有彼得·德鲁克（大企业的顾问、大学教授）、欧内斯特·威尔（大公司董事、大企业顾问）、威廉·纽曼（大学教授）等。其中最为著名的是当代经验主义管理学家彼得·德鲁克。德鲁克的著作颇丰，如《管理的实践》《有效的管理者》《管理——任务、责任和实践》《动乱时代中的管理》《创新与企业家精神》等。其中，《管理——任务、责任和实践》是他的代表作。该著作全面地阐述了他的管理哲学和对管理的任务、责任和实践等方面的看法，被誉为经营管理的经典著作和百科全书。

德鲁克对管理的见解和他同时代人相比有许多新颖独到之处，并且由于他的观点和看法更贴近管理实际，因此，他在美国、西欧和日本都得到管理理论界和企业界的很高评价。德鲁克对管理的主要观点如下。

1. 管理的任务

德鲁克认为，社会是由多种机构构成的，管理是机构的器官。为了机构能履行其职能并做出贡献，管理必须完成三项同等重要而又极不相同的任务，即完成本机构的特殊目的和使命、使工作富有活力并使职工有成就感、对社会的影响和对社会的责任。

德鲁克提出，企业的目的是创造顾客需要，而不是利润。因为企业是社会的一个机构，社会赋予其一定的功能和使命，它必须为社会服务，具体来讲就是为用户服务。这是由企业在社会中的地位决定的。企业的目标是通过两个基本职能来实现的，即推销和创新。推销是为了满足顾客需要，而创新是为了创造顾客需要。

德鲁克认为，工商企业的真正资源是人。企业是通过使人力资源更有生产性来进行其工作，通过有生产性的工作来取得成绩。简单地讲，凡是直接有助于机构成长的工作都是有生产性的工作。这就是说，机构的管理层应该根据组织本身的需要创设新的工作，并经常使原有的工作增加新的内容。要使工作人员有成就感，就必须认识到人具有特殊的生理、心理特质和不同的行为方式。因此，对人才进行管理，绝不能忽视人们心理上的因素，要从各个不同的角度去设法满足职工对责任、参与、激励、报酬、地位等方面的要求。企业中的职工，不论是操作机器的工人还是执行副总经理，都必须通过有生产性的工作和有成就的职务来获得满足感。

德鲁克指出，各种机构的管理者都要对他们的副产品，即他们的合法活动对人和物质环境及社会环境的影响负责。企业对社会的主要责任就是它应该对社会产生积极的影响，同时，把社会问题转化为企业的机遇。工商企业的存在，不是为了自身，不是为了工人和管理层有就业的机会，也不是为了分得红利，而是为了给顾客提供商品和服务。企业为了承担它对社会的责任，就必须对社会有所贡献。在当今这个多机构的社会中，企业必须时刻关心它所提供的商品和服务的数量与质量，关心人们的生活和社会的环境。

2. 管理人员的职责

德鲁克认为，管理人员有两项别人无法替代的职责：一是必须形成一个"生产的统一体"，即创造管理的综合效益。为此，管理人员就要克服企业中所有的弱点，并使各种资源，特别是人力资源得到充分利用。二是他在做出每项决策和采取每个行动时，都要把当前利益和长远利益协调起来。每个管理人员都有一系列必须履行的职能。这些职能是制定目标、进行组织工作、激励和联系工作、衡量工作，使职工得到成长与发展。

3. 管理的技能与目标管理

管理是特殊的工作，因此要求管理者具备一些特殊技能，其中包括做出有效的决策、有效地进行信息联系、正确地控制和衡量、正确使用分析工具及科学管理。目标管理是使管理人员和职工在工作中实行自我控制并达到工作目标的一种管理技能和管理制度。它是由德鲁克首先创立的。德鲁克认为，古典管理学派以工作为中心，忽视了人的重要性；行为科学又以人为中心，忽视了同工作相结合。目标管理则综合了以工作为中心和以人为中心两个方面，能使职工发现工作的兴趣和价值，并从工作中使自我实现的需要得到满足，在实现个人目标的同时实现企业目标。

4. 管理的组织

德鲁克提出，组织结构不是自发形成的，组织的设计和结构需要思考、分析和系统地研究。他提出，一个规范的组织结构应满足如下要求：明确性、经济性、远景方向、理解本身任务和整体任务、有利于信息交流和加速决策、稳定性和适应性、永久性和自我更新。

5. 高层管理

高层管理是对整个企业进行指挥、确定视野、制定标准的结构。德鲁克认为，高层管理的任务主要是明确机构的使命、建立有效的组织结构、建立文化、发展公共关系、参加礼仪性的活动、处理紧急文件和重大危机。可见，高层管理的任务具有多项性、再现性、非连续性等特点。高层管理的工作应由一个班子而不是一个人来担当。高层管理者应当具有各种不同的能力，特别是各种不同的气质。要发挥高层管理层次结构的作用，就必须满足一些条件。比如任何班子成员只对高层管理层负责的事做决定、班子成员之间不要相互干扰、班子成员必须以高层管理权威来处理问题、重大决策必须经班子讨论后做出、班子成员之间要经常进行必要的信息交流。

二、建立统一的管理理论的探索

西方管理理论丛林时代，各管理学派都力图运用现代科学的成果探索管理合理化的各种原理、方法和手段。由于他们的研究方向和角度不同，因此管理理论研究在一个多侧面、广阔的领域里展开，并且对每一方面研究得也都比较深入。对这种现象，在美国有两种不同的评价：一种是以孔茨和奥唐奈为代表的悲观的评价，认为这种现象是管理理论的混乱；另一种是以西蒙为代表的乐观的评价，认为在管理研究中必须有各种方法，如管理人员职能法、系统法、决策法、行为科学法和教学法，这些绝不是学派，只是研究方法上的分工，即根据问题的性质所采取的不同方法。西蒙认为，管理理论正是在这种研究分工和方法分工的进展中发展的。其实，现代管理理论"丛林"式发展在本质上反映了管理实践的多层面性和多侧面性，适应了社会化大生产的需要，对维持和推动发达工业国家经济发展起到了一定作用。但是，管理理论只有分散没有统一，也不是发展方向。实际上，各学派虽然各自独立，但它们相互之间的关系十分密切，有些甚至难以分开。在建立统一的管理理论的探索中，出现了有代表性的两种新的理论：系统管理理论和权变管理理论。前者是用系统理论及其研究方法将各派管理学说兼容并蓄、融为一体，寻求统一适用的模式和原则；后者注重灵活运用各派学说，强调随内外环境的不同而随机应变，采取权变的管理手段。

（一）系统管理理论

系统管理理论的代表人物有理查德·约翰逊、弗里蒙特·卡斯特、詹姆斯·罗森茨韦克等。1963年，三人共同撰写了《系统理论与管理》一书，比较全面地阐述了系统管理理论。

系统管理理论和社会系统理论有密切的联系，但侧重点不同。巴纳德的社会系统理论主要关心的是以人为构成要素的组织系统，研究组织中人与人的协助、交流等关系。系统管理理论则把人力、财力、物力、信息乃至整个自然界看作一个相互联系的整体，把管理活动涉及的一切因素都纳入一个系统中进行分析研究。任何一个特定的系统都存在于一定的环境及高层系统之中，而且有明确的边际性规定。任何一个系统都有整体目标和局部目标的关系，以及它与外部系统、内部子系统的关系问题。"系统分析"就是分析系统内、外部的各种关系，并从全局出发制定决策，进行统筹管理。系统管理理论强调管理系统的开放性以及同外部环境进行物质、能量、信息交换的必要性和重要性，它认为这是使系统进入有序、稳定状态的必要条件。

（二）权变管理理论

权变管理理论是20世纪60年代末70年代初在美国形成的一种管理理论。这种理论认为，在管理中，管理思想和管理方式要根据环境和内外条件的变化而随机应变，不存在一成不变的、普遍适用的"最好的"管理理论和方法。权变管理就是依据环境自变数和管理思想、管理技术因变数之间的函数关系确定的一种有效的管理方式。这种函数关系可以理解为"如果……就要……"的关系，即"如果"某种情境存在或发生，"就要"采用某种管理思想和管理方法，才能更好地实现组织的目标。

权变管理理论强调针对不同的具体条件，采用相应的管理方式，符合具体情况具体分析的科学态度。其实，离开组织的内、外部条件，主观地决定管理方式肯定是不科学的。但是，权变管理理论本身也存在明显不足，如其考虑各种具体条件和情况，而没有用科学研究的一般方法的发展概况；只强调特殊性，否认普遍性；只强调个性，否认共性。

三、组织文化理论

一般管理理论经历了科学管理、人际关系—行为科学、管理理论丛林三大发展阶段，其间的管理学派数不胜数，实际上只是沿着两条线索在发展：第一条线索是侧重组织和技术方法的作用，以工作（或生产）为中心，强调组织机构和规章制度，重视运用各种技术手段和科学工具来达到组织的目标；第二条线索是重视人的行为和人际关系，以人为中心，重视人的心理因素的作用，强调满足员工的需求和愿望，以调动员工的积极性来达到组织的目标。这两种倾向各有其合理性，也有其片面性。如何解决这一问题，把人与物、理性与非理性、个人与组织统一起来加以综合考虑呢？组织文化理论很好地解决了这一问题。

（一）组织文化理论的形成

关于组织的文化问题，古典管理理论学者、行为科学学者都曾不同程度地触及，如社会系统学派主要代表人物巴纳德就曾指出，总经理的主要任务就是形成共同价值和担任管理者。1957年，美国学者赛尔尼克在《领导与行政管理》一书中提出："机构的领导人，主要是促进和保护价值的专家。"1970年，美国波士顿大学组织行为学教授戴维斯在《比较管理——组织文化的展望》一书中正式提出组织文化的概念。1971年，经验主义学派的代表人物德鲁克在《管理学》一书中把管理与文化明确联系起来，他说："管理是一种社会职能，隐藏在价值、风俗、信念的传统里，以及政府的政治制度中。管理是受文化所制约的，并不是'无价值观'的科学。"1981年，美国斯坦福商业管理学院教授理查德·巴斯卡尔和哈佛大学教授阿索思首先推出《日本的管理艺术》一书，书中以战略、结构、制度、人员、技能、作风和最高目标七个因素为基础，结合日本和美国一些一流企业，提出了管理中"硬"因素和"软"因素的区别，把战略、结构、制度称为硬因素，把人员、技能、作风和最高目标称为"软"因素，并强调"软"因素的作用，还特别提出价值观、信仰是管理的哲学基础。同年，日裔美国学者威廉·大内出版《Z理论》。该书分析了企业管理与文化的关系，明确提出了公司文化的构成与作用，认为公司的控制机制是被一种哲学所包容，这种哲学就是"组织文化"，它包括价值观、传统和风气，并用一套符号、礼仪及神话将组织的价值观和信念传达给职工。1982年，美国学者托马斯·彼得斯和小罗伯特·沃特曼花费两年多时间，深入调查了大量企业后提出，成功公司的主要特征是文化的驱驭力和凝聚力，并出版了《寻求优势——美国最成功公司的经验》一书。同年，迪尔和肯尼迪出版了《公司文化》一书，就公司文化提出了比较系统的理论。

此后，组织文化理论由美国传到日本、东南亚和西欧，不仅在理论认识上，而且在管理实践中，都产生了深刻的影响。1982年，哈佛大学首先开设了"公司文化"课。美国一些咨询公司也纷纷转向为客户分析如何发展公司文化以及使公司文化与战略协调一致。许多企业的管理者都把建设和培植企业文化作为重要的管理任务并组织实施。

（二）组织文化的概念

1982年，美国最先出版的《公司文化》专著的作者迪尔和肯尼迪认为，价值标准是公司文化的基础，是一个公司走向成功的哲学精华，它为全体职工提供共同方向的概念以及日常生活的准则。日本学者加护野忠男和野中郁次郎认为，所谓企业文化（组织文化），就是给组织成员以共同认识和共同行为方式的价值观，或者说是使价值观和规范制度等成为正当合理的知识体系。可见，西方所谓的企业文化，主要是指企业的指导思想、经营哲学、管理风貌以及其行为方式。它包括价值观念、经营哲学、管理思想、文化教育、行为准则、道德规范、文化传统、风俗习惯、典礼仪式及企业形象等，是一种以价值观为核心的对全体职工进行一定企业意识教育的微观文化体系。

（三）组织文化的要素、特点及功能

迪尔和肯尼迪认为组织文化的要素主要有五个。

1. 环境

环境是形成和塑造企业文化的重要条件，其内容包括企业的社会、政治、法律、文化、技术等。

2. 价值观

价值观是企业为经营成功而对企业与外部环境及企业内部人与人关系所持的根本观点和看法。其内容包括企业员工在经营观念、行为取向等方面形成的共同信念、准则等。价值观是企业文化的核心和灵魂。

3. 典范人物

典范人物是企业价值观人格化的表现。它通过树立模范形象，为员工提供学习的具体典范，把企业的价值观内化为员工的行为规范。

4. 仪式和典礼

仪式和典礼是企业宣传自身价值观念的方式，是企业价值观取得全体员工的认同和共识的增强剂，形式上是公司有系统、有计划、有秩序地例行日常事务。

5. 文化网络

文化网络是指公司与基层、基层与基层以及员工之间的沟通方式，它是传播公司价值观念的渠道。这种文化网络通常表现为"文化沙龙"等形式。

企业文化的特点：

（1）企业文化集中体现了企业对自己的社会责任的认识及企业员工对人生和工作意义的了解。它是企业在长期经营管理中形成的以全体员工的价值认同和共识为基础的一种独特的管理方式和方法。

（2）企业文化的核心是企业价值观念，是企业的灵魂。

（3）企业文化是企业管理中的"软性"因素，它同传统的规章制度、财务分析、企业战略规划等硬性因素不同，它强调人的内心的自觉意识，反对单纯的外在控制，以全体员工认同的价值观念，以及在其基础上建立的崇高目标，作为规范企业内部员工一切行为的最终准则。

（4）企业文化强调的是整体力量，不同于行为科学研究的是个体的人。其作用在于提高企业的内聚力，形成和建立良好的人际关系，发挥整体优势。

公司文化（组织文化）作为一种管理方式和手段，其主要功能在于增强企业的凝聚力、向心力，激励全体员工同心协力，实现企业目标。迪尔和肯尼迪指出，企业管理的中心是人，而管理人的方法和管理物的方法是不同的，必须通过文化的影响和非正式的规则，使人们对自己所做的工作感到满意，并愿意努力工作。具体来说，组织文化的作用主要有以下五种。

第一，通过共同的价值观，统一员工思想，增强企业的内驱力和向心力，加强员工的自我控制。

第二，激励员工奋发进取，提高士气，遵守职业道德，形成创业动力。

第三，为企业实现战略意图和进行创新改革提供思想基础，提高企业对环境的适应能力。

第四，改善和优化人际关系，使企业员工产生更大的协同力，发挥企业的整体优势。

第五，树立企业形象，提高企业声誉，扩大企业的知名度和社会影响力。

组织文化理论在强调文化因素、重视以人为本的同时，把经济与心理、制度与情感、组织与个人在整体思想上结合起来，找到了全新的平衡机制和方法，反映了管理理论发展的两条线索，使企业和个人走向综合与统一的大趋势。

四、学习型组织管理理论

21世纪是知识经济时代，世界政治、经济、文化各领域都发生了许多重大变化，尤其是信息技术的快速发展，以电子技术为基础的新技术革命在广度和深度上不断推动着科技进步和社会经济生活的变化，日新月异的信息网络技术大大推进了全球经济一体化的进程，资金、技术、设备都在全球范围内以前所未有的速度流动和转让，市场的国际化造成了竞争的国际化。在这种背景下，企业的生存和发展首先取决于它的应变能力，取决于它是否能跟得上这种外界大环境变化的规模和速度。然而，传统的管理模式是以泰罗的科学管理为基础的，它强调按照职能分工、条块分割的管理方式，形成"金字塔"式的管理组织机构，是以等级为基础、以权力为特征、对上级负责的垂直型的纵向线性系统。这种"金字塔"式的管理显然无法适应面对外来信息变化做出快速反应的需要。20世纪90年代初，一些著名跨国公司连年亏损的原因之一，就是企业管理仍然沿袭着"金字塔"式的传统管理模式。有资料显示，自20世纪70年代以来，在世界范围内，企业的平均寿命在缩短。在美国，有62%的公司存活不到5年，超过20年的公司只占公司总数的10%。只有2%的公司能存活50年，美国的高新技术企业只有10%能活过5年。1970年，名列美国《幸福》杂志前500名的大企业，有三分之一到1983年已经消失了。许多知名的大企业在辉煌过后纷纷退出历史舞台，其中的一个重要原因就是传统的组织和管理观念不能适应新时代的要求。如何使新世纪的管理更好地适应这种变化趋势呢？国际上许多企业家、经济学家和管理学家进行了许多新的探索。学习型组织管理理论就是在这样的背景下产生的。

学习型组织（Learning Organization）管理理论是由美国麻省理工学院教授、著名管理学家彼得·圣吉提出的。20世纪80年代初，圣吉依靠一群有崇高理想的企业家，花费了近10年时间构思出学习型组织的蓝图。1990年，他出版了《第五项修炼——学习型组织的艺术与实务》一书，全面阐述了学习型组织管理理论。圣吉在系统、细致地分析了学习型组织的内部结构和运作规律以后认为，学习型组织是21世纪全球企业组织和管理方式的新趋势。该书荣获了1992年世界企业学会最高荣誉——开拓者奖，美国《商业周刊》把圣吉推崇为当代最杰出的新管理大师之一。西方众多企业实践表明，这种管理理论能使企业组织在现代创新、竞争和快速发展的经济社会中，有着更强的适应能力，是许多大、中、小型企业管理者所追求和向往的企业管理模式。

1997年7月15日—18日，世界管理协会联盟和中国国民经济管理学会在上海召开了世界管理大会。会上，管理专家提出了未来世界管理变革的十大趋势。

（1）创新——为适应科技、经营环境的急剧变化，不断进行战略创新、制度创新、组织创新、观念创新和市场创新，把创新渗透于整个管理过程之中，这将成为未来管理的主流。

（2）知识——最重要的资源。

人类已进入信息社会，信息社会是智能化、知识化的社会，是知识量、信息量急剧增长的社会，是知识经济时代，知识生产力已成为社会经济发展的关键因素。

（3）学习型组织——未来成功企业的模式。

（4）快速的应变能力——时代的新要求。

（5）权力结构转换——变"正金字塔"为"倒金字塔"。这不只是结构层次的转置，而且管理层会大大减少，将大大提高组织效率。

（6）弹性系统——跨功能、跨企业的团队。

（7）全球战略——下一世纪企业决战成败的关键。

（8）跨文化管理——管理文化的升华。

在保持本土优秀文化的基础上兼收并蓄，建立既有自己特色又充分吸纳人类先进文化成果的管理模式。

（9）"四满意"目标——企业永恒的追求，即顾客满意、员工满意、投资者满意和社会满意。

（10）"没有管理的管理"——管理的最高境界。

在全员管理的境界中，人人既是管理者，又是决策者和执行者。这将大大激发员工的主动精神，并使之与企业融为一体。

这十大变化趋势都与学习型组织的管理理念有关，也从多个侧面反映了学习型组织的特征。国内外许多学者预言，未来最成功的公司，将是那些基于学习型组织的公司。

（一）学习型组织的含义

学习型组织最初的构想来源于圣吉的老师佛睿思特。他在 1965 年《企业的新设计》一文中具体构思了未来企业的一些基本特征，即组织结构扁平化、组织信息化、组织更具开放性、员工与管理者的关系逐渐由从属关系转向工作伙伴关系、组织不断学习、不断调整组织内部的结构关系等。

致力于介绍和推广学习型组织理论的杨硕英教授认为："圣吉所希望建立的学习型组织，是一种不同凡响、更适合人性的组织模式，由伟大的学习团队形成社群，有着崇高而正确的核心价值、信念与使命，具有强劲的生命力，不断创造，持续蜕变。在其中，人们胸怀大志，心手相连，相互反省求真，脚踏实地，勇于挑战极限及过去的传统模式，不被眼前的近利所诱，同时以令员工振奋的共同愿望，以及与整体动态搭配的政策与行动，充分发挥人的潜能，创造超乎寻常的成果，从而在真正的学习中领悟工作的意义，追求心灵的成长与自我实现，并与周围的世界产生一体感。"

我国学者提出，所谓学习型组织，是指通过营造覆盖整个组织的学习气氛，充分发挥员工的创造性思维能力而建立起来的一种有机的、高度柔性的、扁平化的、符合人性的、能持续发展的组织。这种组织具有持续学习的能力，具有高于个人绩效总和的综合绩效。

我国较早研究并在国内广泛讲授、积极推行学习型组织管理理论的著名学者张声雄教授认为，所谓学习型企业，是以共同愿景为基础、以团队学习为特征、对顾客负责的扁平化的横向网络系统。它强调学习和激励，不但使人勤奋工作，而且尤为注意使人"更聪明地工作"，它以增强企业的学习为核心，提高群体智商，使员工自我超越、不断创新，达到企业财富倍增、服务超值的目标。学习型组织管理理论强调企业的领导者主要是当好三个角色：一是优良系统的设计师；二是共同愿景的仆人；三是好教师。强调企业员工要依靠团队学习和共同愿景自我引导，使整个企业成为充满学习和创造力的系统，这样才能不断自我超越、不断向极限挑战、不断创造新的成就。

我国学者提出了构成学习型组织的六大要素：

（1）拥有终身学习的理念和机制；

（2）拥有多元回馈和开放的学习系统；

（3）形成学习共享与互动的组织氛围；

（4）具有实现共同愿景的不断增长的学习力；

（5）工作学习化使成员活出生命意义；

（6）学习工作化使组织不断创新发展。

（二）学习型组织的特征

1. 组织成员拥有共同的愿景

组织的共同愿景来源于员工个人的愿景而又高于个人愿景。它是组织中所有员工共同期望的景象，是他们的共同理想。它能使不同个性的人聚集在一起，朝着组织共同的目标去努力。

2. 组织由多个创造性团体组成

在学习型组织中，团体是最基本的学习单位，团体本身应该被理解为彼此需要他人配合的一群人。组织中所有的目标都是直接或间接地通过团体努力来达成的。

3. 善于不断学习

这是学习型组织的本质特征，主要有四种含义。一是强调终身学习。只有组织中的成员均养成终身学习的习惯，才能形成组织良好的学习气氛，并使成员在工作情境中不断地学习。二是强调全员学习。企业组织的决策层、管理层、操作层都要全身心投入学习。尤其是经营管理决策者，他们是决定企业发展方向和命运的重要阶层，因而更需要学习。三是强调全过程学习。学习必须贯穿组织系统运行的整个过程。四是强调团体学习。不但重视个人学习和个人智力的开发，更重视组织成员的合作学习和群体智力的开发。

4. "地方为主"的扁平式结构

传统的企业组织是"金字塔"形的，机构重叠，效率不高，容易产生官僚主义，决策层和操作层不能直接互通信息，不能互相学习，不利于建立"整体互动思考模式"，不能使企业协调地高效运转。而学习型组织内部结构是扁平的，从最上面的决策层到最下面的操作层，中间层次极少。这种组织结构有利于上下沟通，在组织内部形成互相理解、互相学习、整体互动思考、协调合作的群体，从而产生巨大、持久的创造力。

目前，发达国家的一些大企业，随着内部交换网络的建立，已将中间层取消，建立了决策层、管理层、操作层在同一平面上工作的"平面化"管理模式。

学习型组织改变了企业的组织结构，它最大限度地将决策权下放到离最高管理层或公司总部最远的地方，即决策权往组织机构下层移动，让最下层单位拥有充分的自决权，并对产生的结果负责，从而形成"地方为主"的扁平化组织结构。

5. 自主管理

学习型组织理论认为，"自主管理"是使组织成员边工作边学习，并使工作和学习紧密结合的方法。通过自主管理，可由组织成员自己发现工作中的问题，自己选择伙伴组成团队，自己选定改革进取的目标，自己进行现状调查，自己分析原因，自己制定对策，自己组织实施，自己检查项目，自己评定总结。团队成员在"自主管理"的过程中，能形成共同愿景，能以开放求实的心态互相沟通。不断学习新知识，不断进行创新，从而增加组织应变、创造未来的能力。

6.组织的边界将被重新界定

学习型组织的边界的界定,建立在组织要素与外部环境要素互动关系的基础上,将超越根据职能或部门划分的"法定"边界。例如,把销售商的反馈信息作为市场营销决策的固定组成部分,而不像以前那样只作为参考。

7.员工家庭与事业的平衡

学习型组织将努力使员工丰富的家庭生活与充实的工作生活相得益彰。学习型组织将对员工承诺支持每位员工充分地自我发展,而员工也应以承诺对组织的发展尽心尽力作为回报。这样,个人与组织的界限将变得模糊,工作与家庭之间的界限也将逐渐消失,两者之间的冲突也将逐渐减少,从而提高员工家庭生活的质量,实现家庭与事业之间的平衡。

8.领导者的新角色

在学习型组织中,领导者是设计师和教师。领导者设计工作是对组织要素进行整合的过程,不只是设计组织的结构和组织政策、策略,更重要的是设计组织发展的基本概念;领导者的仆人角色表现在他对实现愿景的使命感,并自觉地接受愿景的召唤;领导者作为教师角色的首要任务是界定真实情况,协助人们对真实情况进行正确、深刻的把握,提高人们对组织系统的了解,促进每一个人的学习。

(三)学习型组织的五项修炼

如何使组织不断发展变成学习型组织呢?圣吉在他的《第五项修炼——学习型组织的艺术与实务》一书中,就如何创建学习型组织提出了五项修炼。

1.自我超越

自我超越是指突破个人能力极限的自我实现,是对个人成长的学习修炼。这是学习型组织的精神基础。圣吉指出:"精通自我超越的人,能够不断实现他们内心深处最想实现的愿望,他们对生命的态度就如同艺术家对艺术作品一样,全身心投入,不断创造和超越,这是一种真正的终身学习。"只有组织中每一个层次的人都追求自我超越,努力发展自我,才能真正建立起学习型组织。

建立个人愿景是自我超越的前提。所谓个人愿景就是个人发自内心的追求及终极目标,是个人工作和生活的精神层面。它可以为自我超越设立目标。组织的共同愿景正是以个人的愿景为基础的,当组织成为组织成员实现自我的工具时,他们才可能将共同愿景视为个人愿景的体现,并为建立共同愿景而贡献自己的智慧与才能。

2.改善心智模式

所谓"心智模式"是根深蒂固地存在于人们心中,影响人们如何认识周围世界,以及如何采取行动的许多假设和想象。它不仅影响人们如何认识世界,还影响着人们的行为。对个人和组织来说,心智模式都是客观存在的。而人们通常又不容易察觉到自己的心智模式以及心智模式对行为的影响。

在管理团体的许多决策模式中,决定什么可以做、什么不可以做,常受到心智模式的影响。而组织中许多好的构想无法付诸实施,也常常是因为它和人们对周围世界如何运作的看法和行为相抵触。因此,学习如何将心中的心智模式摊开,并加以检验和改善,有助于改变人们心目中对周围世界如何运作已有的看法,这对于建立学习型组织是一个重大的突破。

引导员工找出个人心智模式并加以检视,是建立学习型组织的重要一环。因为个人的心智模式隐藏在意识层面下,要不时地对其加以检验,并随时改善它们。"皇帝的新装"就是个典型的例子,它正说明了臣民的心智模式:高贵的皇帝一定穿着一套漂亮新衣,不可能会赤裸裸地站在他们面前。

改善组织的心智模式,最关键的是检视领导者的心智模式。同时,在组织内部开展面对面学习也很重要,通过团队学习,员工可以充分表达自己的想法,并以开放的心态接纳别人的想法,从而产生比个人看法更深入的见解。

3. 建立共同愿景

所谓共同愿景就是组织中大家共同的愿望、理想和目标。共同愿景对学习型组织是至关重要的。因为学习型组织的关键是要有持续发展的能力。而这种能力正是由共同愿景激发出来的。共同愿景是由组织中个人愿景汇聚而成的,是集体的产物。它不是领导者强加于组织成员的,但能够激发出组织成员强大的精神力量。因此,建立共同愿景可以把大家聚集在一起,帮助组织培养成员为共同目标主动而真诚地奉献和投入的精神。因此,领导者必须注意与员工广泛交流观点,从而消除员工对改革的抱怨,并改变员工对领导个人愿景被动服从的状况。建立共同愿景的修炼包括鼓励建立个人愿景、在组织内塑造整体图像、融入企业理念、学习双向沟通技术、忠于事实等方面的内容。

4. 团体学习

近年来科技的快速发展和全球竞争的加剧使团体对组织的发展越来越重视。企业组织只有发挥团体精神才能真正提高其竞争能力。

所谓团体是指一小群具有不同技能的个人在一起工作,这群人认同某一共同目标,为了达到这一目标,他们贡献自己的能力,扮演好自己的角色,彼此分工合作、沟通协调、齐心协力,并为目标的实现共同承担责任。团体在组织中是最关键也是最佳的学习单位,组织内通过建立更多的学习团体,可以形成良好的共同学习的风气。

团体学习是发展团体成员整体搭配与实现共同目标的学习活动和过程。它是建立在共同愿景和自我超越的基础之上的。团体学习的方式是真诚地交谈与讨论。真诚交谈就是一个团体的所有成员真实地表达心中的假设,一起思考。有效的真诚交谈的基本前提是把组织中所有成员视为伙伴,由此才能共同深入思考问题,产生较好的互动效果,使彼此思维不断地得到补充和加强。讨论则是提出不同的看法并加以辩论。真诚交谈和讨论是互补的。

通常人们用真诚交谈来探讨复杂问题，用讨论来达成协议。一个学习型的团体要善于交叉运用真诚交谈与讨论两种方式。

5. 系统思考

圣吉认为，系统思考是一项看见整体的修炼，是五项修炼的核心和基础。系统思考就是要求人们应用系统的观点看待组织的发展，即从看局部转换为看整体、从看事物的表面转为洞察其变化背后的结构、从静态的分析转到认识各种因素的相互影响、从把人们看作无助的反应者转为把他们看作改变现实的主动参与者、从只对现状做反应转为创造未来。

圣吉发现，人们常常忽略世界的整体性，习惯用片面的、线段的、割裂的方法来观察世界，在处理一些复杂问题时，习惯于将其分割成可以处理的片段来思考，然后加以整合。而对整体形成的要素——组织分子之间的整体互动关系及其所形成的复杂现象却往往忽略不计。而正是这种动态性的复杂有时会抵消个人或群体解决问题的所有努力，它会诱使人舍本求末、避重就轻、一再犯错，甚至会努力地制造共同的悲剧。因此，圣吉告诫人们，要了解组织中管理问题的症结，必须先了解产生这些问题的系统集体，研究整体内的互动因素以及与问题相关的因素。

系统思考必须遵循以下11条法则：①今日的问题来自昨日的解；②越用力推系统反弹力越大；③恶化之前常先好转；④显而易见的解往往无效；⑤权宜之计的对策可能比问题更糟；⑥欲速则不达；⑦因与果在时空上并不紧密相连；⑧寻找小而有效的杠杆解；⑨鱼和熊掌可以兼得；⑩系统具有整体性且不可分割；⑪不可绝对归罪于外。

学习型组织管理理论是一种宏观的管理理论，它适用于各类组织。新加坡用它指导政府管理，提出要建成学习型政府。日本用它指导城市管理，提出要把大阪建成学习型城市。我国同济大学把它用于指导学院管理，提出要把函授与继续教育学院建成一流的学习型学院。美国比尔·盖茨把它用于指导企业管理，努力把微软公司建成学习型企业。作为一种全新的管理理念，学习型组织正深刻地影响着政府、企业和学校等各类组织。我国的中小学如何借鉴国外学习型组织理论和实践的最新成果，努力把学校办成学习型组织，这也是教育管理研究中值得重视和关注的课题。

五、现代管理理论对教育管理的影响

现代管理理论的不同学派都从不同的方面对教育管理理论和实践产生影响。如受系统理论，特别是巴纳德社会系统理论的影响，教育管理人员把系统理论作为一种价值观和方法论来研究和解决教育管理中的各种问题。他们把学校组织看作社会大系统中的一种动态组织，社会上各种因素都会对学校的教育质量产生影响；把学校与外界环境联系起来，从整体上研究影响教育质量的各个因素之间的关系，如探讨社区环境对学校的影响，分析与学校管理有关的公共政策问题、社会经济阶层问题等，并采用系统分析的方法解决整体协调性、结构合理性、运行稳定性、环境适应性及技术先进性等问题。系统理论和系统方法被引进教育管理之中，使教育管理的科学化和现代化进入一个新的阶段。教育管理上使用的教育预测、教育计划、教育决策、教育质量管理、教育评价等新技术、新方法都是根据系统理论原则设计出来的。

再如，受西蒙决策理论观点的影响，格林菲斯提出，教育行政的本质就在于控制做决定的过程，决定是任何行政组织的中心。他还进一步提出了教育管理决定的六阶段说，即认识和限定问题、分析和估价问题、确定据以判定解决方案的准则或标准、收集数据、判定和选出优先的解决方案并事先进行测试、实施优先的解决方案。

又如，受组织文化理论的影响，教育管理者开始注重校园文化建设。他们认为，学校是一种教育组织，校园文化就是学校组织文化，学校管理应该以这种先进的管理理论为指导，注重校园文化建设，以共同的价值观和校园精神来激发教职工对学校目标和准则的认同，在和谐、融洽的人际关系中，使每个教职工最大限度地发挥自己的积极性和创造性，最终实现学校的组织目标。

第四章 数字化时代高校教学管理理论研究

第一节 数字化新媒体对高校教育教学管理带来的冲击

在高校教育教学管理过程中，教师通过对数字化新媒体的使用不断发展数字化新媒体教学管理内容，通过数字化新媒体的服务属性提升高校教育的教学引导属性，现就数字化新媒体对高校教育教学管理带来的冲击及对策研究进行简单的分析。

随着我国新课程教学改革的深入、数字化新媒体的不断普及，越来越多的高校教育开始重视新课程教学改革的理念和发展思路。人们在高校教育管理工作中对新课程教学改革的研究也在不断深入。在这样的教学发展环境和背景下，数字化新媒体的发展速度和实践检验有了一定的成绩，数字化新媒体的教学管理形式以及其教学模式固有的优点都在一定程度上有利于其传播，相应地提高了高校教学管理发展的效率。

一、数字化新媒体教学模式固有优势分析

数字化新媒体的发展和应用对于高校教育教学而言是一个全新的机遇。作为信息化时代的产物，数字化新媒体凭借开放性、即时性和互动性等特征迅速实现了普及，在极大地提高信息传播效率的同时丰富了信息资源的内容，并提高了质量，使各行各业的人都能从数字化新媒体中获取对自己有价值的信息。在高校教育教学管理工作中，数字化新媒体为其提供了海量的数据资料，同时拓宽了教育教学管理的渠道，使之更加人性化和多样化。数字化新媒体主要以平台的形式出现，这是一种由光、电、声音相互结合产生的适合不同时间、空间的人相互交流的虚拟场所，尤其适用于高校灵活多变的教育风格。数字化新媒体通过营造出一种大学生乐于接受的教育氛围和情境，成功地在教师和学生之间架起了相互信任的桥梁，符合大学校园自由平等的理念，也便于教育管理者进行价值观输出和思想熏陶。正是以上种种原因，数字化新媒体教学模式才得以在高校中落地生根，而且目前已经发展到了新的阶段。

数字化新媒体教学模式从我国目前的高校教学应用和发展来看，其固有的特点和优势在于通过数字化新媒体本身可以建立良好的公众平等交流平台。在这个平台上，学生与教师、教师与教师以及学生与学生之间都可以进行良好且有效的交互式沟通，不仅可以表达自己对于不同事物和不同教学内容的理解，还能接受到不同的教学信息和别人的认知理解。在这个开放的半社交平台上，还可以发现数字化新媒体教学模式的其他优势，比如，信息流通的速度要远远优于传统的教学模式，而且通过数字化新媒体教学模式进行的信息传播往往可以实现新闻的时效性，从根本上提高高校教学管理的基础价值。相较于传统的教学模式，数字化新媒体教学模式的多元化内容是非常有价值的，越来越多的数字化新媒体平台开始出现在高校校园中，这不仅增强了学生的学习资源丰富程度，还能在一定情况下实现平台之间的优胜劣汰，让高校教学管理从根本上进行完善和改革。

二、数字化新媒体对高校教育教学管理带来的冲击

在我国当前的数字化新媒体平台中，比较突出的有微信、微博等，高校学生从自身的使用情况就可以看出这两个数字化新媒体平台的普及程度。学生之间每天都会通过数字化新媒体进行互动和信息交流，不断在平台上树立自己的形象，与他人沟通提高影响力。这些数字化新媒体平台所蕴含的信息交流价值是巨大的。

在教学内容管理上，数字化新媒体教学模式更是从根本上改变了传统教学模式的弊端，让教师在高校的教学课堂中不再局限于传统的教学思路，在平台化的教学模式和教学发展中，教师有了更加多元化的教学手段和教学思路。从教师本身来说，数字化新媒体教学模式不仅可以帮助其完善教学素养，提高其教学水平，还能最大限度地帮助教师实现与学校教学教育发展的关联性。教师在不断实践探索的过程中发现自身的教学问题，通过数字化新媒体教学模式帮助整个科目教学建立良好的教学体系，而且数字化新媒体教学模式的公开性质使教师不会因为传播途径受到负面影响，对教师自身的教学水平和教学规划也产生了一定的推动力。

数字化新媒体教学模式本身具有的平台价值对高校教学建设发展来说具有非常大的冲击，除了上文所提及的部分优势和发展方向，数字化新媒体教学模式还在一定程度上为高校教学建设管理带来了负面影响，简单来说，数字化新媒体教学模式就是平台化教学的推广，在高校教师实践高校教育教学的过程中，平台的推广会伴随一些教学之外的内容进入学生视野，这些信息对学生的影响不能保证都是正面的，学生接触到的不利因素越多，对学生的影响就越大。

在师生关系上，由于数字化新媒体技术能够扩大学生与外部世界的广泛联系，学生可以利用网络等各种现代通信技术与其他学生、教师甚至学科专家进行交流。

数字化新媒体作为高校教育管理的重要组成部分，对大学生的思想道德教育的影响主要体现在树立大学生的社会主义信念和价值观上。目前，我国高等教育的思想道德教育的

要求是让社会主义核心价值体系成为青年思想行动的根本价值取向和行为准则。但在数字化新媒体时代，网络输出的不仅有各种信息，还有各种思想、观点和价值观念。显然，数字化新媒体时代的一大特征是信息传播的极度自由化。由于其极度自由化的特点，如果社会管理者无法对其进行有效监控，就会导致不良的信息被大肆传播。

在生活习惯上，数字化新媒体改变了现实大学生活中的许多模式、程序与规则。以网络为代表的数字化新媒体的虚拟性是一把"双刃剑"，既可以带给大家一个自由、平等的环境，但缺乏真实情景中的情感流露和人格感染，也会对人际交往产生较大的影响。而且，数字化新媒体教学模式的开放性使很多不良企业和不良商家发现其中的商机，在诱导学生消费的同时利用学生周围的社交关系，致使学生产生心理偏激。而且，很多高校阶段的学生在学习过程中喜欢用数字化新媒体来宣泄自身的不满情绪，这些言论如果没有及时地把控和消除，就会对整个高校建设产生巨大的不利影响，甚至带来严重的后果。

三、高校教育教学管理应对数字化新媒体冲击的对策

（一）重新审视数字化新媒体教学模式的应用现状

在数字化新媒体教学模式的实践发展过程中，高校教育教学应该伴随着数字化新媒体的渗透而不断前进，在日常的教学环境和教育建设中搭建更多有效的、多元化的数字化新媒体教学，通过这些数字化新媒体增强学生对学校建设的关注程度，提高学生对学校教育建设安排的认知程度。高校在自己建设数字化新媒体平台的过程中不仅可以提高学生的学习兴趣，还能从根本上改善上文所提及的数字化新媒体利用中的不足之处。

高校建设的数字化新媒体教学平台从本质上来说，首先是具有数字化新媒体教学平台的优点，传播速度快、信息包含广、平台公平公开性良好等。学生与教师在这样的数字化新媒体平台中所展现的自身价值就更加明显。学生可以在学习的过程中将自己对知识的理解和习惯的养成发布到数字化新媒体中帮助其他同学，教师可以在数字化新媒体平台中展现自己多元化的教学方案和教学内容来帮助学生和其他教师。这样不仅可以有效地实现教育管理工作的全面提升，还能让数字化新媒体从根本上实现教育教学的基础利用价值。

就我国当前的数字化新媒体教学建设来看，还有很多的不足需要广大教师和工作人员进行改善。首先是数字化新媒体教学平台构建过程中平台的特性不足，微信、微博等数字化新媒体所能利用的价值是非常简单明了的，而教育教学在发展数字化新媒体技术的过程中所需要考虑的不仅仅是社交环节，更需要关注教育教学内容的深入落实。这就导致高校建设的数字化新媒体平台不能很好地满足学生的兴趣需求。

教师在利用数字化新媒体教学平台的过程中往往很难实现其他平台固有的特殊属性价值，学生在高校数字化新媒体教学平台中的使用频率和使用黏性较低，而且其他数字化新媒

体平台的舆论引导和多元化信息对学生的诱导能力是非常强的，就当前的高校数字化新媒体建设来看，还需要不断在数字化新媒体平台建设中树立良好的价值观，让学生可以正确解决不同的学习问题和生活问题。与此同时，教师应尊重学生的学习主体地位和个性发展，实现教育观念的转变。因为数字化新媒体环境下的现代人才标准已经逐渐体现为对学生素质的综合性、全面性的推崇，并延伸为注重学生的创新精神、实践能力与协作能力，注重学生的心理素质和竞争品质。将"以人为本"的观念贯彻在高校教育管理的日常工作中，在高校内进行人性化管理，让教育管理融入学生生活的每一个方面。这就要求学校的管理层关心学生的内在需求，通过合适的引导与教育来提升这些需求，并将这些需求引向一个更高的层次。

在数字化新媒体环境下，高校也应对传统教育管理的内容有所扬弃。在数字化新媒体盛行的今天，我国大学生的教育管理内容不应单单局限于传统意义上的教育内容，我们必须拓展教育管理内容的广度，赋予大学生教育管理更多、更丰富的内涵，将时代发展和大学生的全面发展诉求与大学生教育管理相结合，建立针对性和实效性强的开放创新的大学生教育管理内容体系。为此，笔者认为，一定要从优化大学生教育管理的内容结构入手，全面提升当今教育管理内容的时代适应性，在提高教育管理者对数字化新媒体时代和数字化新媒体技术认识的基础上，加强虚拟环境中的精神文明建设，引导大学生认识网络世界的本质，网络其实存在很多虚拟性和不真实性，培养他们在遨游于多彩斑斓的网络世界时自觉控制好自己的言行，避免沉迷于虚拟的网络世界而无法自拔。

保留和继承传统教育管理中有积极意义的东西，并把它发展到新的阶段也是我们开展变革的非常重要的任务。对此，我们应该把握住传统教育管理中的教师形象的实质，即便是在数字化新媒体的环境下，教师仍然要坚持自己作为一名道德模范的职责，教师作为教育主体，是德育教育过程的组织者，应起主导作用。教师的一言一行直接影响着学生，是学生模仿的对象。教师的思想行为、作风品德、工作态度等无时不在感染、熏陶和影响学生，这是一种生动、直观、极具说服力和感染力的教育手段。

事实上，高校阶段的教育教学建设不仅需要广大教师共同努力并通过实践来实现，还需要学生在使用过程中不断地尝试和提供意见，让数字化新媒体教学模式在高校教学管理中真正实现其价值，可以为学校的活动推广进行宣传，成为学校特殊事件的引导平台，有效地实现学校的公益活动，帮助学生实现综合素质的培养和学习习惯的养成，同时还可以有效增加数字化新媒体教学平台的社会属性。

（二）制定具体措施以发挥数字化新媒体的作用

首先，高校应积极转变教育观念，尊重学生的学习主体地位和个性发展需求。数字化新媒体的发展使当今社会的人才衡量标准发生了变化，越来越倾向于从综合与全面的角度考查学生的素质，并逐渐延伸至对学生实践能力、协作能力、创新精神以及心理素质和竞争能力等的考查。在这样的背景下，高校教育教学管理必须整体上升到一个全新的层次，根据社会需求培养优质人才，只有这样才能最大限度地利用好数字化新媒体技术和平台。

其次，高校应及时完善教育教学管理评价体系，提高教育管理者的素养。数字化新媒体对高校的冲击迫使高校要重建大学生教育管理评价体系，并且要遵循"以人为本"的理念，将原来简单、粗糙的评价指标进行合理细化，从而对数字化新媒体时代下大学生的教育教学管理工作起到规范作用。而想要构建满意的评价体系，就必须要求高校教育教学管理者相应地提高自身的数字化新媒体素养。准确地说，高校教育管理者应从基本理论入手，在掌握基本理论的前提下不断学习数字化新媒体技术，以达到灵活应用的目的，这样才有可能在实际工作中发挥数字化新媒体的作用。

再次，高校应努力拓展教育教学管理的新阵地。数字化新媒体时代要求高校教育教学管理平台必须与时俱进，换句话说就是要开辟出利于大学生成长的"第二课堂"。对于学生而言，开拓"第二课堂"有利于其形成独立的人格，促进其综合素质的提高。而"第二课堂"本身又提供丰富多彩的课外活动，这些活动的开展可以反过来帮助教育管理者及时掌握学生的思想行为动态。长此以往，教育管理双方可以在深层接触的过程中增加对彼此的感受和认同，无论是对大学生的成长还是教育管理者的工作都具有积极意义。

最后，高校必须对传统教育教学管理的内容有所扬弃。在高校全面实施数字化新媒体教学模式的同时，在教育教学管理的内容上也应该进行合理取舍。传统意义上的教育教学管理内容无论是深度、广度还是指向性都较为不足，亟须注入更丰富的内涵，建立更具针对性、时效性和开放创新的大学生教育教学管理内容体系。具体而言，高校可以从优化大学生教育教学管理内容结构入手，从整体上提升内容的时代适应性，进一步加强虚拟环境中的精神文明建设，引导大学生认识数字化新媒体的利弊，避免其沉迷在网络世界中而丧失思考能力和现实沟通交流能力。此外，高校也应对传统教育教学管理中有价值的内容进行保留和继承，甚至可以考虑利用数字化新媒体将其发展到新的阶段。当然这一过程离不开广大教师的努力，教师作为教育教学管理的主导者，要坚守自身道德楷模的职责，将数字化新媒体化作一根"旗杆"，撑起社会主义和时代精神的大旗，带领学生走向光明、美好、健康的未来。

我国的数字化新媒体建设程度在世界也属于一流，就数字化新媒体平台在高校教育教学的管理发展过程中如何实现其特殊的价值和意义的问题，还在不断探究、发展、思考的过程中，这个过程需要广大教育工作者共同努力，在不断实践的过程中发现数字化新媒体教学建设的特点，针对传统高校教学管理的弊端在数字化新媒体教学模式中寻求解决方式，让数字化新媒体教学模式真正成为新时代具有特殊教学价值的模式。

第二节　数字化新媒体时代高校教学管理体系的改革

教学管理体系是高校的重要体系之一，是提高高校教学质量、教学水平的重要保障。在信息时代到来的今天，高校的信息管理体系应该利用信息技术进行创新，从而能够更好地服务于师生，培养学生。本节阐述了现阶段高校信息管理体系存在的问题，并在此基础上对数字化新媒体时代高校教学管理体系改革与创新的措施进行了研究分析。

高校教学管理体系关系着整个高校的稳定运行和健康发展。随着数字化新媒体时代的到来，网络技术也渗透到人们生活的方方面面，高校教学管理体系也应当顺应趋势，利用数字化新媒体技术进行改革与创新，从而能够更好地提高教学管理水平、提高学校的教学质量、促进学生综合素质的发展。可见探究数字化新媒体时代高校教学管理体系的建设有着很大的现实意义及理论意义。

一、高校教学管理体系面临的困境

（一）高校没有意识到数字化新媒体技术的重要性

在数字化新媒体时代，网络信息技术应用于各行各业，带来了新的生机与活力，社会的各个行业也都在加强信息技术的建设。然而，高校却未意识到数字化新媒体技术对教学管理体系的重要性，未利用数字化新媒体技术对教学管理体系进行改革与创新。高校不仅缺乏信息化建设的硬件设施，也未对管理教师进行信息技术的培训，忽视了信息化技术建设的意义。高校的教学管理体系仍处于落后的局面。这在很大程度上阻碍了高校教学质量的提高和教学管理水平的进步。

（二）高校教学管理理念落后

高校教学管理理念是教学管理体系的基础。然而，现阶段我国高校教学管理理念落后，严重阻碍了高校教学管理体系水平的提高。当前，高校的教学管理仍旧过分强调集体精神的重要性，而忽略了学生的个性发展，教学管理水平较低。此外，许多高校的教学理念缺乏创新性，仍旧采用以往的教学管理经验来管理学生。再者，高校的教学管理缺乏预防机制，只重视问题的事后处理，而忽视了建立相应的预防机制，管理水平低下。

二、数字化新媒体时代高校教学管理体系的改革与创新

（一）以信息化管理理念为导向，改善高校教学管理思想

传统的教学管理体系信息交流缓慢，渠道单一，管理效率低下，阻碍了高校工作的正常开展，教学质量的下降也不利于学生的全面发展。数字化新媒体时代的到来，给高校教学管理体系带来了机遇与挑战。高校应当摒弃落后的教学管理思想，改善教学管理理念，以信息化管理理念为导向，认识到高校教学管理体系信息化的重要性，并借助先进的数字化新媒体技术，对高校教学管理体系进行改革与创新。高校可以通过开展交流座谈会或进行相关培训，让教师了解学习信息化技术的便利性，教师可相互探讨交流，对高校教学管理体系的信息化建设发表看法及建议，并鼓励高校教师参与到教学管理体系信息化建设中，改善高校教师教学管理思想，为顺利开展高校教学管理体系信息化建设奠定坚实的基础。

（二）强化高校教学管理设施建设，构建信息化的教学管理体系

高校应利用数字化新媒体技术构建信息化的教学管理体系，从而提高其教学管理水平及质量。高校应当利用数字化新媒体技术建设信息化的教学管理数据平台，将高校的教学计划、教学大纲、教学教材、师资情况、学生及教师的档案等进行数据化整理，方便查询及管理，将会极大地提高管理工作的效率。此外，高校应当加大对信息化教学管理体系的投入，借鉴其他高校的成功经验，引进先进的信息化技术，加大对信息化教学管理体系软件的开发及维护，促进高校教学管理体系的改革与创新。再者，要想实现教学管理体系的有序运行，就需要有完善的教学管理制度。因此，高校应当结合信息化的管理体系建立健全的教学管理制度，促使教学管理体系向标准化、程序化及规范化发展，提高教学管理质量，促进学生的全面发展，以及高校工作正常有序运行。

（三）全面提高高校教学管理队伍的素质水平

要想实现高校教学管理体系的改革与创新，人才是关键，因此高校应当注重教学管理队伍素质能力的培养。高校应当定期对管理队伍进行培训，提高队伍的信息化专业水平，并将信息化技术的学习及实践引入考核机制，激励管理队伍不断提升与进步。高校也可以在校外聘用专业的信息化技术人才，以丰富的管理经验、超前的创新意识等影响管理队伍，提高高校教学管理队伍的整体素质，促进教学管理体系的不断完善与发展，给学校、教师及学生提供便利，提高教学管理质量与水平，为我国高等院校教育改革的可持续发展奠定坚实的基础。

第三节　数字化新媒体环境下教学档案管理

随着信息技术和互联网的不断发展，人类已经进入"互联网+"时代。随着数字化新媒体被广泛应用于教学过程中，教学档案也逐渐趋向数字化、信息化。教学档案是教学中的主要参考资料，也是在以往教学活动中的经验积累，受各种因素制约，在当下的教学档案管理中还存在一些问题。本节结合实际情况，对数字化新媒体环境下教学档案管理的发展和应用进行了简要分析。

"数字化新媒体环境"这一概念是相对于传统媒体环境所提出的新型大众媒体传播环境。这种数字化新媒体环境主要以计算机和网络技术为支持，以手机和电脑等移动终端设备为传播载体，具有时空虚拟性、资源共享性及交往互动性的特点。在这种环境中，教学档案的管理必须结合数字化、信息化技术的发展，提高档案管理的效率和质量，促进教学档案管理的可持续发展。

一、数字化新媒体教学档案发展优势

（一）丰富档案载体和传播形式

在传统媒体环境中，教学档案管理一般都是以纸质材料为主要载体，以收集内容和登记记录为主要服务方式。这种档案管理方式不仅容易导致档案内容单一，也限制了档案管理的质量和水平。而在数字化新媒体环境下，通过计算机技术和互联网技术，能够构建一个资源非常丰富、传播方式多样化、传播速度快的信息系统，并且能够全天候、不间断地接受和传播各种最新信息。这样，教学档案就有了巨大的信息来源，同时能将档案以文字、图片和影音等方式进行存储，进而丰富教学档案的载体。

同时，在以往的教学档案管理中，文本文件和教学声像文件一般都是分开管理。这种管理模式有一个弊端，容易制约档案管理的效率以及档案价值的发挥。在数字化新媒体技术环境中，可以将教学档案中的文字信息、声音信息和视频信息进行统一处理，并对教学档案进行精确的归类，实施集中管理。这种管理措施既能确保档案信息的完整性，也能进一步提高教学档案的应用价值。另外，也能实现教学档案无纸化管理。一直以来，纸质化是教学档案的主要形式，随着数字化新媒体技术在教学中广泛应用，可充分利用信息技术对教学档案信息进行处理、存储，以实现教学档案的无纸化管理。

（二）档案管理注入新活力

在数字化新媒体发展环境中，不仅可以丰富教学档案的内容和服务形式，还能提高档案人员的服务意识，从而为高校档案管理工作注入新的活力。而且，随着档案使用人数的不断增多，人们对信息的需求也不断增加。另外，也促进了高校档案管理人员主体地位和主体意识的养成，极大限度地调动了档案管理人员工作的积极性和主动性。在数字化新媒体的大环境下，网络信息覆盖，为档案管理人员的创新提供了条件和动力。随着信息技术的应用，学校的各个管理部门可以在短时间内进行教学档案的调取、查阅。在传统教学档案管理模式下，管理人员面临的工作量较大，需要花费大量的时间和精力，进行教学档案的收集、归类等，同时在利用教学档案的过程中，也需要花费大量时间和精力，进行文件查询和检索。而在数字化新媒体的技术下，可充分利用相应的软件功能，进行图像、声音编辑，对传统教学档案信息进行随意分析和组合，并利用计算机设备对信息进行录入或输出，从而使教学档案工作的管理、查询、检索等工作变得比较简单，进一步减少了档案管理人员的工作量。

（三）拓展档案空间

在传统管理环境下，教学档案管理无论是馆藏内容还是服务对象都相对比较独立，还容易受到时空的限制，导致教学档案管理效率低下。而在数字化新媒体环境中，档案管理人员可以将内容输入网站中，从而实现对档案的信息化管理。同时，教学档案管理部门可以创建校友聊天室、信息反馈等栏目，从而实现全校师生共同交流思想、传播信息。这样教学档案管理工作就可有效地打破时间界限，及时掌握外界的动态，并随时跟档案使用者进行交流，从而有效拓展教学档案管理空间。

在拓宽档案管理空间的同时，加强了教学档案的保密性。如果是在人工传统管理模式下，很容易受到多种因素的影响，从而导致泄密的情况出现，容易造成严重的损失。而在数字化新媒体环境下，通过电脑信息技术的应用，可将教学档案进行处理，使其成为电脑数据，可最大限度地避免传统信息管理模式下信息泄露的情况。同时，提高了学校对教学档案信息的管理能力。在传统的人工管理模式下，学校的档案部每年要收集大量的教学信息，虽然不会花费大量的时间和精力，但是对档案信息进行归类整理却需要耗费一些时间和精力。但是在数字化新媒体环境下，信息处理部门可利用信息技术，随时随地将教学档案传递到管理部门。而工作人员会根据档案的实际情况，利用数字化软件和程序，对档案资料进行精确的归类和存储。

二、数字化新媒体发展利用措施

当前的教学档案数字化管理中存在数字化程度较低的情况。目前，可采用以下几种方法促进其发展。首先，教学档案虚拟现实技术的应用。在未来教学档案管理中，对于档案文件的管理方式已从最初的真实管理方式逐渐转变为真实与虚拟并存的管理方式。在这种情况下，可充分利用虚拟显示技术，促使教学档案走向虚拟完全三维化。这种虚拟现实技术的应用可最大限度地减少教学档案管理过程中出现泄露、被盗、被毁的情况。其次，多媒体保安监控技术的应用。在这项技术中，报警处理是监控技术的核心，通过报警这一环节，产生一系列的连锁反应，进而利用语音提示等环节，将具体的位置进行提示从而促使相关工作人员采取相应的措施，保证教学档案信息的完整性。同时，多媒体教学档案的信息检索系统，是通过多媒体将数字视频、音频、通信等多种先进技术，与计算机技术融合在一起，促进教学档案的数字化发展。在数字化教学档案中，检索系统具备了非线性结构信息和多媒体形式信息，从而完善了教学档案的检索系统。

在数字化新媒体环境下，档案管理人员必须明确数字化新媒体的出现对档案管理工作的积极影响和消极影响，在此基础上对档案管理工作采取相应的改进措施，同时借助数字化新媒体技术，不断提高档案管理效率和管理技术水平。

第四节　数字化时代探究式公共管理案例教学

随着改革实践的深入和现实条件的完备，公共管理案例教学作为成熟模式极大地提高了教学质量，在取得成绩、积累经验的同时，瓶颈期存在的诸多不足和出现的若干问题制约了效能发挥和功能提升。依据案例教学的内在特性和项目改革的目的，推广探究式公共管理成为必然选择，而"互联网+"时代日益普及的数字化新媒体为其提供了相关有利条件。开展探究式公共管理案例教学必须树立全新原则，发挥多主体的积极性进行教学全过程改造。

在重视培养学生分析问题、解决问题能力的现代教学理念下，如何开展公共管理案例教学，把内涵丰富的公共管理理念与规律、模式、方法高效地传输给学生，引导学生走出课堂，在丰富的公共管理实践中掌握理论知识，形成对公共管理实践的认知，对公共管理现实的考察与审视，进而提高公共管理学科的教学质量，这些都是公共管理学科教育研究的重要内容。因此，在公共管理专业中推行案例教学既是当前教学方式的革新和潮流，也契合公共管理的专业性质和人才培养目标的要求。

一、公共管理学科案例教学的基本流程

所谓案例教学法，是指在学生掌握了有关基本知识和分析技术的基础上，在教师的精心策划和指导下，根据教学目的和教学内容的要求，运用典型案例，将学生带入特定事件的模拟现场进行案例分析，通过学生的独立思考或集体协作，进一步提高其识别、分析和解决某一具体问题的能力，同时培养正确的管理理念、工作作风、沟通能力和协作精神的教学方式。

案例分析法非常适合公共管理学科，因为公共管理学科的重点不在于抽象的推理，而是以问题和案例为基本导向，展开讲授、研讨、模拟训练、案例分析以及社会实习，这是公共管理学科培养方式的基本特色。在大学本科阶段，案例教学一般作为理论教学或原理讲授的辅助手段，有助于减轻"纸上谈兵"的弊端，有利于吸取前人的经验教训。一般通过基本操作流程解决传统教学存在的问题。

首先，设立公共管理案例教学的基本假设。任何一种教学理论、模式和方法都有其自身的预设前提。传统教与学模式的基本假设是：教学过程是单向流动，即从教师流向学生，教师是知识、真理与智慧之源，学生通过教师获取知识是唯一高效且可行的方式。而公共管理案例教学的基本假设是：学习主要靠学生自己积极主动地去参与案例的讨论与分析来进行，通过摸索、体验和领悟来学习，所学的知识、技能与经验是直接的、第一手的，学习不仅是个人的单独活动，更是一个群体的成员之间进行互动的集体活动过程；教师的职责是激励学生学习，在课堂上创造一种良好的学习环境。

其次，明确公共管理案例的分类特征。按照内容标准，公共管理案例大体包括用来记述和说明公共事业管理实践中发生的事件、政策和决策全过程的说明型，以政府决策者为服务对象和为特定问题提供来龙去脉、不同见解、结果评估的政策咨询型，提出理论假说、进行经验和创新认识的理论发现型三大类。在进行教学时，必须特别注重案例的选择。

所选案例的内涵具有多种维度和典型性，涉及政治学、管理学、经济学、社会学等多门学科，也可能涉及政府、企业、民众等众多方面，与一般的故事、事件不同，案例具有特殊情境里的普遍意义。所选案例要具有概括性与可讨论性，不能仅仅停留在"流水账"上，同时案例的层次要清晰简洁。所选案例应该具有问题导向性，问题的形式可以多种多样，或者是开门见山，明确地提出问题让学生思考、分析，或者曲径通幽，将问题隐藏在一般描述中，引导学生通过深入思考发掘问题。

最后，掌握公共管理案例课堂教学的操作技巧。简单案例，如芝加哥式（芝加哥大学首先开发使用），即"案例研究"。一般是在讲课过程中给学生分发案例，让他们研讨。师生一起站在局外人、旁观者的角度客观地讨论问题的发生及解决并找出管理的一般原则和原理。复杂案例，如哈佛式（哈佛大学首先开发使用），即"案例分析"。案例分析要按一定程序进行，比如问题是什么？事实和原因在哪里？对策是什么？等等。其目的在于

提高学生解决问题的能力和判断力,重点放在解决问题的过程上,所使用的案例多是现实中发生的相当复杂的管理问题。哈佛式和芝加哥式的重要区别在于,它不是以客观的局外人的立场,而是以主观的当事人的立场来分析,参加者要把自己当作案例中的领导者或参与者,身临其境地进行分析和决策。

二、公共管理学科案例教学的主要误区

虽然公共管理是实用性很强的学科,但其产生、发展及应用都是有一定理论体系的。理论和知识是一般性东西,是发现问题、分析问题的原则和指导,但如果缺乏专业基础理论知识,仍难以深入研究或仅停留于就事论事,获益不大。因而,案例教学须以理论教学或原理的讲授为前提或基础。因此在操作中,若案例过于简单、浅白,价值也不高。

教师对案例教学的内涵及目的认识不到位,对案例教学进行简单化理解。而根据小劳伦斯·E.林恩的观点,案例教学的目标主要如下:激发学生对一个主题或问题的兴趣和求知欲;增进学生对不熟悉问题或材料的了解;向学生传达基本事实、信息;加强学生对理论的理性理解及应用;提高学生批判性、分析性和推理性技能;促进作为一种智力技能的决策能力;参与者互相分享经验;提高学生行为性和社交性技能;使参与者倾听和尊重他人意见并传达共识;增强个人信息和促进提出观念(思想)的意愿;改变学生对一些问题、观点、组织或特殊人物的态度;提高作为一种社会性或政治性过程决策方面的技能;促进一些制度的转变和改进,以及学生解决社会问题的愿望,提高学生解决社会问题的能力。

适合我国国情的高质量公共管理案例较为匮乏,案例更新速度慢,没有形成体系化的案例库,教学案例编写紧迫而重要。公共管理学科的课程取向包括慎思明辨的思维能力,重视分析视角和思维角度,注重公共管理学科的形而上分析;关心社会公共事务的热情,即要求学生对国事、天下事,事事关心;崇尚民主法治的精神,即对学生进行现代公民素养的熏陶和灌输公平、正义、平等的思想;掌握解决公共问题的技术和方法,即培养学生掌握公共管理需要的专业技能,能综合运用各种技术和方法解决公共管理与公共政策问题,使其成为适应社会主义市场经济发展和依法治国、依法行政需要的高层次、应用型专门人才。

在现实中,由于对公共管理案例教学特性缺乏深入认知而出现如下几种看法:一是无用论,认为学生之间通过交流不成熟的意见学不到任何东西;二是低效论,认为案例教学是低效的,要花费太多的时间才能涉及主题;三是错位论,认为学生付费是为了听教师讲,而不是听其他学生讲。

传统上认为,案例教学就是在课堂上使用一两个案例证实课堂上所要说明的理论观点的教学,没有必要进行专门的案例教学培训。其实,这是对案例教学的一种误解,真正的案例教学是一种没有固定答案的、学生广泛参与的、师生互动式的教学方式,其中包含丰富的理论和教学技巧,需要教师经过自学、培训、相互交流、教学观摩等形式才能更好地掌握。

当前，案例教学在公共管理专业普遍而广泛地开展，在进行多样化教学探索、丰富案例库建设的同时存在标配化和教学手段、方法上的瓶颈。在网络信息时代，学生学习方式、思维方式和信息获取方式发生了重大而全新的变化，案例教学更应顺应教育发展新趋势，吸取全新的教学理念和教改经验，准确把握公共管理案例教学的基本特征，明确教师和学生在公共案例教学中的角色定位和素质要求。

三、数字化新媒体时代公共管理案例教学的完善

为了尽可能提高公共管理案例分析课程的实际教学效果，必须在科学选择案例的基础上，使情景模拟式、专题研讨式、师生互动式等教学方式方法自然贴切地融入案例教学中，进而做到：以案例教学为主线，以相关理论为支撑，以课堂教学为载体，以师生互动为桥梁，以教学评估为依据，以提高素质为目的。

推进探究式学习智能化教学手段的应用。一是建立智能化的互动学习平台。根据课程内容难度以多样化的方式实施个性化分层，创建不同的小组组合方式。针对不同类型的学生，制订不同的教学计划，设计不同的教学任务。学生在平台的每一次交互都能得到及时反馈。二是推进微课导学。丰富微课制作的素材，拍摄、录制合适的脚本并进行制作，利用互联网云服务平台与学生共享资源。三是结合探究式学习的特点优化课程教学 PPT 设计，更多地体现其在学生探究式学习中的引导作用。

首先，以自主性为核心组织教学活动。教师在教学过程中认真思考如何使课堂"活起来"、学生"动起来"，解决学生被动参与、不能全程参与和参与不足的常见问题。学生在主动参与中以自己的经验和知识为基础，经过积极的探索和发现、亲身的体验与实践，以自己的方式将知识纳入自我认知结构中，并尝试用学过的知识解决新问题，教师在这个过程中只是一个组织者、指导者和参与者。由于受探究内容和课堂教学时间、任务的限制，在具体设计探究活动的过程中，要站在整体和全局的高度用系统的观念进行有意识的设计，逐级推进，系统安排。

其次，以实践性为主线改革教学模式。探究式学习特别强调学生的感知、操作和语言等外部的实践活动，强调学生的直接经验和间接经验的交融、统一，使认知活动建立在实践活动的基础之上，用实践活动促进学习者的发展。在课题研究中，需要解决传统教学模式重理论、轻实践的问题，体现实践教学在总课时中应有的比重，强化学生问卷调查、面对面访谈、试点调查、文献调研的能力。

再次，以过程性为标杆创新教学方法。探究式学习追求学习过程和学习结果的和谐统一，并且尤为注重学习过程中潜在的教育因素。在课题研究中应思考如何创新教学方法，尽可能地让学生经历一个完整的知识发现、形成、应用和发展的过程。

最后，以开放性为原则完善教学环境。公共管理分析本身的学习目标比较灵活，没有专业基础课明确而具体的学习要求，因此公共管理分析的课堂教学内容是开放的，探究式

学习的过程也是开放的。那么，如何打破传统教学封闭的教学环境呢？这也是该课题研究亟待解决的问题。教师应尽可能地创设有利于学生大胆创新、实现自我超越的学习环境。学生在探究学习的过程中，能够大胆地提出问题，探讨解决问题的方案，对不同的结果进行分析，培养学生创新意识和创造能力。

第五节　数字化新媒体的实践教学过程管理和质量考核

实践教学环节是工科院校培养学生实践能力、创新能力和工程素质的重要教学手段，也是学生入职前接触实际生产、获得工程师基本训练、受职业道德熏陶的重要环节。科学的管理和质量考核体系对实习效果具有非常重要的影响，但目前参与"卓越工程师"培养的各大高校关于实践教学培养模式的文献鲜见，对传统模式教学反思较少，对数字化新媒体改进实践教学环节的研究仍旧空白。

一、"卓越工程师"课程体系中的实践教学

2010年，教育部启动了"卓越工程师教育培养计划"（简称"卓越计划"），是促进我国由工程教育大国迈向工程教育强国的重大举措。

（一）实践课程在工程教育课程中的地位

"卓越计划"旨在培养和造就一大批创新能力强、适应经济社会发展需要的高质量各类型工程技术人才。这需要通过课程改革满足"卓越工程师"成长所需要的知识、能力和素质要求。传统工科院校的教学方法以课堂理论知识讲授为主，学生缺乏自由探索、自主学习、主动实践的机会，已经难以适应"卓越工程师"培养的新要求。

实践课程作为"卓越工程师"培养的重要途径，在工程类教育课程体系中的地位不断提升。学生所学的理论知识在实践课程中得以巩固与加深；学生在实践课程中运用知识，提高实践能力、设计能力和创新能力；学生在实践课程中，有机会发现、分析和解决问题，处理现实工程领域的复杂问题，提高其综合素养。更重要的是，实践课程提供的体验式学习方式，有利于改变学生被动的学习方式，发挥学生的主体性。

（二）传统的实践教学亟待变革

组织学生赴工程现场参与实习，是工科教育课程体系中实践课程的核心内容。但传统的实习已难以适应"卓越计划"的新要求。宁宝宽等总结了土木工程专业的理论学习和生

产实习现状（大多普通高校采用分散和集中相结合的形式，即大多数学生几人组成一个小组，自己或学校帮助联系一个施工现场进行实习）。徐雷等结合西安建筑科技大学土木工程专业的现状指出，目前我国高校土木工程专业生产实习存在实习场所难以落实，实习管理制度不甚严格，选题制度不健全，总结与管理工作不够细致、执行相对滞后等问题。邓夕胜等以西南石油大学的实习现状为例，总结了实习单位接收容量有限，学生真正参与生产的机会少等实习过程中存在的具体问题，并提出改革人才培养方案实践环节、实现校企合作、加强自联实习等改革建议。厉广广与王新武为解决高校土木工程专业传统教学模式存在的教学方式和手段滞后、课程相对独立、理论与实践结合度低等问题，提出多方式授课、多层次教学、多专业结合的"三多"综合教学模式。朱运华认为在毕业实习过程中，要充分发挥学生的主观能动性，不断培养学生的创新能力和动手能力，才能将学生所学基础理论知识灵活用于解决实际问题，并结合近年指导学生毕业实习的经验，就土木工程专业本科毕业实习阶段的创新目标制定、思想动员和考核制度建设问题展开探索。周林聪和柳志军基于土木工程专业实践教学的培养目标，从教学内容、组织方式、考评方法三个方面分析了目前土木工程专业实习教学存在的主要问题，在此基础上探讨了土木工程专业实习教学模式改革的主要途径和方法。卢文良分析了桥梁工程毕业实习的特点以及学生的知识储备情况，从实习时间、实习内容、实习现场、实习管理等角度分析了实习问题存在的根源，提出了优选实习工地、建立实习基地、强化现场讲解、补充实习讲座、完善视频资源等改进措施。

（三）实践教学课程管控面临挑战

在实践教学的课程组织与过程管理上，传统方式也面临着挑战：一是学习容易浅表化，以走马观花式的参观为主，难以深入思考；二是互动性较差，学生被动地看和听，互动参与的机会少；三是过程管控存在盲区，集中式实习教师难以一对一指导，分散式的学习则缺乏统一监管；四是质量评价难以精细，实习考核流于形式，实习报告抄袭、应付了事，难以达到预期效果。

因此，加强对实践教学模块的科学设计与过程管控，成为"卓越工程师"培养课程体系中提高实践课程效能、激活学生的主体性、培养学生能力与素养的重要保障。随着互联网信息技术的发展，信息素养成为当代大学生必备的综合素养，为优化实践教学的过程管理提供了契机。

二、掌上"互联网+"变革大学生专业实习

(一)"掌上数字化新媒体"的普及

当代大学生已是信息时代的"原住民",微信、手机QQ、微博、BBS等数字化新媒体形式日益丰富,成为学习的重要辅助工具。研究显示,86%的大学生认为数字化新媒体可以拓宽自己的专业视野,43%的大学生认为数字化新媒体可以提高专业学习成绩,30%的大学生认为数字化新媒体有助于改善学生的学习态度和学习动机,34%的大学生认为数字化新媒体有助于丰富和改进自己的学习方式。

信息技术深度渗透至教育领域,同济大学土木工程学院在教学改革中提出,以"互联网+"为驱动,探索、实践课内外结合的嵌入式教学及翻转课堂等教学模式,增强学生学习的自主性。

(二)海量信息环境中的主动学习

数字化新媒体突破了传统实践教学等特定场景的局限,利用手机网络发布公告、传递信息、播放新闻,学生可以随时搜索、补充现场资料,请教、讨论热点难点问题,分享自己的学习心得。主动求知,学生成了学习的主体。数字化新媒体以其互动性、多元化、即时反馈等特征,为提高实践教学的过程管理与学习效能提供了更多可能。

(三)即时互动中的深度学习

在数字化新媒体环境中交互性的社交平台很多,学习变成了师生、生生多方互动交流的过程,从而改变了传统教学信息提供的主从关系。多通道互相回应,将学习讨论不断深化。

在一项调查中,70%的学生认为网络互动可以增进与同学之间的交流,56%的学生认为网络互动可以拉近与教师的距离。受访者中有部分大学生经常访问教师的QQ空间,浏览内容并参与互动。此外,大学生还通过数字化新媒体进行自我反思,如撰写日志用以记录或反思等。

(四)自动记录学习过程

数字化新媒体交流平台多为图文形式,方便即时记录学生的学习过程与成果。在微信平台中,朋友圈有每日"签到""打卡""点赞"等功能,可以随时记录每个学生的学习过程。通过文字、语音等多种方式,在"晓黑板"讨论区限时记录学生的学习收获,为开展科学的过程性评价提供了可能。

（五）多元呈现个性化的学习成果

数字化新媒体集多媒体的内容和形式于一身，兼容了文字、图片、视频、音频等多种表现形式，丰富了学习成果的呈现方式。在实践教学过程中，学生可以在微信公众号中发表新闻报道、在 QQ 空间撰写并分享电子日记、在教学平台中讨论专业问题。这一新的载体有助于多样化考核，增强了评价的实效性。

第六节　数字化新媒体背景下高校多媒体教室的管理

随着教育技术飞速发展，高校的教学工作技术化水平也日益提高，多媒体教学逐渐成为主流，做好多媒体教室管理工作，为教学提供完善的保障就变得意义重大。然而，在当前高校多媒体教学实践中，教师对多媒体技术服务的质量并不满意，抱怨颇多。其原因是多方面的，而无论何种原因，目前的情形都影响了教学效果。要走出目前的困境，多媒体教室管理部门应该从制度建设、设备条件、管理手段及人员培训等方面，全方位地提高服务质量，保障教学的顺利进行。

随着数字化新媒体技术的飞速发展，人们的生活已经被彻底改变，微信、微博、QQ 在网络世界里为人们重新建立了活动和沟通的空间。在教学领域同样如此，新技术给教学提供了更丰富的教学手段，为教学带来了无限可能。目前，板书逐渐淡出了教育者与受教育者的视野，取而代之的是多媒体课件。以多媒体课件为载体的多媒体教学，凭借对人们感官的全面刺激，迅速抓住了教师和学生的心，在高校教学中已成为主流。然而，技术是一把"双刃剑"，在给教学带来便利的同时，亦带来了一定的困扰。这一点在高校多媒体教室管理部门与教师之间表现得尤为突出。解决这些困扰，为多媒体教学扫清障碍，让技术真正为教学服务，就成了当务之急。

一、高校多媒体教室管理现状

高校多媒体教室管理，其本质是服务于人的一项工作。管理人员承担着对多媒体教学的支持服务工作，因而有效评估多媒体管理人员的服务质量，是研究高校多媒体教室管理的主要议题，是保障多媒体教学顺利进行的关键，也是深化创新教学改革的保障。

为此，有学者尝试通过量表（SERVQUAL）的方式对多媒体教室管理人员的服务质量进行科学、准确的研究，设计了包括教学环境、业务素质、服务态度、信任程度、个性服务等 5 个维度共 32 个题项的问卷，并进行了严谨的调研。其研究表明，教师对多媒体教室管理人员服务期望平均值较高，而实际感受平均值却很低；多媒体教室管理人员服务质量直接影响着教师未来的行为选择，提高服务质量能够有效减少教师的不满情绪、抱怨次数和投诉可能性。

由此看来，使用者尤其是教师对高校多媒体教室管理的现状并不满意，目前多媒体教室管理人员所提供服务的质量亟须改善，以师生满意为中心，提高多媒体教学支持服务水平已经刻不容缓。

二、高校多媒体教室管理问题分析

（一）管理手段滞后，信息反馈不及时

多媒体教室管理工作看似简单，就是管理好各个教室不出问题，而事实上这项工作并不容易。因为多媒体管理部门要协调数百间多媒体教室、管理数百件多媒体设备，同时还要处理大量教师的同时授课，工作量是极大的。要想做好这些工作，管理手段显得尤为重要。而当前，多数高校多媒体教室的管理方式还停留于纸笔记录、口头传达等与信息化时代相脱节的阶段。用这种方式来管理多媒体教室已经暴露出了很多问题，比如：每日的维修记录信息不容易被完整记录、汇总和分析；设备的状态信息无法被及时查看；教师对设备的反馈信息不容易被及时收集和吸纳；因获取信息不便，导致调换设备或教室的效率低下；等等，都是由管理手段滞后造成的。

（二）缺乏专业且结构合理的管理队伍

总体来讲，高校多媒体教室管理部门不受重视，决定了他们无法建立一个专业且结构合理的管理团队。首先，很多高校多媒体教室的管理人员主要由1~2名计算机专业人员和很多临时工组成。总体学历普遍偏低，业务能力无法紧跟多媒体技术发展的步伐。其次，由于地位较低，很多高校在对多媒体教室管理人员培训、进修、晋升职称等方面有所欠缺，而这会抑制多媒体教室管理人员的工作积极性和进取心。如此，多媒体管理人员很难建立结构合理的管理队伍，进而无法保证提供高质量的教学支持服务。

（三）设备条件相对落后于教学软件的发展

随着信息技术的发展，各种教学软件层出不穷，每个教学软件的版本也是更新迅速。教师时常会为了教学需要，临时安装一些新的软件，而这些软件对计算机的配置提出了更高的要求。这就造成两种情况：一种是当前的计算机配置无法支持新软件的使用，教师因无法安装新软件会对多媒体教室管理人员提出强烈的意见；另一种是很多教师都按照自己的需要去安装新软件，使计算机的内存严重不足，导致计算机运行缓慢，继而引起没有安装新软件的教师的不满。在这两种情况下，教师最终都会将矛头指向多媒体教室管理人员，造成两者之间的矛盾加深。

（四）任课教师欠缺教育技术能力，误操作现象频发

多媒体教室的各种设备最终是由任课教师来操作使用的。因此，教师能否正确使用，直接关系到教学效果的好坏。现实的情况是，任课教师经常忽视教育技术的学习、对给他们提供的培训也不屑一顾，而在使用多媒体设备过程中经常发生操作不规范或错误的现象，导致设备无法正常运行甚至损坏。既耽误了正常上课，又增加了不必要的维修量，甚至有的教师还将责任推到管理员身上，无形中增加了管理员与教师之间的矛盾。此种现象在学生社团活动与招聘宣讲中也频繁出现。

（五）设备数量大、变更频繁，导致资产管理难度大

随着多媒体教学的普及，每个高校的多媒体教室数量都在尽可能地增长，设备数量越来越大。而在日常的维修中，设备变更（如主机更换、备用设备替换等）是经常发生的，整体而言设备的流动性较大。如果多媒体教室分布在不同的楼层，信息一旦更新不及时，很容易造成设备的账物不符，给固定资产管理增加了难度。

三、多媒体教室管理问题的对策探讨

（一）与时俱进，引入信息化管理手段

在大数据时代，管理手段的信息化，是任何一个管理部门最终都绕不开的议题。多媒体教室管理部门，作为一个信息技术部门更是如此，引入信息化管理手段来统筹管理多媒体教室设备、方便快捷地处理设备使用者反馈的信息成了必然。

信息化管理手段不必一味追求技术先进，因为最先进的难免与实际不相符，而且成本也是一个很大的问题。结合目前的有益经验和实践中的一些成功案例，笔者认为，该信息化管理手段应该包括以下两大功能模块。

1. 面向使用者的功能模块

对于使用者而言，首先，应该了解设备的使用和维护常识。所以，应该有关于设备的使用说明（可图文并茂，有条件的最好进行视频解说）、相关的管理规定、应急预案。此外，为方便使用者申请教室，还应该配上关于申请教室的说明。其次，要提供专门的教室申请功能，目的是避开走纸质程序时的低效，节省使用者宝贵的时间。同时，使用者申请教室需要查询相关的信息，因此应该提供实时的多媒体教室占用信息、教室容纳人数信息及教室分布地图。最后，为便于使用者与管理员之间进行更融洽的沟通，还应该向使用者提供反馈意见的窗口。

2. 面向管理员的功能模块

多媒体教室管理人员对该系统的管理主要分为前台和后台。前台部分，管理员应该能够准确记录设备报修信息。后台部分是整个系统的重头戏，也是与当今的大数据背景十分契合的，主要承担数据管理和统计分析功能。具体而言，首先，应该能够对前台添加的维修记录进行统计分析；其次，应能对教室设备信息进行动态记录；再次，应与教务系统进行对接以提供实时的多媒体教室占用信息；最后，应该能对使用者提供的教室申请信息进行审核和处理。

有了合理的功能模块，还应该有合适的载体。在如今这样一个智能手机普及的时代，多媒体教室管理系统与手机绝缘是不现实的。所以，在构建系统时，必须同时开发手机版本以适应时代发展的需要。

（二）加强教师的教育技术能力培训

为了使任课教师能正确地使用多媒体设备，掌握多媒体教室设备的操作规程，对教师进行教育技术培训是十分有必要的。要保证培训的质量，必须建立相应的培训制度，多媒体教学管理部门应该与教务处、人事处合作共同把培训工作做好。如规定必须至少参加一次培训，培训合格后发放相应的证书，没有获得合格证书就不能申请多媒体教学，将教育技术考核纳入教师的年终考核中。在培训内容上应该涉及多媒体教学的发展史、多媒体教室的使用流程、多媒体教室的组成以及多媒体教室常见问题的处理方法等。培训时间放在每学期开学初较好，因为教师可以及时地去实践中内化所学习的技能。

（三）加强制度建设和人员培养

高校多媒体教室的管理和维护工作实际上是一个教学服务过程。表面上面对的是机器，实际上面对的是全校的教师和其他教职工。建立健全的多媒体教室管理制度，将会使多媒体教室管理工作规范化、可视化，有利于接受使用者监督以更积极地改进工作，继而有利于处理好与多媒体设备使用者的关系。

无论什么性质的工作，人员的培养和团队的组建都是关键。相关部门应该更多地重视多媒体教室管理部门，提供专业的技术人员进行多媒体技术梯队的建设；改进多媒体教室管理部门的考核方式，给他们提供更多的晋升机会，提高其工作的积极性。同时，一定要重视多媒体教室管理部门的人员培训，多提供学习和培训的机会（如可定期组织多媒体教室管理人员和各厂家进行技术交流和学习），全方位提高管理人员的专业技能。

（四）提高硬件水平，合理配置资源

为紧跟教学软件更新换代的步伐，努力提高硬件设备的质量十分紧迫。要做到始终能完全满足教师对设备配置的要求是很难的。所以，一方面要在设备采购时把眼光放长远；

另一方面要对现有的资源，根据数据分析的结果进行合理的分配。在采购设备时，把眼光放长远，即在综合考虑成本和现实要求的前提下，着眼于教育技术发展的趋势，采购具有扩展性和延续性的设备，尽量延长多媒体设备的使用寿命。对资源进行合理配置，即根据课程特点、教师使用偏好等信息，对设备按照需要进行统一的资源配置。如将高配的设备调整到需求最强烈的课程中。

多媒体教学已成为高等教育的主要教学方式，因此其重要性是不言而喻的。相应地，作为多媒体教学的唯一支持服务部门，多媒体教室管理部门也应获得足够的重视。不仅外界要重视多媒体教室管理部门，其自身也要对自己的地位和重要性有清醒的认识。有了重视和认识，多媒体教室管理部门应该尽快从硬件、软件、管理手段及制度建设等方面全方位地提高自己的服务质量，做高校教学工作最坚强的后盾。

第七节　高校数字化新媒体建设管理办法

随着数字化新媒体技术的不断发展和成熟，数字化新媒体在高校教学科研、思政教育、管理服务过程中发挥着越来越重要的作用，本节通过领导重视、搭建平台、完善制度、丰富内容、形成机制等五个方面构建了体系化的高校数字化新媒体建设管理办法。

数字化新媒体以传播速度快、覆盖范围广等特点，在新闻传播和舆论扩散方面发挥重要的作用。数字化新媒体主要包括微博、微信、公众号、QQ、易班网、易信、人人网、今日头条、网络视频、移动电视等各类数字化新媒体平台。高校数字化新媒体在提供信息服务、展示学校形象、传播校园文化等方面发挥着越来越重要的作用，做好高校数字化新媒体工作可以内聚人心、外塑形象，做好宣传工作，需要统筹谋划、全员参与、多方联动。为进一步加强校园数字化新媒体建设管理，充分发挥各数字化新媒体平台在展示学校形象、发布新闻信息、网络舆论引导、网络文化建设和提供社会服务等方面的作用，本节提出了一套高校数字化新媒体建设管理办法。

一、领导重视，统筹规划

学校要高度重视新闻宣传工作和学校数字化新媒体建设，积极构建新形势下"人人参与、人人有责"的大宣传工作格局要求；定期召开学校层面的宣传工作总结和计划大会，对先进集体和个人予以表彰，并成立专门的新闻工作组织，统筹做好学校新闻宣传工作；组织系列新闻宣传专题培训，定期做宣传工作技巧培训和交流。

二、搭建平台，组建队伍

开通学校官方微信公众号等网络平台，以"互联网+思政"为主线，发布与学校师生密切相关的信息，并作为学校各单位、班级、学生组织等突出个人、突出集体的宣传展示平台，分众化、对象化服务全院师生学习生活、工作发展，讲好校园故事，传递学校声音。同时，要以微信公众号为依托，成立新闻工作站学生组织，专门进行微信编辑、后台维护和公众号宣传等工作。

为提高各学院、专业、班级、学生组织层面数字化新媒体宣传工作实效，应组建以班级宣传委员为主体的学生信息员队伍，强化班级宣传意识，畅通学院、专业、班级、学生组织信息上报机制，构建班班参与、人人有责、全校联动的宣传工作网络体系。信息员将每天的信息及时转发至各班级的 QQ 群和微信群。

三、完善制度，畅通机制

"无规矩不成方圆"，规范的工作制度是各项工作顺利开展的有力保障。高校数字化新媒体建设需要建立以工作机制、组织纪律、审核发布制度、工作站成员考核等为主要内容的新闻工作章程；以信息员的工作职责、信息上报流程、投稿须知、考核评优机制为主要内容的信息员工作制度；以坚持正确舆论导向、内容创作、审核校对、领导签发为主要内容的信息审核签发制度等多个工作制度。

四、有理有趣，内容丰富

在"内容为王"的数字化新媒体时代，想要吸引更多的人关注，就必须从内容上下功夫。高校数字化新媒体建设需要本着"有理有趣"的原则，通过创作有思想、有品质的网络作品，讲好"校园好故事"，传播"学校好声音"，主要发布内容包括以思想政治教育体系中诚信教育、安全教育、防骗教育、文明礼仪教育等线上教育为载体的"思政专题"模块；以学校党委、各党支部、团支部活动为依托的"党团活动"模块；以重大纪念日、学习宣传党的十九大精神为主要内容的"时事政治"模块；以优秀个人为代表的"个人风采"模块；以班级、学生组织为内容的"集体展示"模块；以学校教学科研、管理服务动态为主要内容的"学校动态"模块，具体来讲就是"言之有物""言之有趣"。

"言之有物"是指日常发布内容要丰富。通过创作有温度、有思想、有品质的优秀网络思政教育作品，分众化、对象化加强学生网络思政教育，同时为学院各班级、学生组织和个人提供宣传展示平台，服务师生学习、工作、生活、发展，凝聚师生情感，宣传学校发展成就。要以图文并茂的形式展示时政新闻、集体活动、个人风采等丰富多彩的内容。

"言之有趣"是指推送的内容在形式上要有趣味性。将大学生喜闻乐见的表情包、漫画、微视频等新元素融入防诈骗教育、宿舍用电安全教育、大学生文明礼仪教育等主题中，寓教于乐。

五、形成机制，应对舆情

做好高校学生舆情收集工作。做好高校学生舆情收集相关工作是舆情危机分析工作和建立预警机制的基础，只有及时、准确地掌握真实、全面的信息，才能准确做出判断、分析。舆情收集机制的建立关键在于要畅通信息收集来源，构建由学生干部等骨干组成的覆盖点、线、面的全方位信息渠道，全面、准确且及时地收集各类信息，建立舆情搜集情报网络。建立舆情员制度，及时收集学生网络舆情，便于提前准确预判，将问题解决在萌芽阶段，防患于未然。

形成网络舆情定期分析制度。要对舆情形成定期分析制度。通过舆情搜集、引导、分析机制，统筹谋划，按照搜集的舆情信息，分类汇总、定向预测、定期反馈，增强分析评判的针对性和有效性，重视舆情的调查核实，形成有价值的专题舆情分析报告，为学校决策提供准确信息。

建立高校网络舆情引导机制。高校网络舆情会影响学校的正常教学科研，甚至会影响社会稳定。必须加强预警、有效预防、妥善处置，建立科学规范、行之有效的舆情引导工作机制。一是要明确责任，落实责任主体；二是要健全制度，建立完善机制；三是要完善手段，强化技术管理；四是要培育网络评论员，让立场坚定的学生骨干及时进行相关热点信息的发布、传播和舆情引导，多措并举保持校园的和谐与稳定。

做好高校数字化新媒体工作，需要多学、多看、多做，积极推动工作平台从"传统"向"新兴"拓展、从现实环境向虚拟网络延伸，让工作插上"信息化的翅膀"。通过建立线上组织和平台，把线上活动与线下活动结合起来，发挥好互联网为思政教育工作提供信息宣传平台、教育管理、互动交流、密切联系学生等作用。主动占领互联网舆论传播制高点，加强对互联网热点问题的引导和应对，关注校园生活，宣传校园文化，加强政策解读，回应学生关切，掌握网上舆论主导权，不断发现问题、分析问题，更好地发挥数字化新媒体工作在立德树人、服务学校发展中的作用。

第五章　数字化时代下高校教育教学与改革

第一节　新媒体与高校新型教学互动

信息技术快速发展促进教育教学变革，好的教学效果只有在教学互动中形成，数字化时代下针对当今高校教学互动的困境，探索通过师师交流互动改变传统教学模式，生生交流互动激发学生的学习积极性，师生互动培养学生对知识的综合应用和分析能力，构建新型师生互动教学模式，给学生提供美好的学习和发展体验。

在信息技术飞速发展的时代，利用数字技术、互联网、电脑、手机等向用户提供信息的传播方式已变成常态。数字化的新媒体时代，微课、慕课等给我们提供了丰富的教学资源；毕博、微助教等为我们创造了便捷高效的教学平台。各学校大力融合信息技术改进教学模式，实施线上线下混合教学模式，以学生为中心，培养学生的创造力。但好的教学效果只有在教学互动中才能形成，好的教学互动是师生共同盼望的。

一、目前一些高校师生互动的困境

高校教学互动是师师、生生、师生双方交流情感、沟通思想和传递信息的交互过程。尽管数字技术和互联网飞速发展促进教育变革，但目前教学互动仍然存在困境。

（一）单向为主，缺乏交互影响

传统课堂一直以来以教师为主，教师掌握传输知识的主动权，学生被动地接受知识，双方形成"主体—客体"的单向度关系。

（二）控制性为主，缺乏民主交流

师生关系中，由于教师对权利、知识等资源占有不平等，具有控制权，学生处于服从的地位，在很大程度上限制了学生的想象力和创新能力。

（三）以课堂为主，缺乏交互反馈

目前，大多数师生互动仍然以课堂为主，但由于课堂时间限制且在规定时间内要完成相应的内容，因此互动就变成了形式——简单粗暴的问答，或者课堂就没有互动，师生缺乏双向的交互反馈和研讨，师生关系淡漠，课堂的师生互动向教师完成教学任务妥协。

（四）传授知识为主，缺乏情感融入

现今传统高校师生互动仍以传授纯粹的学科知识为主，忽视与学生的情感交流和思想沟通，互动内容单一且理性，缺乏情感的融入。上课人来，下课人散，如无良好的自主学习引导，学生大量课余时间无所适从，继而只会玩乐，不会学习。

二、数字化时代下新型教学互动的探索

信息技术改变学习者的认知方式和学习方式，改变师生的教育关系，极大地增加了人们学习及重复学习的机会。在传统教学中正确适宜地融入信息技术，通过多渠道交流路径，构建新型师生互动教学模式，给学生创造美好的学习和发展体验。

（一）师师互动，改变以往教学模式

利用新媒体的及时性和交互性，用于校际、同校的教师交流学习，可快速共享优秀的教学资源，分享实战经验，有利于改变以往教学模式，构建以学生为中心、先学后教、以学定教的新型教学模式。

1. 预习——先学后教

高校普遍存在课程课时紧的问题，如果学生课前不预习，课堂就成了"满堂灌"。教师应充分利用教育部和各网络教学网站推出的名校名师精品MOOC、电子书等，根据自身知识优势和教学经验，在网上甄选适合本校学生的精品教学资源，利用网络平台给学生提供自主学习及预习。为使课前预习落实到位，教师辅助学生制定课前自主学习任务单，基于学生对知识的识记和理解，设计的内容既要让学生掌握基础知识，又要充分调动学生的学习积极性，如果教学目标不明确，问题设置难度过高，就不利于学生学习兴趣的培养。

2. 预习反馈——以学定教

预习过程首先让学生自主解决问题，然后形成学习小组协同解决问题，再提出疑问课堂解决。因此，课前学习任务单应包括如下内容：观看教学视频或教材内容、制定学习目标、厘清知识重难点、学生应用的学习方法、学生组织的学习活动、自我测评、学习疑问、课堂交互的期望。教师在相应网站上建课，和学生建立网络课堂，学生预习后完成课前学习任务单，线上提交，教师课前能及时掌握学生预习情况，组织课堂教学活动。

3. 寓教于乐——互动式教学微视频

通过一些软件或硬件工具，教师可以非常快捷地制作互助式教学微视频给学生观看。在设计制作视频的时候根据掌握的知识点插入精心设计的练习题或游戏题，让学生在学习过程中边看边练，如看完一个知识点，弹出自测题或游戏题，答对后继续学习，否则返回复习。在教学视频中加入互动元素，使视频更精彩，更有趣味性，使学生的自主学习变得更有目的性。

4. 不断实践——优化教学方法

"他山之石，可以攻玉"，不断向优秀教师学习，形成适合学生的独特教学方式，用于实践。在实践中不断借助网络平台提供的科学数据检查实施效果，查找原因，总结经验，对原有的学习方法和计划进行修正，优化教学方案。

（二）生生互动，激发学生学习兴趣

一个班级，学生与学生相对处于平等状态，建立学习小组，学生自主学习，归纳总结，设计练习题，讨论解答，组内相互交流，组间帮助学习，从而形成浓厚的学习氛围。分组学习有利于培养学生人际关系，增进学生之间的情感，发展学生个性，增强学生的自信心，敢于质疑同时愿意听取别人的意见，相互尊重，多元化的学习方法和团队协作能够提高解决问题的效率，提高理解问题的正确率。

分组学习特别要防止一人独大，流于形式。分组可以采取多种形式，按照教学活动的不同组织不同的学习小组，按学生的兴趣爱好分组，按同学间的亲密关系分组；小组活动要有活动场所、活动记录、协同解决的问题及收获。

分组学习的目的是激发学生的求知欲，充分展现学生的个性让学生自由发展，有创新能力，学会集众人才能解决问题，让每个学生都能受益。

（三）师生互动，深化学习

在数字化时代下教师要认真了解学生的认知特点和学习特点，构造师生平等、以学生为中心的新型教学模式。师生互动主要在有形的课堂和无形的线上平台进行，学生通过较好的预习后，对基本知识有了理解和识记，教师根据学生反馈的信息定制教案，坚持以学生为主体、教师为组织者的教学原则，启发鼓励学生进行知识探究，让学生与教师共同参加课程的教与学。

1. 课中学习任务单，使学生收放自如

课中的教学目标是探究基础知识的应用和分析。任务单的设计主要内容为学习目标、项目探究、当堂检测、知识拓展、学后反思。课中学习任务单是有效课堂的保证，避免学生长时间不能完成教学任务。

2. 学习空间的重构，增强教学的趣味性

有用有趣的课堂是吸引学生积极参与学习的关键。教师努力培养以学生为核心的教学模式，重构学习空间，让学生切实体验到知识的有用和有趣，以此激发他们对知识的深化和拓展。具体做法是将传统教室改造成分组学习讨论型，大班教学改成小班教学，把课堂搬进实训基地结合实景探究知识，在实验室用实验验证知识，自己设计实验拓展知识。

3. 信息化技术让互动更精彩

充分利用现代教育技术手段，如微助教、雨课堂等教学互动软件，把各种有用资源、信息有机结合起来，生动活泼地表现教学内容，如抢答、选择、讨论、弹幕等，充分调动学生主动参与教学过程的积极性。通过课余时间线上人机交互，实现教师与学生、学生与学生之间的多向互动，如采用网上讨论、网上评论、网上答疑等形式。

4. 以多样互动，形成合力

让学生进行课堂总结，根据知识的重难点自己设计多样化的作业，合理分工调动全体学生参与教学活动，积极投入学习探究中，师生互动增进情感，形成合力，增强课堂整体效果。

信息技术与网络技术发展，促进教学转向以学生为主体，将基础知识的学习任务交给学生，教师负责设计教学并实施，在宝贵的课堂时间内辅导学生完成知识的深化拓展和解决应用中的问题。完成教学过程中的互动要注意以下几个问题：a 学习的决定权在学生，教师的主要任务是助学；b 教学互动要让每位学生都受益；c 教学互动不能流于形式，要掷地有声。

第二节 数字化时代下高校教育工作

随着互联网技术的快速发展，新媒体在给人们生活带来便利的同时，对人们的观念带来了极大影响。在高校教育中，新媒体极大地影响了大学生的生活、学习和行为，同时，丰富多彩的新媒体内容直接影响着他们的思维方式和价值观，学生在接受各种利于自身发展信息资源的同时受到了诸多负面信息的影响。由此可见，新媒体对高校教育工作来讲，既有便利也有挑战。在这种情况下，如何在享受新媒体带来便利的同时做好学生的思想教育、行为教育工作是高校教育管理者必须思考的问题。本节将从此入手，对数字化时代下的高校教育工作模式进行探讨，以期能找到新的教育办法，打破高校教育管理的"瓶颈"，更好地提高高校学生教育工作的成效。

当前是互联网社会，随着互联网和智能手机等数字通信工具的广泛应用，移动网络成为我们生活工作中的重要部分，微信、微博、QQ 等各种具有创新形态的新媒体软件成为学生学习、工作、生活必不可少的工具。这些工具在给学生的学习、生活、工作带来便利

的同时，直接影响着他们的政治思想、道德风貌，甚至是学生的价值取向，对于教育工作而言是机遇也是挑战，在这种情况下，采取与时俱进的教育工作模式显得尤为重要，下面就此展开探讨。

新媒体与互联网息息相关，但新媒体已经不再是互联网原本的意义，而是通过一种信息技术手段，在新的技术支撑下出现的一种媒体形态，其利用数字技术和网络技术，通过互联网、宽带局域网、无线通信网、卫星等渠道，以及电脑、手机、数字电视机等终端，向用户提供信息和娱乐服务的传播形态。新媒体自问世以来发展非常迅速，很快便成为当下网络信息传播的主流媒体，微信、QQ 的出现也大大增加了学生对新媒体的关注和使用，这些 APP 个性化强、信息更新及时、工具作用明显，自问世就迅速被人们接受，在如今的大学生生活中热度极高。

新媒体在高校学生生活中的应用非常广泛，如微信、微博类的社交平台、展示平台、即时通信、手机报纸等。以微信为例，微信经过几年的发展现已成为全球用户数量最为庞大的 APP，它不仅仅是一种新型和典型的网络社交工具，还是一种受众极广的信息传播软件，继 QQ 之后对传统的社交软件进行了丰富，对人们的工作和生活都有着极大的影响。统计发现，这些新媒体的主要使用者之一就是大学生，这些大学生的典型特点、素质以及个人修养一直是被社会和国家所重视的，因此新媒体对大学生产生的影响以及在新媒体影响下如何培养爱国、爱家、自强、自立、三观正的大学生一直是我国教育研究者主要研究的问题。

一、新媒体给高校教育工作带来的机遇与挑战

新媒体被广泛运用于高校的各项事务中，是当代大学生掌握信息、与人沟通的重要渠道和载体，对高校学生的教育工作有着极大的影响。

（一）新媒体为高校教育工作带来了新的机遇和便利

新媒体使学生的沟通方式更加丰富，有利于学校快速掌握学生的思想和行为动态，并且各种各样的新媒体能为学生提供平台，帮助他们树立健全的公民意识和良好的自信心。

首先，各种新媒体为学生开拓了广阔的沟通空间，突破了传统人际沟通的时间、地点、频率、方式以及接受态度的限制，为学生提供了更多元的沟通选择，有利于他们随时、随地、随心沟通，更便于学校管理工作的开展。

其次，学校的辅导员、教导员、教师等教育工作者可以及时地通过朋友圈、论坛、校园网等平台了解学生的关注点、行为动态，甚至可以从中了解他们对事物的看法，以及他们的思想观念。并且，学校能通过新媒体了解全社会大学生群体的变化趋势，及时有效地进行借鉴和参考，这样可以有效提升学校对学生思想和行为的预见性。

最后，教育的目的是塑造自强、自信、有能力、有担当的公民，各种新媒体为学生提

供了展示平台，让学生能够有机会展示自己的不同面。在新媒体平台上，学生能够进行更加平等的交流，减少传统交流的心理负担，使各种性格的学生都能有公平的表达机会。同时，新媒体的展示平台能帮助学生发挥特长，让他们变得更加自强、自信，而且他们为了使自己得到认可，会更好地展示和发挥自己的特长。

（二）新媒体给高校教育工作带来的主要挑战

一方面，新媒体的形式多种多样，而且随着数字信息的发展，将来会有更多的新媒体面世，这就给学校教育工作管理者带来了新的工作。然而很多教育工作者由于年龄或者接受能力等原因，无法及时接受最新的媒体软件、有效运用各种网络语言，那么就会导致他们无法全面了解学生在新媒体上的各种动态。这样一则容易出现相较于前者的空白点，二则容易导致学生对学校管理认同度下降。

另一方面，新媒体有效促进了社会思潮的多元化发展。新媒体上传播的信息，有正面和负面的，而大学生的判断力、认知力、自制力都在发展中，还未经过长期历练，对于一些信息他们无法正确看待，这就会导致其思想在新媒体的影响下不知不觉地出现重大变化，对学生的思想成长是非常不利的，对于高校教育管理而言也是非常不利的。因此，对高校教育工作模式提出了新的要求，要求高校的教育工作模式需针对新媒体因势利导，只有这样才能有效掌握学生的思想和行为。

二、数字化时代下高校新的教育工作模式

（一）搭建以服务学生为导向的学生工作平台

高校教育管理者应快速适应这个数字化的社会，迅速做出反应，站在时代的前沿，利用新媒体资源和技术搭建以服务学生为导向的各类网络平台体系，充分发挥网络服务的育人功能，可以从学生就业、心理咨询、学科管理、学习管理、校园日常信息等方面入手，创办各种学校论坛、校园APP、班级微信群等，以此来实现学校的信息化管理。并且，构建各类教育管理平台，使学生与学生之间、教师与学生之间、学生与学生之间的沟通变得越来越便捷和自然。这样不仅能更好地了解学生动态，推动教育管理工作的开展，还能有效提高沟通质量，赢得学生的认可和关注。

（二）构建校园文化建设的新媒体工作体系

在数字化时代下，高校教育管理者也需要适应新媒体，应用新媒体不断创新学校教育管理工作的方式。对此，学校应充分利用新媒体技术来完善原有的校园网络平台，如校刊、广播等，以此来为学生创造一个靠近学生的网络平台，并将校园文化融入其中。此外，可以在给学生提供技术后盾和经济支持的前提下，鼓励他们创建能反映大学生思想文化的平

台。同时，为其开辟各种新媒体的互动渠道，把学生作为主角进行学校宣传、正面意识引领，引导校园文化朝着主流、健康、和谐的方向发展。

（三）搭建学校舆情管理平台

新媒体为我们提供了关注学生、了解学生的平台，因此高校教育工作管理者应及时通过关注微博、网络留言、评论动态等方式了解学生的生活情况，并且通过关注这些动态了解学生思想和心理情况，及时发现问题。在发现问题后，应主动关心并及时进行积极健康的心理疏导，如发现学生出现不自信等负面情绪，则可以通过网络关怀，也可以私下约出来像朋友一样聊天，把他们向积极的方向引导。并且通过这些平台，参与到学生交流活动中，在认可学生的同时应注意网络不良信息、学生的不良言论、网络暴力等，在出现这些情况时，应及时做出反应，在直面问题的同时，做出正确的表率，并且及时引领学生客观地看待问题。高校教育管理者应作为正面的力量去参与营造良好的网络文化，构建和谐的校园文化氛围。

（四）利用新媒体开展好教育工作

在数字化时代，负面作用中最突出的是对学生思想政治的影响。因此，高校教育管理者要转变教育管理的方式方法，根据当代大学生的特点，在将新媒体技术运用到学校教育管理工作的同时，也将其运用到积极、正面、健康的思想引导上，在防范负面意识入侵的同时，运用新媒体做好学生心理问题疏导，充分运用这一平台，通过有意识的活动和展示向学生灌输积极、正面的思想政治内容。如强化优秀事件的良好影响，号召学生参与并学习；强调不良事件的影响，让学生引以为戒，反省自己。

当今社会是信息化的社会，信息技术在飞速发展，新媒体的影响巨大，其在教育领域中也发挥着越来越重要的作用。对此，高校教育管理者要充分分析、了解新媒体带来的好处和问题，并且针对这些问题进行解决方案的实践。本节仅从校园建设方面对数字化时代高校教育管理者的工作模式进行探究，除此之外，高校教育管理者还需要提高自身的信息素养，只有这样才能更好地提高高校教育工作的质量，更好地做到育人、育德。

第三节 数字化时代下高校课堂教学

"互联网+"时代，新媒体技术不断发展，高校教学改革势在必行。本节从高校课堂教学出发，解读新媒体背景下的高校教学特点，分析高校教学环境、教学模式、教学效果中存在的一些问题，探索数字经济时代下的高校课堂教学的改革思路，为提高高校教学质量奠定理论基础。

我国的政治、经济、文化、社会等各方面正随着数字经济时代的到来而在不知不觉中发生着改变。新媒体已然成为新的媒体形式，在工作、学习和生活中广泛传播。新媒体是建立在数字的、计算机的、网络的和通信技术基础之上的各种媒体形式。与传统媒体相比较，新媒体在技术和形式上都发生了很大改变。有些是全新的媒体，如互联网；有些是新旧结合的媒体，如电子报纸。新媒体在一定程度上促使世界和平，促进民主建设，推动教学改革。

一、新媒体背景下高校教学的特点

（一）学生学习自主化

新媒体时代为学生自主学习能力的培养创造了有利条件。在传统教学中，教师发挥主体作用，向学生传播知识与经验，而学生主要以听、记、想来获取知识与间接经验。在课堂上，学生总是被动地接受知识，而非主动地探索科学。随着新媒体技术的发展，"一言堂"的传统教学已经不再是学生求知的唯一形式，教师不再是高高在上的知识权威载体，新媒体为学生提供了更为广阔的求知平台和学习路径。新媒体技术使学生从枯燥、抽象的文字知识中解放出来，而以生动的画面、美妙的音效吸引学生的注意力，提高学生的学习兴趣、学习效率和自主学习能力。新媒体教学使学生由被动学习变为主动学习，真正成为学习的主人。

（二）教师教学丰富化

新媒体时代使教师教学更为生动形象。传道、授业、解惑是教师的主要职责，教师的认知、言行、阅历、修养等决定着学生学习的深度和广度，而教师采用的教学方式、教学方法、教学手段等决定着学生学习效率的高低和教学效果的好坏。高校教师继续以传统教学方法教学，知识传播的时间和空间局限性明显，教学效果往往与教学设计偏离，达不到预期效果。新媒体技术为教学变革带来契机，同时为教师带来机遇和挑战。教师学习新技术，借助新媒体辅助教学可以使课堂变得生动起来，调动学生学习的积极性，活跃学生的思维方式，培养学生的创造力。数字经济时代赋予教师更多的责任，也让教师教学形式越来越丰富。

（三）教学环境数字化

新媒体技术为课堂教学带来了更为丰富的教学内容和教学形式。传统教学以"讲说式"教学为主，通过教师讲解、演说，使学生能够理解、识记。对大部分学生来讲，这种方法生硬、枯燥、抽象，学习效果并不显著，人才培养目标很难实现。"一书、一本、一粉笔"的教学环境已不能适应当前的时代发展，数字化的媒体形态已经慢慢渗透到学生的生活和学习中。众多高校顺应数字化时代的发展，引进新媒体辅助教学工具，加强数字化校园建设，为师生创造适宜的教学环境，实现数字化生活、数字化学习。

二、新媒体背景下高校教学中存在的问题

新媒体为教育传播带来诸多有利条件,但它也会产生一些副作用。

(一)学生意识形态受到冲击

学生生活逐渐被数字化,思想亦逐渐被数字化。数字化了的生活更加便捷,但数字化了的习惯和思想却是一种潜伏的危害。教育的目的不只是让学生掌握知识,更重要的是培养学生自主学习的能力、独立解决问题的能力、探索发现和独立创造的能力。然而,新媒体技术的便捷已经改变了部分学生的学习习惯。这部分学生更加习惯于通过浅表的、及时的、碎片化的阅读来获取信息,认真、深入、持续地研读和探究却渐行渐远。此外,更多的学生利用强大的搜索引擎帮助自己解答疑问,从而独立思考的空间被挤占。这些习惯一旦形成,学生对新媒体会产生依赖,这对独立思考的形成是一种威胁。

(二)教师队伍参差不齐

新媒体时代对教师教学行为有了更高的要求。应对新的教学环境,高校教师应与时俱进,积极学习和运用新媒体技术教学。由于各区域条件、背景等有所不同,各地高校教师技术熟练度和技术覆盖率差异明显。有些年龄大的教师习惯了传统教学模式,不愿意尝试和使用新的教学手段,存在抵触心理,因循守旧,在心理上和能力上都没有适应新媒体教学环境,"一言堂"形式的教学占比依然很大,导致教学与实践脱节;而一些青年教师过分依赖新媒体技术,使其占主导地位,导致教学功能弱化。还有一部分教师,积极采用新媒体形式辅助教学,但是新旧媒体结合力度不够有效,导致在教学资源准备、教学环节时间分配、师生互动等方面发挥不够好。高校教师队伍参差不齐,使教学质量有所下降,偏离了人才培养的方向。

(三)学校管理模式落后

高等教育的人才培养是理论与实践相结合,学生在掌握理论的基础上,掌握科学技术。新媒体技术在发展,高校应提供相应的教学环境和教学工具。部分高校逐渐实现数字化管理,教室、实验室均配备有投影仪等新媒体辅助工具,改善了教学环境,为师生提供了便利。新媒体技术不断变革,如财务共享、云计算等新技术应运而生,指引着经济向前发展,同时推动着高校教育的发展。然而,普通高校的教学环境转变幅度不大,致使教师仍然以局限的教学环境教学,高校教学仍以抽象的理论教学为主,学生的思维模式和创造力培养受到约束。

三、新媒体背景下高校教学模式改革思路

技术在变革,教学也需要随之变革。高校教学应适应新时代的发展,教学模式亟须转变。

(一)加强数字化校园建设和管理

新媒体环境教学在学生能力培养和开发中作用显著,这对高校提出了新的要求,高校应逐渐增加和使用新媒体技术。首先,教室应增设新媒体教学工具,丰富课堂的教学形式和教学内容;其次,高校应加强数字化校园建设与维护,为教师和学生提供网上办公、学习、交流的平台,增加教师与教师之间、教师与学生之间、学生与学生之间的互动。此外,高校还可以与电信企业合作,加大学校网络覆盖面积,为学生提供课堂之外的学习环境,实现学生移动学习、自主学习。

(二)加强教师培训,提高教师专业素质

新媒体时代,教师认真履行终身学习的义务,不断学习深造,加强文化涵养,学习新技术,逐渐增加新媒体使用频率和覆盖率,提高新媒体技术熟练程度、改变传统的教学方法,在教学设计上下功夫,以新媒体为媒介,将枯燥的、生硬的文字以更加立体、生动、形象的方式展现出来。针对新媒体技术应用不当的问题,我们则应通过培训、座谈会等多种手段加以处理,在保证新媒体技术成功提高课堂教学效率的基础上,最大限度地提高其使用水平。教师因材施教,让学生自由学习与自主学习、共性与个性协同发展。

(三)加强学生意识形态管理

新媒体时代,高校亟须加强学生的意识形态管理。首先,高校应树立学生意识形态管理的意识。数字经济时代要求学校管理和教学都要进行数字化转型,但在转型的过程中,新旧融合必须适宜。数字化呈现的内容是虚拟的,代替不了真实的经验和体验。过于依赖新媒体技术学习,会影响学生自主学习能力。高校应加强学生在新媒体环境中的意识形态管理,帮助学生向正确的方向发展。其次,教师应充分结合课程特点,建立适宜的教学模式,可采用以学生为教学主体的参与式教学;或者以新媒体环境教学为主的互动式教学、跨文化教学等。

全球正步入数字经济时代,高等教育面临数字化转型,无论是学校管理、学科建设,还是课堂教学,都紧跟时代步伐,不断创新前进。高校应把握住时代的脉搏,积极探索新媒体技术和高校教学工作的结合点,强化新媒体技术的应用,使其成为提高高校教学质量的有效工具。

第四节　数字化时代下高校媒介素养教育

在数字化时代，媒介素养已经成为现代人必须具备的基本素养。本节以分析当前大学生媒介素养状况为出发点，对高校媒介素养教育的内容和策略进行分析，以期为高校教育实践提供有价值的思路。

在数字化时代，信息的传播速度极大提高，信息传播的范围也大大扩展，文字、图片、视频等各种形式的信息，可以在极短的时间内迅速传播至世界各地。当代大学生是智能手机、电脑等各种现代信息产品的重要使用主体，也是新媒体信息接收和传播的重要人群。思想、观念都不太成熟的大学生，时刻面临着来自各种渠道，包含各种内容、主题、思想的信息，并且很容易被其中的不良信息所浸染，或者成为虚假、负面信息的传播者。这就要求高校必须重视并有效实施对大学生的媒介素养教育。

一、数字化时代下大学生媒介素养现状分析

在数字化时代，媒介素养包含的内容广泛而复杂，概括来说，主要包括在新媒体环境中，收集、处理、应对、利用信息的能力，以及面对各种信息时，所应具有的怀疑精神和道德素养。

从整体上看，数字化时代下的大学生，在媒介素养方面存在一定的不足，具体表现在两个方面：一是作为新媒体信息的接收者，大学生由于政治觉悟、思想认识，以及对信息真假、善恶、优劣的辨别能力弱，往往容易被蕴含着错误思想、价值观念的信息所影响，产生错误的思想观念和行为倾向，影响其形成正确的思想和信念；二是作为新媒体信息传播的主体，很多大学生由于法治观念、思想信念、价值观念的不成熟，甚至存在错误倾向，而成为虚假、负面信息的制造者和传播者，对营造健康、良好的新媒体氛围形成了一定阻碍。

二、数字化时代下高校媒介素养教育的内容

在数字化时代，高校对大学生媒介素养的教育应该着眼于三个方面。首先，在信息知识方面，要通过适宜的教育方式，使大学生在理论上掌握媒介、新媒体的功能和特点，以及数字化时代下信息传播的内容和特点等基础性知识，使他们认识到，在数字化时代，信息的丰富性和复杂性。其次，在信息能力方面，要通过多方面、多形式的教育，培养大学生在新媒体环境中收集、处理、利用信息的能力，使他们学会积极利用各种信息丰富见识、增长能力。最后，在信息道德方面，不仅要培养大学生辨别数字化时代各种信息的优劣，

避免个人的人身、财产、思想因各种新媒体不良的信息受到侵害，还要培养他们自觉维护新媒体环境，不造谣、不传谣，乃至自觉监督、批判、消除新媒体环境中的负面信息，做自由、健康的新媒体环境的守护者。

另外，对大学生媒介素养的教育，除了注意内容的全面性和层次性，还应该注意遵循一定的原则。例如，教育内容和方式要契合大学生的思想、行为、喜好等方面的特点，同时，要注意与社会现实状况相联系，让大学生切实了解和掌握现代社会形势下与新媒体相关的知识、特点、情况等内容。又如，教育过程要体现系统性和专业性。高校要从总体上制订大学生媒介素养教育方案，在实际教育过程中，有效落实方案的每一个步骤和内容。还应该注意大学生媒介素养教育的专业性。重点培养具有丰富、扎实媒介知识和素养的师资力量，或者聘请具有这些能力特点的社会人士，作为大学生的媒介素养教育导师，以保证媒介素养教育的实效。

三、数字化时代下高校媒介素养教育的策略

第一，确定媒介素养教育的重要地位。不可否认，在当前以及可预见的未来，新媒体环境将会向更加多元、先进的方向发展，媒介素养已经成为现代社会人才素养的必要内容之一。与此同时，高校的媒介素养教育应该顺应社会形势的发展，认识到并确定媒介素养教育在整个高校教育体系中的重要地位。只有这样，才能够从整体上规划媒介素养教育的具体内容，有效培养大学生的媒介素养。

第二，构建媒介素养教育的系统课程。在数字化时代，高校的媒介素养教育并非一朝一夕、一时一刻就能够完成的工作。在不断发展变化的数字化时代，高校的媒介素养教育要与其他学科教育，以及思想政治教育一样，建立系统、全面的课程制度和体系，以实现对大学生媒介素养系统、全面、全程性的培养。

第三，丰富媒介素养教育的具体形式。从根本上看，我们所注重培养的学生媒介素养，是一种面对现代媒介和信息环境正确甄别、应对各种信息的能力，具有极强的实践色彩。因此，与之相对应的教育过程，便不应该是呆板、单调的灌输形式，而应该采取囊括知识教育、活动培养、实践锻炼等多种形式，使大学生不仅掌握必备的媒介知识，更具有相应的实践能力，真正培养其素养。

总之，在数字化时代，媒介素养已经成为现代社会人才的必备素养，高校作为培养社会人才的重要主体，应该认识到对大学生媒介素养培养的重要性，采取灵活有效的形式，培养大学生的媒介素养。

第五节　数字化时代下高校心理健康教育

相对于传统媒体，新媒体在为社会发展带来便捷的同时，对生理、心理发展不成熟的高校学生产生了极大的影响，因此对高校心理健康教育来说，新媒体技术既带来了机遇，也迎来了不小的挑战。本节通过分析新媒体对高校心理健康教育的积极影响和消极影响，对高校心理健康教育提出建议和参考。

2021年8月27日，中国互联网络信息中心（CNNIC）在京发布第48次《中国互联网络发展状况统计报告》（以下简称《报告》）。《报告》指出，截至2021年6月，我国网民规模为10.11亿人，互联网普及率达71.6%。截至2021年6月，我国手机网民规模达10.07亿人，较2020年12月增长2092万人，网民使用手机上网的比例为99.6%，与2020年12月基本持平。近年来，随着互联网的普及和信息技术的快速发展，在数字技术、网络技术和移动通信技术的加持下，形成诸多新媒体形态，对在网民中占比较高的高校学生群体的生活方式、学习、心理和行为习惯产生极大的影响。因此，对高校心理健康教育来说，新媒体技术既带来了机遇，也迎来了挑战。因此，有必要探讨新媒体对高校学生心理健康的影响，以充分发挥新媒体对高校学生的积极影响，使消极影响降到最低。

"新媒体"（New media）概念最早是由P.戈尔德马克（Peter Carl Goldmark）于1967年提出。但对新媒体的界定，学者们众说纷纭，至今没有定论。清华大学熊澄宇教授认为，新媒体是相对于传统媒体（报刊、广播和电视等）而言的宽泛概念，同时是一个不断变化的概念，它是建立在现代通信技术和计算机信息处理技术基础上的媒体形态。新传媒产业联盟秘书王斌认为，新媒体是以数字信息技术为基础、以互动传播为特点，具有创新形态的媒体。中国传媒大学宫承波教授认为，新媒体是一种依托数字技术、互联网络技术、移动通信技术等新技术向受众提供信息服务的传播媒介。

概括来说，新媒体是以数字技术、计算机技术、网络通信技术、移动技术等为基础，以现代互联网、无线通信网、数字电视网和卫星等为通信手段，通过电脑、数字电视、移动终端等设备，实现与受众（用户）间信息交互和娱乐服务的传播形态。它的主要特点为个性化与社群化、交互性与即时性、新媒体与超文本、海量性与共享性。

一、新媒体对高校学生心理的影响

新媒体作为一种新的信息获取和传递工具，正改变着高校学生的生活方式和行为习惯，对正处在心理成长和发展关键时期的学生来说，既有积极的影响，也有较大的心理冲击。

（一）新媒体对高校学生的积极影响

新媒体有助于快速获取多元信息。新媒体作为具有巨量信息资源、快速传播速度、自由信息获取的全新传播形态，为高校学生提供了更便捷的信息获取渠道。学生可以通过多种方式快速获取需要的信息，其信息量之大、获取速度之快是以往任何信息传播平台都无可比拟的。这有利于高校学生拓宽视野，积极主动地认知和探索世界。这也在一定程度上丰富了大学生的文化内涵，从客观上推动了大学生对多元文化的思考，从而促进其全面发展。

新媒体有助于表达思想、交流情感。数字化时代下，独特的网络介质使信息传播者与接受者的关系走向平等，每个人既是信息的接受者，又是信息的制造者，可以自由地发布信息、分享思想、交流情感。新媒体的这种平等性和交互性，使高校学生拥有真正意义上的话语权和表达权，可以自主地选择信息、表达信息、传递信息。借助微信、微博、QQ 等丰富的新媒体平台，学生可以表达情感、倾诉内心、交流思想，获得支持和理解、缓解心理压力、化解不良情绪，使沟通交流不受时间和地域限制，有效扩大社交圈，有助于其心理的健康发展。

新媒体有助于自主成长。新媒体相较于传统媒体内容更丰富、表达更自由、管理更开放。高校学生可以在开放的网络空间里自由地进行信息搜索和阅览，自主学习、自主交流，并针对热点问题表达自己的观点，发表自己的见解，提出自己的诉求，进而提高学生对问题的分析能力和是非判断能力，培养学生独立思考、自我反思的良好习惯，彰显独立人格，增强学生的社会适应能力，对提高综合素质、促进自我成长非常有利。

（二）新媒体对高校学生的消极影响

信息复杂，容易导致认知障碍，造成认知失衡。高校学生在心理和社会认知等方面发展还不成熟，明辨信息的能力和独立判断能力不足，面对新媒体信息的巨量性和复杂性，无法准确剔除垃圾信息、明辨网络谣言，容易出现盲从，甚至成为谣言的制造者和传播者。

生活虚拟化，造成与现实隔离，引发心理障碍。新媒体带来的虚拟网络环境，因其匿名性和自由性，学生可以以隐匿的角色沉浸其中，随意展示理想化的自己，掩饰自己的缺点和不足，自由表达甚至肆意妄为，给他们带来极大的满足感和心理诱惑，他们留恋于此，将主要人际交往转向虚拟空间，造成与现实隔离。降低了理性思维的能力，也使他们在现实世界的人际交往能力不断弱化，出现孤独、冷漠、自我封闭等心理异常，并导致焦虑、抑郁等心理问题。此外，高频率地使用社交媒介令其对虚拟社交产生强烈的情感联结，并沉溺于虚拟环境中，他们时时刻刻都处在接收信息与发送信息的状态，一旦与他人的网络联系交往中断，焦虑、抑郁、沮丧情绪就会表现出来。

环境的开放性，容易引发成瘾和道德失范。在新媒体世界虚拟自由的环境里，人们受到的监管远没有现实世界严格，参与者可以扮演各种角色，塑造"完美化"的虚拟形象，满足自己的精神需求，忘却自己真实的社会身份和社会责任，沉迷于网络，造成依赖、网络成瘾。此外，由于网络的虚拟性和开放性弱化了传统道德的约束力，加上网络法律和制度不健全，缺乏如传统社会有效的道德、法律约束，一些高校学生就可能出现道德失范行为，如网络攻击、侵犯知识产权、网络欺诈、滥用个人信息等。

二、新媒体背景下优化高校心理健康教育的建议

新媒体给大学生心理健康带来双重影响的同时，给大学生心理健康教育带来了机遇和挑战，对于高校心理健康教育工作，应积极采取措施更新心理健康教育观念，优化现有教育模式，提高教师队伍信息化素养，充分发挥新媒体的优势，最大限度地减少新媒体带来的负面影响。

（一）更新教育理念

新媒体时代心理健康教育工作者在开展工作时，要转变教育理念以适应新媒体带来的改变。一是变学校教育为主为家庭、学校、社会"三位一体"。学生心理健康的影响因素涉及方方面面，单靠学校教师的教育远远不够，需要建立学校、家庭和社会共同参与的大学生心理健康教育体系。二是变单独依靠心理教师为各科教师共同参与。心理教师是心理健康教育工作的主要承担者，向学生介绍心理健康知识，介绍自我心理调适的方法。但心理健康教育不应局限于此，各科教师都应参与其中，除在课堂教学中用心理学知识对大学生的感知能力、注意力、创新能力进行训练外，还可通过案例激励学生积极、上进，保持阳光心态。三是变消极应对为积极发展。心理健康教育应以教育发展型模式为取向，以全体学生为服务对象，以培养学生积极的心理素质和健全人格、激发学生的内在成长潜能为主要任务，而不是仅仅关注问题。四是变外部干预为心理自助。应发挥学生的主动性，使他们在深化自我认知、自我体验和自我控制中促进自身成长。五是变事后补救为事前预防。如心理健康教育只关注解决问题，将会处于被动地位，新媒体时代应通过信息手段及时掌握学生的心理动态，提前介入预防，避免异常状况出现。

（二）优化校园网络环境，培养学生正确的网络观，养成良好媒体使用习惯

生活环境对一个人成长和发展的影响是不容忽视的，尤其在信息资源丰富、开放性强的新媒体时代，新媒体诸多形态所形成的舆论及渗透其中的价值观对大学生的思想观念和心理品质影响甚大。第一，高校在建设校园网络时，做好网络过滤，把好网络环境最后一道关，创造健康的上网环境。第二，强化大学生网络教育，提高他们对网络信息的甄别和筛选能力，能正确看待网络事件，不盲从、不轻易相信流言，遵守网络道德，把握自身行为，提高大学生的媒介素养，降低不良网络信息给自身带来的心理冲击。第三，多方位开

展健康有益的校园文化活动，丰富学生的校园文化生活，提高学生的文化修养，增强自我约束、自我管理和自我监督的能力以及行动自觉的能力，引导学生合理规划上网时间，避免沉迷网络，进而充分利用新媒体的信息资源优势，关注与学习生活密切相关的各类资讯，发挥新媒体的积极作用，抑制消极作用，使学生不至于沦为"技术的奴隶"。

（三）提高心理健康教育教师队伍素养

新媒体的快速发展，对心理健康教育工作者也提出了更高的要求，高校应根据新媒体的特点，持续提高心理健康教育队伍的专业素养和信息化素养。首先，要提高高校心理健康教育教师队伍的专业化水平和能力。数字化时代下的心理健康教育绝不能脱离教师的教育，相反给教师的专业水平提出了更高的要求。当前一些高校的心理健康教师队伍的专业化、职业化水平不高，大部分高校的专职心理健康教师数量非常有限，他们既要进行心理咨询，还要承担心理健康教育课。因此，就吸收辅导员、学工部的工作人员，甚至无心理学基础的教师来承担心理健康教育工作，将心理咨询、心理健康教育与学生辅导、德育工作混为一谈，专业化水平不高。其次，提高高校心理健康教育工作者的信息素养。数字化时代下的心理健康教育者，除了需要具备心理学专业技能和实践经验，还需要具有信息意识和信息能力，熟练掌握网络技术。教育者只有通过亲身接触并运用新媒体，才能感受各种新媒体作为心理空间的基本特征以及其中的心理体验，了解学生真实的内心世界；只有了解新媒体特征，熟悉网络文化特点，才能熟练运用各种媒体技术与学生进行沟通、交流，开展心理健康教育工作。

（四）打造多功能、多渠道的心理健康教育新媒体平台

新媒体的重要特点在于其开放性、便利性、实时性和隐秘性。要充分发挥新媒体的优势，就需要构建集心理教育资源共享、咨询预约、网络咨询交流、自我心理评估等功能于一体的心理健康教育新媒体平台，如心理健康微信公众号、心理健康网络主页、心理论坛。通过这些平台为学生提供包括心理健康基础知识、微课、自我调节方法以及心理健康视听资料；使学生在遇到困惑或心理问题时能及时寻求支持、及时得到帮助，突破时空限制；使学生在平台上通过分享励志健康向上的案例、文学作品和自身经历等，实现心理自助和行为的支持，帮助学生从感同身受中获得启发、产生共鸣，进而调动自我改变的积极性和主动性；使学生进行认知、情绪、人际关系等心理测试，了解自己的心理健康状况；还可以使学生及时了解学校有关心理健康的热点新闻和工作动态，并积极参与有关活动。

第六节　数字化时代下高校教育教学改革

一、翻转课堂与高校教育教学改革

翻转课堂作为一种网络新兴互动式教学模式已经被国内外运用到教学当中。高校教师应借助国内外一流的教学资源，借用新媒体协助设计高校课堂教学的新模式，实现高校课程教学模式改革。本节介绍了翻转课堂的由来和发展，以及其在目前高校教学中的应用情况，提出了翻转课堂在高校教学中教学模式的设计及一些思考。

（一）翻转课堂在高校教学中应用的必要性

1. 教育信息化大背景

教育信息化是国内各所高校教学改革的重要方向。全国各所高校唱响了教育信息化的改革之歌。改革要求高校教育与现代信息技术密切结合，深化高校教学模式改革。现代信息技术的发展为"微课""慕课"等翻转课堂新模式的推行提供了有力的技术保障。信息技术的飞速发展也使得学生不能仅仅满足于用传统的"啃书本""填鸭式"施教方式灌输知识、应付式对待考试等，因此高校教学模式改革呼之欲出，教育现代化为翻转课堂的推行提供了信息技术保障。

2. "以学生为中心"的教学理念的推广

传统的教学模式多是"以教师为中心"，但是随着教学改革的步步深入，随着以信息化技术为代表的现代科学技术日新月异的发展，教育界的声音普遍转向了"学生才是课堂的主体和中心"，教师仅仅是整个教学过程中的指导者、引路人、评价者，学生才是知识的探索者、主动参与者。但是学生探索知识的过程，需要教师的指引、带领，这样才能少走弯路，顺利完成学习任务和目标。因此，教师如何将"以学生为中心"的教学理念在课堂教学中恰当地加以运用成了每位教师都应该认真思考的问题。翻转课堂为实现"以学生为中心"提供了更多的教学模式。

3. 学生的学习习惯和学习要求的改变

随着互联网技术的发展，计算机、平板电脑、智能手机等新科技产品的普及，学生的学习方式、学习习惯和学习要求都发生了很大的改变。学生的学习不再仅仅依靠书本，而是会运用互联网和手提电脑、智能手机、学习软件、社交软件等方式来辅助学习，以达到更好的学习效果。单一的书本知识很难吸引经常在网络上接受立体化呈现信息的当代高校在读学生。翻转课堂可以激发学生的学习潜能和积极性，顺应学生运用互联网和现代信息技术设备学习的潮流，获得更好的学习效果。知识的输入，特别是重点、难点的输入可以让学生自学完成；知识的输出，可以在课堂上完成，教师在课堂内外给予指导和及时评价，与学生的学习兴趣和学习方式的转变一拍即合。

（二）目前翻转课堂在高校教学中的应用

现阶段，高校教学翻转课堂大致可分为两个阶段——课堂前与课堂上，笔者认为在大学的教学过程中可运用翻转课堂，将其更具体地分为以下三个阶段：上课前、上课中和上课后。

1. 上课前

第一，向学生公布并仔细分析课程学习任务书，使学生明确地了解所学课程的教学目标和学习目标。第二，考虑到学生为不同学习基础的教学对象，可以初步尝试分层教学，因此课程教师通过网络收集与课程相关的学习资料后，还要根据学习资料的难易程度，将教学视频进行难易程度的分类。在要求学生观看学习视频的同时，教师要根据教学目标给学生布置相关学习任务，并要求学生自我检查学习任务的完成情况。第三，教师要求学生在观看视频学习的过程中做相关笔记，总结知识点和记录学习疑问以供课堂讨论，发现学习中的重难点。学习视频的收集可以通过各系及教研组集体备课时，由备课组组长进行分工，教师利用课余时间收集完成，再开会进行讨论、分类，最后确定每门课程的学习视频资料。

2. 上课中

上课前，教师已经将教学重要内容通过网络把学习视频传递给了学生，在课堂上需要对学生课前自学视频的学习效果进行测评和评价。对测评结果的评价、分析、总结，组织学生对课前视频学习没弄懂的地方提问，在课堂上完成相关课程的教学目标、教学任务。课堂上，教师还可以提供一些与学习内容的重点、难点相关的问题，学生容易混淆的问题，考试常考的问题，作为课堂教学内容的补充，鼓励学生思考问题，并引导学生自己找到答案，这样课堂上的难点、重点、知识点就更容易被学生掌握消化。

3. 上课后

每次上课后，教师可借助信息化网络手段，如短信、QQ、邮件、微信等与学生沟通，通过学生的反馈和存在的疑问，教师可以得知学生对哪些知识还存在疑问，同时反思自己的课程安排和设计，不断完善授课教学视频的选择及教学方式和手段，使翻转课堂的效果越来越好。学院可以要求各系各课程教师建立 QQ 群或者微信群，更方便师生参与课内外各种形式的交流和学习。在互联网平台上，各任课教师上传各种音频、视频资料，包括 PPT 和 Word 文档讲解具体的知识难点和重点。教师多和学生通过互联网平台交流沟通，更容易让学生对教师产生信任，激发学生的学习兴趣，培养师生感情，形成更好的师生关系，从而达到更好的教学效果。

（三）翻转课堂在高校教学中的教学模式设计

1. 翻转课堂体现新的教学结构和教学理念

翻转课堂更注重学习过程，由"先教后学"转为"先学后教"，对学习结果的测评采取了结合网络手段等更为灵活的方式进行。课前，教师收集课堂教学相关视频，并对视频进行分类，根据视频的难易程度，在教学中实现分层教学，并在课堂教学中对所有学生进行统一指导。具体知识点的传授是学生在课前自己完成的，教师不仅需要提供各类视频资料给学生课前自学，还要通过微信、QQ、短消息等方式对学生的学习进行在线指导。知识点的吸收消化、疑难解答是在课堂上通过师生互动完成的。翻转课堂新的教学结构包括教师与学生的沟通、学生之间的相互沟通，同时提高了沟通的效率和效果。

2. 微视频

微视频的录制需要考虑教学目标、教学设计、教学重点难点、学生的分层情况、练习作业、考试方式等，因此，个别体现教学特色的视频可以由教师个人来设计完成，但是通常情况下，整门课程的微视频系列可以通过学院集体购买或者共同分工完成的方式。翻转课堂不能仅仅理解为"课前观看微视频＋课中讨论"。

3. 高校课程翻转课堂的整体设计

学院想要通过翻转课堂提高教学质量，需要对学院所开设的所有课程组织进行统一设计，而不是任由各个课程自行组织。教学设计上，上课前，学生先要观看教学视频，然后要进行有导向性的练习；上课中，学生先要快速完成少量的测验，接下来通过解决问题来完成知识的内化；上课后，要进行总结和反馈。

4. 教学策略设计

准时评价策略。教师对翻转课堂课程的评价可以通过网络形式完成，也可以通过其他方式完成，如课堂提问、每周或每月小测验、课后练习、听写等。准时评价策略能使教师非常及时地了解学生掌握知识的程度，并及时调整教学设计和教学进度，以达到更好的教学效果。教师可以将整个翻转课堂的全部任务在课堂上完成，尽量不占用或少占用学生课外时间，课堂上给出时间让学生自学教学内容（自学方法如下：手机网络查询、教师播放教学视频、小组分工合作查阅参考资料等）。自学时间结束后，教师再对知识重难点进行讲解、总结，并对学生的表现进行及时的教学评价。

（四）对在高校课程实施翻转课堂的一些思考

对所有课程进行统一设计，而不是某节课、某位教师的单独调整。整门课程的整体统筹规划很重要，因为学生每天高效学习、集中精力学习的时间是非常有限的。假设学生一天学习所学的每门课程都有翻转课堂的课外学习任务，作为学生就会明显感觉学习负担很重，最终可能会严重影响学生的学习效果。因此，教师布置的视频文件所需要的时间总量要进行科学的控制。课前观看视频，是为了课堂效果更好，课堂效率更高。因此，对课前视频的选择一定要谨慎，内容恰当，数量合适，这样才能够很好地为课堂教学质量铺路。

可以发挥整个高校优秀专业的优势，借助专业的教学设计团队来设计优质教学资源，通过共享优质教学资源，使更多优质教学资源进入实施翻转课堂的学校和专业。这种共享合作模式既可以保证微课程的质量，又可以保证教师将更多的精力投入翻转课堂的其他教学设计过程（课堂组织、课堂交流、课堂评价等）中。翻转课堂的教学质量得以保证了，才能促进翻转课堂的普及及发展。

二、新媒体与高校课堂讨论式教学

课堂讨论式教学模式在我国高等院校课堂教学中越来越受到重视。新媒体技术的出现和快速发展对高校课堂讨论式教学模式产生了重大影响，特别是对高校课堂讨论式教学中教师的角色转换、学生主体地位的塑造以及教学内容的数量、选择、构成和获取方式影响很大。

课堂教学是大学教学的主要组织形式，课堂教学的有效运行离不开教师、学生和教学内容等，构成高校课堂教学系统的核心要素之间的有机结合与相互作用。随着新媒体的出现与快速发展，传统的高校讨论式教学模式面临着严峻挑战。本节将研究新媒体对高校课堂讨论式教学模式核心要素——教师、学生和教学内容的影响，以期对当下我国高校的课堂教学改革有所帮助。

（一）新媒体对高校课堂讨论式教学模式中教师的影响

高校课堂讨论式教学模式是以课堂讨论为主导的教学模式，因此怎样组织课堂讨论，怎样保证课堂讨论有效进行是高校课堂讨论式教学模式的中心环节。一般来说，有效的课堂讨论式教学模式的运行可以分为三个主要阶段，即讨论前准备、正式讨论、总结评价。在三个阶段中，教师的作用体现为确定讨论目的、选择讨论题目、制定讨论规则、选择讨论方式，组织、引导、控制讨论过程，及时总结评价讨论结果。显然，在高校课堂讨论式教学模式中，教师的角色已经由传统课堂教学中的纯粹知识传授者（兼具管理者与权威者角色），演变为课堂教学的组织者、引导者、启发者、评价者。高校课堂讨论式教学模式改变了传统教学模式中教师和学生的地位，强调了学生在学习过程中的主体性作用。该模式要求整个教学过程都要在教师的具体指导下，充分发挥学生的学习能动性，让学生通过自我学习、自我教育、自我提高来获取知识和强化其能力的培养。这种教学模式把学习的主动权交给了学生，而教师的指导则表现为示范性讲授、启发思维、解析疑难等。

新媒体出现以后，新媒体所具有的交互性、即时性、开放性、个性化、分众性、融合性、信息的海量性、易于传播、检索便捷等特征，促进了上述高校教师角色的转化。

首先，新媒体技术的发展把人类带进了所谓的"大数据时代"。在这一时代，互联网储存了海量信息，高校学生借助新媒体技术可以在任何时间、任何地点轻易获取。这种情况从根本上打破了传统媒体时代教师垄断知识的局面，使教师在课堂上仅仅作为知识传授者的中介角色不得不发生改变，即教师在课堂上需从文化知识的传播者转变为课堂教学的组织者、引导者、启发者、评价者以及学习和创新能力的培育者，从而加速了高校课堂教学模式从以教师为中心向以学生为中心的转变，为高校课堂讨论式教学模式成为主流教学模式奠定了技术前提。

其次，在新媒体时代，为了保证课堂讨论顺利进行，高校教师还应成为学生信息能力的培育者。在当今新媒体技术迅速发展和信息资源激增的环境下，高校学生在准备课堂讨论过程中面临着各种数量巨大的信息选择。他们可以通过图书馆信息中心和互联网等获取信息，但这些信息往往以未经过滤的形式传递给个人，使高校学生对其真实性、合法性和可靠性产生怀疑，信息质量的不确定性和数量的日益膨胀对大学生认识、评价信息提出了新的要求。如果没有有效获取、甄别和利用信息所必备的能力，高校学生将无法高效地准备课堂讨论材料和参与课堂讨论。因而，高校教师有义务通过调动学生的学习主动性和积极性，提高他们的信息素养和获取信息的能力，以及充分利用信息资源快速、高效地解决问题的能力。

最后，高校教师还应该是新媒体技术进入讨论式课堂教学实践的先行者和倡导者。新媒体技术发展使随时上网、即时交流变得轻松便捷，微博、微信等交流工具自产生以来，在高校学生群体中受到了热烈的欢迎，它们提供了平等、开放的人际交流平台，符合高校学生渴望受到关注、乐于展示自我的个性化需求。此外，随着校园网络的建设与完善，高校学生的上网方式趋向多元化。除了电脑，还可以使用 iPad、手机等多种方式轻松便捷地上网发布信息和接收信息，进行互动交流。这些都将新媒体技术引入高校课堂讨论式教学实践成为可能。这就要求教师不仅要具有良好的专业知识和课堂讲授方法，同时能够娴熟地使用各种新媒体技术，包括自行设计结构清晰、内容丰富、趣味性和互动性强的教学课件（如网页文件、演示文稿、动画课件等）；利用微博、微信等工具提供的网络空间，发布各种学习资料，除了提供各种参考资料的链接，还可以向学生提供更多的课堂讨论主题的背景资料。借助微博等新媒体平台可以要求学生开展课前预习、开放式讨论、课后巩固、教学反馈等一系列的教学活动。教师还可以利用新媒体技术创设各种教学情境，调动学生的多种感官功能，使学生的学习更加直观、形象等。

（二）新媒体对高校课堂讨论式教学模式中学生的影响

高校课堂讨论式教学模式不仅使教师在课堂教学中的角色和地位发生了变化，也改变了课堂教学中学生纯粹、被动和机械的知识接受者的地位。在课堂讨论式教学模式下，教师由台前退居幕后，学生在讨论中成为主角。教师的大量工作从课堂讲授转变成课前的教学情境设计和讨论的组织与评定，给学生提供了更多选择参与课堂教学活动的机会，拓展了学生阅读、独立思考的空间和时间，最大限度地启发学生对学术问题和未知世界的自由

数字化时代下高校教育教学管理创新研究

探索，激发学生自主学习的兴趣和主动学习的热情，培养学生的创新意识、研究能力和合作精神。用一句话来说，高校课堂讨论式教学模式大大提高了学生在课堂教学过程中的主体地位，新媒体的出现则使大学生的这种主体地位得到了加强。

　　首先，新媒体技术提高了高校学生对课堂讨论式教学的参与性，主要表现为三点。第一，在高校课堂讨论式教学模式下，为了保证课堂讨论的有效进行，学生需对所要讨论的问题进行充分了解。当教师确定讨论主题后，学生需围绕讨论主题自主查找、分析资料。新媒体技术所具有的信息海量性、易于传播、检索便捷等特征，为大学生自主查找资料提供了可能和多种渠道。课堂讨论式教学活动需要的资料和信息，很大一部分可以通过网络直接获得，大大节省了查找资料的时间，提高了学习效率。第二，提高了高校学生参与课堂讨论的积极性和主动性。高校课堂讨论式教学整个过程以问题的提出与解决为始终，能够诱发学生强烈的求知欲和高涨的学习热情。它符合大学生的心理特征，创造了民主、平等的新型师生关系，从而易于调动学生的学习积极性，改变学生在学习中的被动态度，激发学生的学习兴趣，突显学生的主体性地位，使学生视学习为乐事，主动学、积极学。新媒体技术由于能够提供界面友好、形象直观的交互式学习环境，有利于激发学生的学习兴趣，进行协作学习；学生利用新媒体技术根据自己的兴趣爱好，查看有关背景文化知识、趣闻逸事，有利于提高学生学习的积极性，更有利于其适应当今信息化的时代。第三，新媒体技术能够创设教学情境，调动学生的多种感官，使学生的学习更加直观、形象，有利于教学的开展。利用新媒体工具，教师可以就教学内容设计出富有趣味性、探索性、适应性和开放性的情境性问题，并为学生提供适当的指导，通过精心设置，巧妙地布置学习目标任务，让学生产生认知困惑，通过形成认知冲突强化对新知识、新内容的接受度。

　　其次，新媒体帮助学生快速实现从被动学习向自主学习角色的转变。现代教育理论认为，教师和学生是教育活动中的两个基本要素，学生是受教育者，但不完全是被动接受教育的，具有主观能动性，一切教育的影响必须通过学生的主动积极性才能达到预期的效果。课堂讨论式教学模式强调以学生为主体、以教师为指导、以学生自主探索为主线、以问题解决为目标，这与自主学习的含义基本上是一致的。自主学习并不等同于独立学习，其表现为一种自我意识上的主动学习。从学习的角度来看，自主学习能对学习的各个方面自觉做出选择和控制。新媒体自由、平等、快捷的传播氛围，引导着大学生分享智慧、探究真理，能够充分地调动学生的主动性和积极性，这也成为自主学习的理想状态。例如，数字化时代下，学生自学模式突破了看书或翻阅笔记获取知识的唯一渠道，他们可以根据自己的需求，在合适的时间、合适的地点、合适的条件下，反复利用网络点播、观看多种资源，包括教师的教案、参考资料等丰富的背景资源。同时，可以把有价值的资料下载、复制、加工、打印出来，以便个人保存；也可以自行考试、自己设计、模拟实验、机对机讨论，帮助学生真正成为学习的主人，从而建立一种综合性、创造性、灵活性极强的自主性学习模式。

　　最后，新媒体技术为大学生的个性化学习提供了条件。个性化学习是以学习者为中心的自主性学习。就大学生的个性化学习而言，学习者本身已经具备主体性学习的意识，其学习行为的自主性尤为明显。大学时期是个性化学习策略实施的最佳阶段。大学生的个性化学习行为可以离开教室，离开专任教师的指导，不受时空限制，学习手段和学习过程更加灵活。只要学习资源和学习环境具备，就可进行自主性的个性化学习。个性化学习注重学生的个性化培养，尊重学生个体，充分发挥学生的兴趣特长，为每个学生制订不同的学习计划，充分挖掘学生自身的潜力。因此，个性化学习是高校创新型人才培养的必然选择，与高校课堂讨论式教学模式的目标基本一致。

在数字化时代下，新媒体技术所带来的信息海量性、易于传播、便于检索等特征，使个人可以得到需要的所有信息，使个人在任何时间和任何地点学习以及个人掌握学习的主动权和控制权成为现实，从而为高校学生的个性化学习创造条件。在新媒体技术的影响下，海量知识的分享和有效共享成为时代发展的典型特征，知识的获取已经变得非常便利，个性化的资源服务体系已经形成。几乎每所高校都有网络学习资源平台，其中包含文献资料、图书视频、外语学习、专业课程等电子图书馆、电子阅览室等学习资源，凡是学生所需的各种资料，高校几乎都会实现资源共享。数字化时代下，个性化的学习资源已经创造了"按需选学"的个性化自主学习条件，个性化的学习环境已经具备。同时，新媒体的普及性、灵活性和互动性使线上线下自主学习可以相互促进、相互渗透，给大学生个性化学习方式提供了多种选择。学生能依据自身需求，与其他人建立起联系，并进行沟通。知识关系网络除了可以建立人际网以外，还可以产生知识语义网络。学生可以根据自己的兴趣、爱好建立一定的学习圈子、兴趣圈子和互助圈子，在这些圈子里可以找到其他的学习者、知识的发布者、媒体的编辑，以及该领域的权威，更重要的是可以和专家进行交流。同时，圈子内部可以在某个时间内共同确定学习目标、内容和方法，通过圈子内部交流进行评价和反馈，自主控制学习过程。

（三）新媒体对高校课堂讨论式教学模式中教学内容的影响

此处的教学内容主要是指高校教师在课堂讨论式教学模式运行过程（讨论前准备、正式讨论、总结评价）中，向学生呈现和传递的一切材料和信息。新媒体的出现使传统媒体环境下课堂讨论所涉及的教学内容，在数量、选择、构成和获取方式方面都发生了重大变化。

首先，在教学内容的数量方面，新媒体已将人类带进了所谓的大数据时代，信息具有海量性。和传统媒体中报纸、电视、广播的版面或者时间是有限的不同，数字化网络媒体的容量从理论上来说是无限的。互联网的不断更新，其网站的内容通常是由普通用户发布，使用户既是网站内容的浏览者也是网站内容的制造者，人人都可以成为信息源。网络媒体又具有超文本和超链接功能，可以将各种载体上的信息以及各种类型相关信息聚合连接起来，使网络信息的内容在理论上有着无限的扩展性和丰富性。这就注定了其信息空间的无止境，可以满足各方面人士的需求，也为高校教师在课堂讨论式教学中向学生提供更有价值的教学内容和自主学习提供了更多的选择。

其次，在教学内容的选择和构成方面，传统媒体下，高校课堂讨论式教学模式中的教学内容主要由教师选择并单向提供给学生，学生只是被动的接受者。教师选择的教学内容主要来自各领域权威者提供内容的图书馆，即使是在互联网 Web1.0 时代，由网络或图书馆提供的教学内容虽然已经数字化，但是并没有改变这些教学内容主要由权威者发布和教师选择的性质。随着互联网的深入发展，网站为用户提供了更多参与的机会。例如，wiki 就是典型的用户创造内容的网站，而 tag 技术（用户设置标签）将传统网站中的信息分类工作直接交给用户来完成。在此情形下，如果教师选择的教学内容来源于网络，教学内容就可能是由权威者和包括学生在内的普通网民共同提供，只是包括学生在内的普通网民在网络上分享的知识可能仅仅是针对某个非常具体的知识点或者问题。

最后，新媒体为学生获取课堂讨论的教学内容提供了便利。和传统媒体时代学生获取教学内容主要通过课堂形式不同，借助新媒体技术，学生可以在任何时间、任何地点获取教学内容。例如，在现代网络背景下，学生可以利用即时通信、手机、微博、微信、邮件等随时随地获取教学内容，因此用户很难察觉到通信对方的终端变化，这就更有利于师生之间的交互。另外，在现代互联网背景下，普通学生也有可能和领域专家进行交流，学生也更容易参加虚拟的讲座或者会议。

三、数字化时代下高校教学资源变革

新型的移动互联网与各种智能移动产品在生活中正发挥着越来越重要的作用。新媒体已成为传媒界最火热的话题，同时成为最流行的生活方式。目前，无论中小学还是高校，都在结合新媒体环境进行教学活动和人才培养，新媒体已对传统的教学模式产生强烈冲击，促使高校的教学资源正发生着快速变革。因此，如何利用好新媒体的良好发展趋势进行高校教学和人才培养，是现阶段研究中的重要课题。

（一）数字化时代下高校教学资源变革

1. 新媒体的发展背景

新媒体是随着教育数字化、教育信息化的发展，运用各种各样的媒体技术手段，通过各级各类教育资源的相继融合，快速发展的新型媒介形式。对于新媒体的定义，国内外专家的观点大相径庭。联合国教科文组织曾经对新媒体下过一个定义：新媒体即网络媒体。同时，国内外学者将其定义为"以数字技术为基础，以网络为载体进行信息传播的媒介"。

与传统媒体相比，新媒体有许多特别之处。首先，新媒体利用图片、声音、视频等手段，全方位地为接受者提供信息原貌，还原最真实清晰的信息。其次，新媒体的传播形式不受时间、地点限制，接受者可通过手机、网络随时随地进行信息接收，及时有效地传播信息。最后，新媒体具有较高的交互性和个性化，人们可根据自身需求对信息进行筛选，通过个人需求制定传播模式并及时反馈，把不同人的不同想法进行汇总及思想碰撞，进而产生新的观点和想法。

新媒体的发展推动了终身教育思想的发展，对高校教育、成人教育、社会教育产生了一定影响，尤其凭借其表现性、交互性和智能性丰富了课堂教学，为高校教育带来了巨大改变。

2. 数字化时代下新技术与高校教学的整合

在传统的高校教育中，教师灌输给学生知识，学生安静地听课，知识仅仅是单向的传递过程。在高校教学中引入新媒体技术，不仅改变了传统的教学方式，同时为教学资源建设提供了更广阔的发展前景。

在高校教学研究中，将新媒体技术作为研究的主要对象，对新媒体的分析更加透彻，在看待新媒体技术的问题上也更加全面，使高校教学与新媒体的整合有着更清晰的脉络、更具多元化。

（二）数字化时代下高校教学资源建设的发展

1. 高校教学资源的表现形式

数字化、信息化是数字化时代下信息资源的主要表现形式。高校的硬件设备齐全、资源多样，如网络教室、语言实验室、微格教学系统、虚拟现实教室等。大学生自主在互联网上进行线上学习、随堂听课、及时反馈，基于机器进行自动评分和定期开课，利用互联网和 FTP 服务器及 FTP 客户端上交作业，这些都为大学生的学习提供了便利。数字媒体是高校教学资源形态结构的一种类型，新媒体传播技术的发展使信息化教学模式变得可行和现实，把知识传授的过程放在教室外，使学生在课下接受新知识；把知识的内化过程留在教室中，以便上课时能有更多时间进行沟通和交流。教师的责任是解决学生遗留的问题并引导学生运用知识，高校的教学活动存在于一定的时空中，在时间上表现为教学活动的安排方式，空间上表现为教学理论、教学目标、教学活动中的师生地位及其关系。

2. 高校教学资源的交互平台

在网络化的信息交流平台中，信息平台具有融合化、移动化及宽带化的特点。线上平台建设也很重要，为教学资源共享提供可能的条件，是高校教学资源的基本属性，对于分布不合理的、建设重复的高校资源都能够有效解决，使高校资源配置更加合理，结构资源更加优化，高校教学资源得到充分利用，资源价值得到充分提高。网络的发展及科技的进步也促进了资源的发展，将新媒体教学融入各个领域中，借用信息技术有效传播信息内容。网络平台是交流平台的主体，它决定了信息交流的多维度和自由性，并充分保证了资源共享及教学实践应用。

随着 MOOC 和微课的发展，有效发挥交互平台在教学资源建设中的作用十分重要。教师通过线上教学和远程教学，使学生可以随时随地进行学习、访问，在线把疑难点反馈给教师。这种媒体教学模式是网络教学的一种重要形式，学习者可通过网络随时学习课程，对于不懂的知识，可进行暂停、后退、前进等控制。目前，高校热门课程师资紧缺，基于新媒体技术的实时网络同步授课，可使不同学校之间实现资源共享，获得较好的教学效果。大学生在线学习平台为学生提供了便利，"数字学校"方便了学生查找自己的成绩和复习资料，同学之间也可以相互交流新知识，真正做到资源共享。

3. 新媒体教学资源对大学生学习方式的变革

移动式学习：在 Wi-Fi 以及 5G 上网越来越普遍的新媒体传播时代，新媒体使大学生摆脱了时空限制。在课堂以外，随时随地都可利用新媒体工具查阅学习信息，进行资源共享，帮助学生更好地实现并完成自主学习。

跨国交流：高等教育国际化的趋势不断增强，越来越多的海外学生到中国求学；同时，越来越多的中国学生选择出国留学。在这样的大趋势背景下，大学生应积极增强跨国交流意识，学习跨国交流技巧，最重要的是了解新媒体的特点及信息传播方式，借助新媒体进行跨国信息传播。

微学习：由于新媒体技术的发展，微视频、微课程等微学习方式也如雨后春笋般发展起来，为此，国外许多名校都设立了"微学位"。微学习是一种可利用移动通信设备实现双向交流的学习方式，可实现在任何时间、任何地点学习。微学习提高了学生学习的时效性，从传统的线性学习方式中跳出，实现了跳跃、无序的学习。

（三）新媒体下高校教育资源的利弊

1. 新媒体下高校教育资源的优点

高校应培养具有技术、知识和创新三方面素养的应用型人才。在数字化时代下培养应用型人才时，应以技术和知识为主要基础，注重培养创新精神。因此，培养应用型人才必须加强高校教学管理，提高高校课堂的教学质量。运用新媒体环境来帮助教师更好地完成教学工作，使学生能够更好地自主学习。新媒体的出现，使高校教学资源更具多元化，更利于培养复合型人才。如何将网络正确地引入课堂，不仅是技术问题，还需要考虑如何使教师和学生运用现代新媒体技术更方便快捷地进行学习。这种全新的理念也作用于传统学习方式与媒体手段之间的问题，使传统的"学媒之争"转变为"学媒共存"。在新媒体数字化时代，大学生学习方式依托的多种媒体技术促进了学习模式的变革，目前的大学生更多的是通过非正式的学习方式获取知识，这也充分发挥了新媒体在教育中的作用。

2. 新媒体下高校教育资源的不足

新媒体环境是一把"双刃剑"，人们在享受新的科学技术为生活提供便利的同时，要关注它对大学生产生的危害。大学生是受新媒体环境影响最为严重的群体，这与中国的教育制度有着密切关系。我国学生普遍存在学习压力较大的问题，来自高考的压力使家长尽量制止学生使用互联网和移动终端设备，致使新媒体环境对学生的影响被大大削弱。

在信息时效性极强的今天，我们接收的信息中，80%以上是通过新媒体的传播方式进行传递。新媒体的出现，使大学生逐步从主体转为个体，越来越多"宅男""宅女"的出现使大学生的价值观受到冲击。教师上课期间，学生也会被手机等通信设备吸引，频繁用刷微博、刷新闻、聊微信等方式消磨时间。当然，任何事物都有两面性，因此培养高校大学生对新媒体的正确认识十分重要。

新媒体的普及与应用直接改变了大学生，进而改变了高校教师及其教学资源，以及教学理论和应用。数字化时代下高校教学研究要提倡师生平等、开放互动式的教学资源创新，培养复合型、全能型人才。此外，在数字化时代下，要求高校教师在扩大视野的同时要积累和总结教学经验，除了具备开发教学资源的能力外，还要适应从"主导人"到"引导人"的转变，并在今后的教学实践中探索有效的教学方法。

四、数字化时代下高校思想文化建设

思想文化对于高校的长远发展以及日常教学等均具有重要意义。一所高校只有具备良好的文化氛围、正确的思想导向才能培养出一批又一批的优秀人才。然而，近年来新媒体技术不断发展，高校的教学模式也因此发生了巨大的改变。本节将从新媒体视角出发，简要研究高校思想文化建设，力求为各高校的思想文化建设提供有效的理论依据。

（一）高校思想文化建设的意义

高校思想文化是校内的广大教职工以及学生、教师在长期的生活与学习过程中所积累下来的。浓厚的文化氛围与正确的思想导向对于高校在校学生的人格塑造、人际交往培养以及校内的学风建设等方面均具有重要意义。文化对于每一个人而言均具有潜移默化的重要影响，健康、积极的校园文化对于学生爱国情怀以及社会责任感的培养具有重要的推动作用。从学校层面来说，重视高校思想文化建设，对于教学效率、办学质量的提高具有重要的促进作用。因此，各高校应以优秀文化为主导，加强思想文化建设，引领正确风向。

（二）新媒体给高校思想文化建设带来的机遇

1. 新媒体为高校思想文化建设提供载体

新媒体相较于传统的传播媒介而言具有多项特点，即信息量大、互动性强、传播速度快，等等。各高校在进行思想文化建设时，可借助新媒体技术对文字、视频、图片及音频进行整合，以便于传播文化。以新媒体为载体进行文化传播，不仅能提高传播效率，还能加强文化传播的多元化和感染力，进而促进教育与文化相融合。如在新媒体背景下，各高校可以充分利用新媒体技术，对现有文化进行整合，借助电子信息形式将其传送至教育平台，学生可在教育平台上观看这些内容并将其分享给自己的好友。这样，不仅能够增强文化的魅力，为学生树立正确的思想导向，也能使文化在传播过程中充分展现其自身价值。

2. 新媒体促进高校文化建设对外开放

在新媒体技术并不发达的时代，社会各界对高校生活的关注度并不高。而学生生活、教师教学也处于一种相对闭塞的状态，使双方的观念无法及时更新，导致高校文化建设效率不高。而新媒体的广泛使用从一定意义上来说，可以被认为是对高校教育管理模式的一种创新。在新媒体背景下，外界信息与高校文化之间实现了无缝衔接，二者之间可以相互交流、相互借鉴，使高校思想文化建设也逐步呈现出社会化的发展趋势。在实际教学过程中，教师在教授书本知识时可充分结合时事热点、时政新闻等，用现实生活当中发生的案例来进行教学，不仅能够提高学生将所学知识应用于实际的能力，还能让学生与社会接轨，适应现有的社会环境。

（三）新媒体背景下高校思想文化建设的策略

1. 促进传统媒体与新媒体融合

新媒体与传统媒体二者各有利弊，因而在工作过程当中我们不能以偏概全，而是要促进二者融合并取长补短，为高校思想文化建设奠定良好的基础。所以，在实际教学过程中，不可因为新媒体的出现便摒弃传统媒体。传统媒体发展至今已有多年历史，它的存在必定有其道理，所以我们应该借助新媒体技术弥补传统媒体传播的不足，推动思想文化建设发展，而非一味否定。在过去，各高校在传播文化时都是以传统文化为基础，在新媒体时代也需重视传统媒体，推动传统文化与现代文化有效融合，增强中华文化的独特魅力，从文化层面上为学生树立正确的人生导向。此外，新媒体具有较为广阔的发展前景与发展空间，而且新媒体具备自由性、互动性等多项特点，在利用新媒体进行文化传播的过程中难以监管，极易出现一些不健康的负面信息，而这些负面信息会直接影响学生的人生观、价值观，不利于高校的思想文化建设。所以，在新媒体背景下，各高校应对新媒体有详尽的了解，充分分析其优势与弊端，借助新媒体技术为学生树立正确的榜样。不仅要优化新媒体背景下信息传播的环境，更要帮助学生树立正确的是非观，对其上网行为进行规范。也就是说，高校在进行思想文化建设的过程中，应充分认清传统媒体与新媒体的特性，并对二者进行有效利用。

2. 把握新媒体思想文化建设的主导权

当今时代，信息技术的发展已逐步完善，在高校思想文化建设中，新媒体也早已成为不可或缺的重要组成部分。若是能够有效利用新媒体平台，对于高校文化传播以及正确思想导向的建立均具有重要意义。而若是未能正确利用新媒体平台，则会对在校学生造成一些负面影响。所以，各高校应该把握新媒体思想文化建设的主导权，借助新媒体平台开展文化活动、专题讲座、志愿服务活动，并将社会主义核心价值观以及党的意志贯穿其中，给予学生正确的引导。此外，高校在开展思想文化建设时，还应注重人才培养，向学生传递终身教育理念及素质教育理念。但应注意的是，重视人才培养不仅仅是要培养学生的综合能力与良好品格，还需教师具备较高的业务能力与专业素养。文化对于学生具有重要的指引作用，因此，在新媒体视角下，有必要培养一批优秀的学生干部和党员干部，杜绝网络上的不良风气，向学生传播正确的价值导向与积极向上的正能量。各高校还可以根据不同学生的实际情况及身心发展需要，综合新媒体的发展规律，多向学生传递一些中华传统文化，以便帮助学生树立正确的价值导向，提高高校思想文化建设的有效性。

3. 树立良好的高校整体形象

无论是国家重点建设院校还是普通高等院校，都需要树立良好的学校整体形象。只有树立了良好的形象、营造了良好的氛围，才能达到教书育人的目的。此外，良好的文化环境对教育活动以及相关工作开展也具有重要的推动作用。在新媒体背景下，各行各业的工作节奏都加快了。也正因如此，各高校需对校园文化底蕴进行深入挖掘，为在校学生创造有特色的学习环境、校园环境，进而推动校园文化的传播，让教师与学生都能够在教与学当中获得归属感和认同感，进而提高教师的教学积极性和学生的学习积极性。在这样良好的氛围中，也更利于学生树立正确的价值导向。再者，打造校园品牌、树立良好的高校整体形象可以无形中推动教学发展、提高教育水平。值得注意的是，在树立良好的高校整体形象的过程中，不能一味地注重学校的知名度，应充分综合本校所开设学科的特性，为学生营造良好的学习氛围，提高学生的学习积极性与学习动力，为各个行业培养优质人才。比如，各高校可以在学校的公共场所放置雕塑景观，雕塑景观作为一种艺术品，其具备独特的艺术感染力，可以潜移默化地影响师生的审美情趣和价值观念。在教学之余，各高校还可以定期组织一些校史文化研究活动，充分发挥新媒体平台的优势，推动线下交流与线上互动同时进行，充分调动学生积极参与，让学生充分了解本校的办学史。

4. 构建主题网站

主题网站是在新媒体背景下延伸出来的一个新名词，主题网站可以有效推动高校优秀文化的传播。新媒体与互联网一样，是一把"双刃剑"，既有优势又有弊端。无论是校方、学生还是社会人士，都能够在网站上自由发表言论，若是在网站出现了不当言论，将会严重影响高校的思想文化建设。所以，各个高校在构建网站之前需充分了解新媒体的优势与弊端，做好信息筛选工作，杜绝不良信息进入学校主题网站。在构建网站之后，学校的学术氛围、教学情况以及师资力量等都可以在网站中得以体现，学生也可以就学校工作的遗漏之处提出意见，加强高校思想文化建设的有效性。此外，在主题网站上还可以上传学校的文艺活动图片、视频以及社会活动的相关咨询情况等，以便吸引学生积极参与网站建设，提升其艺术修养和人文关怀。网站还需遵循社会主义核心价值观念，传播中华优秀传统文化与爱国情怀，让每一名学生在结业之后都能积极投身于社会的各项事业建设，宣传先进文化。

要想不断提高高校办学质量、教学质量，就需要重视高校思想文化建设的重要作用。新媒体虽有一定的弊端，但也为高校思想文化建设提供了一个新的平台。所以，各高校应充分分析新媒体的优势与弊端，并结合本校的实际情况对新媒体平台加以利用，推动学校进一步发展，为社会培养更多的优质人才。

五、新媒体时代高校校园媒体融合工作

对新媒体条件下高校宣传工作进行多方面研究，进一步把握新媒体时代高校宣传工作的新规律，是高校宣传工作者面临的紧迫而严峻的课题。面对新形势和新要求，高校网宣工作要推动校园媒体发展与育人功能高度融合，不断巩固和增强育人的协同性、时效性、引导力。厘清高校校媒工作的内在机制，探索高校宣传工作的新观点、新思路、新方法，提出高校网宣工作模式与工作方案，构建多元化分层级的矩阵式校媒融合管理工作模式机制，为高校宣传工作创新提供新的保障，为思政与品牌建设工作提供新的路径。通过高校校园媒体融合发展的管理模式及其运行实施，在高校宣传工作中起到良好的效果，为高校校媒融合发展提供新的思路。

（一）新媒体时代高校校园媒体融合工作现状

1. 研究背景

移动互联网技术的快速发展，彻底改变了受众接收信息的习惯，言论发表也更加自由，使网络新媒体在高校学生中被普遍应用，呈现出"无人不网""无处不网""无时不网"的生活状态，既为传播主流思想舆论提供了形式多样的载体和平台，也使互联网成为思想舆论斗争的主阵地。而互联网的发展推动着整个社会的变革，深刻影响着高校大学生。大学生的思想具有开放性特点，容易接受新鲜事物。现如今，网络媒体对青年思想观念、生活方式、表达方式等带来全面改变，高校学生成为网络思想舆论争夺的重要群体。新型媒体技术的研究与开发层出不穷，进一步提高了信息时效性及多样性，产生具有功能多样、发布信息容量大、速度快、传播面广等特征的网络新媒体及具有自主应用与开发功能的微平台。互联网技术的发展推动着人类社会进入以信息化为特征的新媒体时代，新的时代背景引领了新的思潮，使以传统模式为基础的宣传工作思路与方法面临着无法适应新时代特征的风险。高校校园媒体是大学生获取信息的重要渠道，是高校立德树人的重要载体，是高校全面落实"三全育人"工作的重要内容。形建新媒体时代高校校园媒体融合工作模式，不仅丰富了高校校媒工作的理论积累，也为高校宣传开辟网络思想引领阵地提供了有效参考。创新高校校园媒体融合工作模式，可以有效助推互联网思维与高校思想政治教育的有机结合，加快实现融媒体时代高校网宣工作育人功能的时代转型。

2. 研究现状

针对新媒体时代高校校园媒体的研究工作已经展开，但相比其他课题，此类研究成果并不是很多。从目前情况来看，现有研究主要体现出以下几个特征：一是对高校传媒工作进行就事论事的简单论述，缺乏对整体工作思路与方法的构建；二是以实务性研究为主，缺乏对高校传媒工作的理论研究；三是大多数的研究受制于管理模式的束缚，导致媒体融合的形式大于内容。诸多网络领域与其他工作相结合的模式已经形成了完备的理论框架与

完整的实施方案，这是目前高校校园媒体融合发展模式领域所缺少的，也是高校媒体融合领域在未来的研究方向与趋势。因此，在未来针对高校校园媒体融合的研究趋势应该是：一是强化理论分析，构建理论框架，解释互联网与高校媒体之间相互作用的内在机制以及高校媒体融合模式的基本规律；二是全面构建高校宣传工作协同模式管理体系，以整体实施模式为方法论的整体实施模式，以及子功能的实施模式。

（二）构建新媒体时代高校校园媒体融合工作模式

新媒体时代高校校园媒体融合工作模式的构建，需重点解决以下问题：一是新媒体在思政领域应用实践的前提下，如何将教育经验以及思想教育理论进行对接，抽象出具有方法论意义的新媒体平台工作模式研究理论；二是在新媒体平台的功能多样化与大学生思想差异化下，如何梳理功能与对象匹配的多点对应关系，使新媒体时代高校校园媒体融合能够在针对不同群体与教育任务中充分发挥引导作用；三是在新媒体平台功能与教育对象需求对应关系明确的基础上，如何以新媒体平台为载体进行多维度的教育活动设计，实现线上教育功能与线下教育活动的衔接；四是在线上线下联动的思想教育开展中，如何构建多层次的教育管理体系与监控机制，落实思想教育成效的同步追踪与同步纠偏。

1. 高校校园媒体融合发展模式的理论研究思路

随着改革开放进程的不断深化，意识形态领域的斗争更为激烈与错综复杂。高校校园媒体是开展大学生思想引领工作的主阵地。当代大学生是伴随着互联网发展成长起来的一代，独立、进取、个性是他们的普遍特征，表现出成长需求的多样性，较强的功利主义色彩，压力增大，安全感降低，易受社会现象影响，对各种社会问题有自己的见解与看法使得互联网对大学生学习、生活、工作、娱乐的影响和渗透日益显现。本研究结合"微信""微博"，通过对有关数据的处理分析和调研情况的汇总研究构建"微视点＋微讲堂＋微论坛＋微公益"的宣传教育平台，将各项工作纳入高校校园媒体工作整体框架，搭建大学生便于参与、乐于交流的渠道，使其成为高校教育引领、服务的重要平台。通过"线上有监管、线下有活动"的方式积极设计"寓乐于教"的网络工作方案及工作项目，形成高校校园媒体融合发展模式的总体工作思路，为新媒体背景下高校校园媒体模式的实现提供保障与指引，使其凝练形成理论框架，为完善实现体系与管理方式提供理论依据。在理论思想的基础上提出包含工作原则、工作理念等方法论层面的高校校园媒体融合发展模式的总体实施思路。

2. 高校校园媒体融合发展模式的管理体系

高校校园媒体融合发展模式的实施需要管理体系的保障与支撑，通过设计由管理组织体系、管理制度体系、互联网宣传平台体系三个相互支撑、相互嵌入的要素，构成高校校园媒体融合发展模式的"三位一体"管理体系。在组织层级方面，在学校、学院领导下，整合高校宣传工作的系统合力，做到分层负责、分类指导。针对学校宣传工作顶层管理部门、学校宣传工作职能部门、学院及其他职能部门的宣传工作岗位，分层进行层级职能设计。在工作内容方面，以更加灵活、高效的方式开展丰富多彩的活动，主动占领新媒体阵地，利用高校校园媒体组建网络舆情队伍，进行网络宣传，实施"网格化管理，组团式服务"，通过大数据分析高校大学生的上网特性，不断加强与大学生的交流、互动。在工作途径方面，充分利用网络信息传播扁平化、交互式、不受空间限制的特点，通过微博、微信、QQ群等发布充满正确政治观念和主流意识形态的信息，以此来强化特定学生群体的政治引导和思想教育。由面至点，给学生树立正确的价值观念，让大学生的日常生活充满正能量。此外，应重点设计管理体系三要素内部的层次与维度及其运作方式。

3. 高校校园媒体融合的工作模式与方案

网络具有多元化的特点，开放的网络信息浩如烟海，良莠不齐，对于正处于信息缺乏期、辨别能力较差的青年学生可自主选择，但是由于缺乏有效的引导和信息筛选，青年学生选择网络信息容易出现偏差。要充分发挥大学生党员、学生骨干的模范带头作用，选拔思想政治立场坚定、品学兼优、在学生中有影响力和号召力的青年领袖，共同维护好校园网络的舆情信息安全稳定，构建分层管控与师生联动、部门协同与优化配置、保证时效与提高质量、拓展源头与主动推广的校媒融合发展实施模式，依据实施模式制订总体实施方案，整合总体实施方案的要素形成。

（三）课题研究的实施结果分析

1. 高校网宣工作协同模式增强了宣传工作的协同度

通过高校网宣工作协同模式的应用，改变了高校原有各媒体平台各自为战、缺乏统一管理和有效链接的现状，将校报、广播站、新闻网、宣传栏等传统校园媒体与微博、微信公众号、易班等新媒体平台的资源和力量进行整合，将校级媒体、各部门和二级学院媒体以及学生社团媒体等协同联动，大大提高了高校宣传工作的统一性和协同度。通过对信息搜集、编辑发行、信息发布、技术保障等多个环节明确责任又相互配合、互为一体，形成信息的"一次采集、多种生成、多元传播"的高效模式，实现宣传资源的集约型高效整合。在信息发布方面，不同校园媒体有分工合作、有集体发声、有互动"帮推"，在统一谋划下，可以实现多点发声、多端接力、梯次发布、网状传播，形成信息发布矩阵，扩大信息传播声势。在整合现有宣传队伍的同时，充分发挥高校综合人才储备的优势，形成宣传工作的专业智库支持。在综合类院校，计算机类、艺术设计类、文学类、传播类等师生资源为高校宣传工作提供了强大的智力支持。

2. 高校网宣工作协同模式提高了宣传工作的时效性

高校网宣工作协同模式的应用，使高校宣传工作信息的来源更加充分，传播渠道更加通畅，裂变式的网状传播方式大大加快了信息传播速度，使信息能够在高校师生之间得以更快传播。而高校网宣工作协同模式的管理体系能够让高校媒体紧跟社会关注的时事热点以及学生关注的焦点,对获取的信息在第一时间做出反应,使校园媒体能够在第一时间引导校园舆论,掌握主导权,从而使高校宣传工作时效性更强。同时,高校网宣工作协同模式的全员参与性,使舆情反馈渠道更加通畅,做到第一时间知晓、第一时间反馈,通过新媒体的互动交流功能让正能量迅速掌握话语权,把负面舆情消灭在苗头期。

3. 高校网宣工作协同模式加强了宣传工作引导力

通过高校校园媒体融合发展实施模式的实践运行,为高校宣传工作提供了科学指导,提高了高校宣传工作效率,优化了资源的合理配置,提高了素材的质量与丰富性,充分体现了高校校媒"以人为本"的工作理念,从而构成强渗透、全方位、多层级、互动性、广覆盖的高校校园宣传工作与舆论引导的矩阵网络格局。工作机制的分层级管理体系形成了合力发挥宣传的作用,各部门发挥协同作用加大了高校舆论宣传力度,丰富了宣传素材的热度和深度,提高了宣传工作的影响力,进一步强化了高校大学生意识形态建设,加大了高校思想政治工作教育的力度,形成了良好的校园舆论氛围。

六、新媒体时代跨文化教学创新

随着我国改革开放步伐的加快,我国与全球在经济、文化等领域的联系交互越来越密切,新媒体时代又使不同文化背景的人们互动交际成为可能。新媒体为当代跨文化教学模式创新发展带来了契机,高校应探索、创新跨文化教学模式,培养、增强学生的跨文化交际能力。

新媒体的出现丰富了文化传播途径,也使文化呈现出多元化的特点,加快了不同地域、不同种族之间的文化碰撞和融合。其借助先进的数字信息技术,以广泛全面的互动传播为特点,为社会各领域的信息传播形式带来了新的机遇和挑战,为当代跨文化教育模式的创新发展带来了契机。

(一)跨文化教学内容、作用和现状

1. 跨文化教学的基本概念

跨文化教学是指对学生进行国内外文化的教学活动,引导学生获得丰富的跨文化知识,形成尊重、宽容、平等、开放的跨文化心态和客观、无偏见的跨文化观念与世界意识,并形成有效的跨文化交往、理解、比较、参照、摄取、舍弃、合作、传播能力。通过跨文化教学,有助于不同地区的人员进行交流。由于不同国家间的文化价值观念、宗教信仰和思维、生活方式等方面的个性特征,在跨文化知识欠缺的情况下,容易在跨文化交际中引发误解、摩擦,有可能无法顺利地传递信息,发生不愉快事件。

2. 跨文化教学的作用

交流能力提高。跨文化教学能够增强学生的跨文化意识,减少或避免用语失误,提升跨文化内涵,提高对跨文化的敏感性等。通过跨文化教学,使学生了解目标语言国家的文

化背景和传统习惯，增强学生的跨文化意识，更好地理解和应用目标语言进行交际。跨文化教学能够有效改善传统目标语言教学模式，在目标语言词汇、语音以及语法等传统内容研究的基础上，融入地区相关背景文化知识，有助于学生准确地理解语言，避免交流用语失误。

提高学生对目标国家文化内涵的理解能力，增进中外知识交流。通过跨文化教学，使学生能够较为全面地了解目标语言国家的各种文化，如目标国家的经济、科技、教育、艺术和历史等，知己知彼，增进国与国之间的文化交流。通过跨文化教学，获取更多的目标语言文化知识，提高学生的目标语言认知能力，帮助学生理解目标语言国家的思维模式。

3. 跨文化教学的现状

教、学两个群体跨文化素养薄弱。跨文化素养包括跨文化交际能力和跨文化传播意识及能力等。文化已渗透民族和国家的各个细胞，国家或地区间在经济合作、两国民众交往等任何领域的交流合作无一例外地包含着文化元素。文化相互包容使世界不同文明成果能够相互交流。

国内仍然以应试教育为主，轻视文化输入。而教师缺乏相应的跨文化交流经验和培训。跨文化教育内容编制、课程设置和考试考核流于形式，跨文化意识的培养没有得到足够的重视。而现代社会日益开放，趋于多元，学生应拥有良好的跨文化沟通能力。

跨文化教学内容、手段有待完善。跨文化在各专业课程中内容占比较少，或是尚未与相关课程进行有效融合，造成学生在课程理解和接受上存在困难。例如，传统外语教学主要以词语、语法和句式教授为主，跨文化教学手段、教学策略单一，教师与学生的互动性不够，在跨文化知识传授方面深度不够，使部分学生无法准确地理解或灵活运用所学知识，在与外国友人的沟通交流中可能出现误解或矛盾。

教学实践活动缺乏。由于跨文化课程主要是选修课，因此跨文化教学实践活动相对较少，自觉、系统的跨文化教育实践活动几乎没有，日常实践活动主要还是在专业学习过程中部分穿插跨文化知识。此类实践活动可使学生的学习态度从被动、消极转变为积极\主动，了解本国与外国文化的差异性，求同存异，加强对本国和异国文化的理解与认同，有利于正确处理由于文化差异产生的矛盾和冲突。

应用型人才不足。在世界经济全球化的大背景下，跨国公司中的文化冲突日益增多，企业的发展急需跨文化人才。跨文化能力包括跨文化认知能力、选择能力和传播能力。需要通过各种手段培养学生掌握跨文化能力，培养跨文化应用型人才，具有开阔的国际视野，精确掌握国际经贸知识和跨文化沟通交际能力。

（二）新媒体与跨文化教学

1. 新媒体时代的特征

新媒体技术包括数字杂志、社交网络、移动电视和触屏媒体等。由于其信息共享、传播能力强，获取信息快捷等特点，已充分融入人们的现实生活中。由于新媒体具有交互性与即时性、海量性与共享性、新媒体与超文本、个性化与社群化的特点，因此通过与网络世界的联结，能将海量的信息以低成本的方式还原到每个个体身上，形成一个虚拟的社会空间，以新媒体为载体，人们自由地穿梭于知识的王国。

2. 新媒体对跨文化教学的影响

新媒体创新了跨文化教学的教育途径，跨文化教学丰富了新媒体的教育内涵。2009年12月，英国总领事馆文化教育处发布的全球学生留学决策调查数据显示，自2006年以来，大众传播课程已经连续多年成为最受欢迎的五大课程之一。为适应高等教育新形势，2010年3月，欧文国际教育集团与英国伯明翰传媒学院举行签约仪式，于沪上开设新媒体传媒专业。新媒体引发了跨文化教学模式的大爆发。投影仪的使用逐渐代替了黑板，MOOC大规模开放在线课堂，也逐渐改变了人们的学习观念，使教与学不再受时间、空间的限制。

（三）新媒体时代跨文化教学创新模式研究

1. 强化教、学两个群体的跨文化教授和学习理念

强化教、学两个群体的跨文化教授和学习理念，提高两个群体的跨文化意识与素养。不同国家之间的政治历史、生活、思维模式等各方面有着许多迥异性，教师应通过丰富多样的跨文化教学，积极了解跨文化知识，开阔视野，从而不断提高自身的跨文化教学水平。学生群体应认识到跨文化教学的重要价值，端正学习态度，发挥主观能动性，通过微博、微信公众号等自媒体主动学习国内外文化知识，培养自身的跨文化思维。

在语言教学、历史、哲学、政治、经济等科目的教学工作中，加强教师、学生群体对跨文化的重要性认知；教师在课堂授课时采用小品、短视频、PPT演讲和"互联网+"等方式，将东、西方文化融合并加以比较，培养学生的学习兴趣，并形成教、学两个群体的积极互动，贯穿整个教学过程，使双方都能深层次地掌握跨文化知识。

2. 制定教学目标，丰富跨文化教学内容

以提高学生跨文化素养，扎实本专业理论知识，以适度培养应用型、综合型、具有跨文化能力人才为目标，科学、合理地设置跨文化教学课程，有效培养学生跨文化交际能力。

（1）跨文化专业课程内容应涵盖目标国家的人文地理、政治、历史、科技文化、民族特性、传统礼仪和风俗习惯等文化背景知识，联合其他学科的教师，开设多学科教学。通过讲座，向学生全面介绍目标国家的民族特性、文化特点、风俗习惯等，使学生总体把握和了解目标国家。

（2）结合学校实际条件，教师可开展诸如英美文学欣赏、英美社会与文化、中西方文化对比等课程，品味和体验中外文化在各个方面的异同。将必修课和选修课相结合，传授跨文化背景知识和跨文化交际技能。在课外，学生可参与课外阅读、外语角、电影电视观看和拍摄短视频等。

3. 充分利用新媒体技术实现个性化教学

当现实社会中处于不同国度，拥有不同文化背景的人，通过虚拟的网络紧密联系在一起时，知识的交流也就变得便捷起来。如高校教师可将教学内容录制成影音视频，制作成网络在线课堂，学生可根据自己的时间自主完成学习。以往对于那些在普通高校就读的学生而言，名校名师的讲堂是遥不可及的，而现在拥有丰富优质教育资源的高校可将名师讲堂制作成网络课堂分享，让普通高校，特别是教育资源落后地区的学生也能得到好的教学机会。

由于新媒体让交流变得即时，高校应重视培养教师的跨文化素养，可开展、培训教师对外国先进知识、研究成果、语言、哲学、风俗等的学习及进修，培养具有良好跨文化素养的师资队伍。高校还可开展对外国学生的网络课程，外国学生可在网上完成自主学习和考核，满足学分要求之后可对其发放学位证，同时鼓励我国学生积极参与这种跨国教育，实现跨文化交际。特别是对于外语课程的学习，利用新媒体可打破应试教育产生的"哑巴英语"现象，满足一对一与外国人交流学习，让学生学到最标准的发音，或利用网络课堂直接与国外的教师进行一对一交流学习，让跨文化学习不再是为了应试，而是充分应用于实践。

第六章　数字化时代下高校教育教学创新研究

第一节　新课程理念下的数字化新媒体教学

数字化新媒体教学已成为中学思想政治课课堂教学的一种流行的、优越性非常强的教学手段，但是数字化新媒体教学应从实际需要出发，以增强教学效果为目标，科学地进行教学设计，结合传统教学方式和手段，充分发挥数字化新媒体的优势，注重师生交流，尽量避免数字化新媒体教学的误区，以真正实现思想政治课课堂教学与网络信息技术的整合，优化课堂教学效果。

数字化新媒体教学是指在教学过程中，根据教学目标和教学对象的特点，通过教学设计，合理选择和运用现代教学媒体，并与传统教学手段有机组合，共同参与教学全过程，以多种媒体信息作用于学生，形成合理的教学过程结构，达到最优化的教学效果。实际上，数字化新媒体教学是一系列现代教学设备在教学实际中的综合应用。本节就数字化新媒体教学中的一些体会，谈谈如何适度运用数字化新媒体，使数字化新媒体教学与新课程教学理念更好地有机结合在一起。

一、新课程教学理念要求数字化新媒体教学

《新课程标准》指出："要把信息技术作为学生学习和解决问题的强有力工具，致力于改变学生的学习方式，使学生乐意并有更多的精力投入现实的、探索性的教学活动中。"随着社会信息化进程的不断加快，信息技术在教育教学活动中也被广泛使用。数字化新媒体教学因其图文声像并茂，能突破视觉限制，激发学生的兴趣；其动态画面，有利于突破传统教学中单调、枯燥的教学过程，有效地组织课堂教学；其信息容量大、密度高，也有利于节约时间和空间，提高课堂教学效率。

采用数字化新媒体辅助思想政治课教学，可以极大地提高学生各种技能的培养和实际应用能力。因此，从教学的发展及学习的需求方面分析，数字化新媒体辅助教学是思想政治课教学现代化手段创新的一个主要方向，其位置是其他教学手段无法取代的。

二、充分挖掘数字化新媒体教学的优点

数字化新媒体和现代教学技术的运用，最终目的是提高教学效率，使课堂教学得到优化。教师可以在课堂有限的时空内，巧妙、合理地运用现代教学媒体，激发学生的学习兴趣，调动学生的积极性，增加其知识的信息量，既学习文化知识、培养能力，又受到情感和品德的熏陶。在实际教学过程中，数字化新媒体教学日益体现出众多优点，主要表现为以下几点。

第一，教学方式形象生动，有利于激发兴趣，能较好地培养学生的求异思维、想象和创造能力。兴趣是最好的教师，数字化新媒体图文并茂，生动形象，达到了抽象概念具体化，微观概念宏观化的良好效果，使学生如身临其境，得到体验，通过再发现、再思索、再创造的过程，实现对知识的理解和应用，提高学生的思维能力、想象能力和创新能力。

第二，数字化新媒体信息量大，提高教学效率和教学质量。数字化新媒体教学形象生动，感染力强，能增加教学兴趣，有利于学生理解和记忆，又可进行个别化教学，做到因材施教，充分调动学生学习的积极性和主动性，激发学生渴求知识的欲望，从而有效地提高教学效率。国外有关实验表明，使用数字化新媒体教学，可以缩短教学时间的1/2，使考试中的错误减少2/3至3/4，可帮助学生比较牢固地掌握学业。

第三，对教学资源的传播和再利用起到了积极作用。数字化新媒体应用教学材料具有可以长久保存，通过网络技术或其他通信手段广泛传播的特点，便于学生自学和教师交流。而且，教师积累一生的教学成果、智慧和经验都将在制作的课件形式下保存应用，成为其教学生命的延续。

学校教育的目的是培养德、智、体、美、劳全面发展的社会主义新人。为此，我们的教学不仅要使学生掌握课本知识和技能，而且要对学生进行思想教育。在教学过程中，讲解知识的同时，运用课件、影音再现故事情节，能使学生的直接经验和间接经验得到弥补，使其思想性更加清晰明朗，学生在无形之中受到熏陶，增强感染力。

三、精心设计数字化新媒体教案，打造有效课堂

要辩证地开展数字化新媒体教学。我们绝不能让数字化新媒体教学流于形式。把数字化新媒体教学作为一种门面来装饰，为了用数字化新媒体而用数字化新媒体，反倒使其教学效果不如普通的传统课堂教学。数字化新媒体的教学应用，重要的是教学设计，缺乏科学、合理、实用的教学设计，就会出现有教材不会合理应用、有条件不能充分发挥、有能力无法施展的情况。教学内容通过好的教学设计，可以使有效课堂升值。数字化新媒体教学的教学设计，一般应注意以下几点。

（1）把数字化新媒体与其他多种媒体同样看待，研究数字化新媒体与其他多种媒体

有机组合，因为数字化新媒体不是万能的，有优势也有不足，它只是综合了其他媒体的优势，而没有达到其他媒体的最佳表现力。在教学中要合理设计、搭配、应用数字化新媒体和其他媒体，共同发挥综合效益。

（2）选择适合教学内容的数字化新媒体，制作数字化新媒体教材。如思想品德方面的内容，微观、宏观及机制抽象复杂的教学内容、实验技能训练课等，使有限的制作能力用在关键的地方，突出教材中的重点和难点。

（3）根据不同的教学要求，采取不同的数字化新媒体教学手段，科学设计数字化新媒体教材的系统功能，如综合演示型、实验操作型、考试测验型、资料工具型、网络教学型，充分发挥各种功能的优点，做到媒体优势与效益的有机结合。

（4）数字化新媒体各种特性的发挥，不能认为数字化新媒体教材越复杂，技术难度越高就越好，必须从教材出发，依据学生原有的知识基础、认知水平和心理发展的特点，根据不同的学习需要，比较、筛选出最佳的媒体。

（5）研制数字化新媒体教材要在创新上下功夫。创新，就要充分发挥数字化新媒体的特性，了解最新理论和技术研究成果，积极探索，制作与教学创新点相对应，形成有效课堂的良性循环。

总之，数字化新媒体教育技术飞速发展，在教学过程中数字化新媒体技术的运用越来越普遍。教师在学习数字化新媒体、计算机技术的同时，应该关注教育理论的发展，随时用先进的教育理论指导自己的数字化新媒体教学。要在新课程理念的指导下，围绕如何实施有效课堂，摸索出新的教学方法，发挥数字化新媒体教学的优势，真正体现数字化新媒体教学在新课程中的独特作用。

第二节　数字化新媒体实务教学新路径

网络与数字化新媒体专业近年来发展迅速，但数字化新媒体实务课程的教学方式和理念滞后，缺乏可行的教材，教师的知识结构不合理，教学和业界缺乏顺畅的沟通机制。要解决这些问题，除了压缩理论内容，增加专业实践时间，还要借鉴一些新兴的教学模式来对该课程进行改革。其中，慕课、翻转课等新型模式对数字化新媒体实务课有一定的启示作用。

伴随着微博、微信等自媒体的兴起，在"人人面前都有麦克风"的时代，教师和学生在数字化新媒体的使用方面处于同一起跑线，加之社会对数字化新媒体人才的技能要求已从内容生产转变到懂APP制作和社交媒介管理，因此，对于数字化新媒体实务课程而言，传统的教学方法已全然不适应社会发展，因此，探讨社交媒介情境下的数字化新媒体实务课程教学在当前显得迫切而又必要。

一、数字化新媒体实务课教学的困境

数字化新媒体实务课探讨的是在社交媒介时代如何进行内容生产和技术制作，是和网络新闻最接近的一门课程。然而，在日常教学实践中，该课程却面临着一系列困境。

首先，缺乏一套行之有效的教材。据统计，当前关于网络新闻实务方面的教材多达几十余种，出版的日期也多集中在近5年，这些教材的编写体例大多遵循传统新闻教材的采、写、编、评逻辑。以网络新闻编辑类的教材为例，笔者在某网络书店搜索到近20种该方面的教材，数量不可谓不多，但是教材内容的滞后表现得很明显。

其次，教师的知识结构和考核标准问题。关于教师的知识结构问题，从技术教学方面突显出来，数字化新媒体技术教学是数字化新媒体实务课涉及的主要内容之一，只有和技术完美结合的内容才是合理的。然而，当前的数字化新媒体技术教学情形不容乐观，传统的新闻学或传播学博士在内容教学方面没问题，但是在技术方面却黔驴技穷，以致技术教学严重滞后于业界现状。目前的专业课教师尚能从事传统的网页制作教学，然而，这种技术在实践中已经让位于APP制作技术和数据挖掘技术，这两方面可谓新闻专业课教师的"软肋"。在教学实践中，学校层面的人才标准和专业课对教师的技能要求不甚吻合，以致出现适应专业教学的师资却不符合学校层面定位的现象。当前，解决数字化新媒体技术教学的困境呈现出三种路径：第一种是专业教师提高自身的技术制作能力；第二种是外聘教师；第三种是在全校范围内资源共享，鼓励学生跨专业选修计算机学院开设的和该内容相关的课程。笔者以为，技术教学的困境和教师知识结构的局限，其根源在于对博士文凭的盲目崇拜，以及教师考核机制的僵化。当前网络与数字化新媒体专业教师的考核和其他专业的教师别无二致，注重科研项目和学术论文，轻视教学实践，将会使该专业未来的发展越来越远离业界实践。

最后，课堂和业界实践缺乏顺畅的沟通机制。网络与数字化新媒体专业的教师多数理论储备充分而欠缺实践，因此，在课堂上教学时多数基于对数字化新媒体的想象，而非从经验层面来展开。这就导致与传统新闻教学出现类似的情况，即教师在课堂上的教学被形容成"隔山打牛"，这种"纸上谈兵"式的教学当然不能培养出适应业界实践的能手。为了克服该问题，有的学校采取从新闻一线请资深记者进入课堂的做法。应该说，此举给课堂注入了活力，让最前沿的理念和操作技术进入课堂，短期效果显著。然而，名家进课堂存在两个问题。一是这种做法受限于学校所处的地理位置，如果高校地处新闻名家汇聚的北上广深等一线城市，此举的成本较低，可行性比较大。如果学校地处西北或者其他偏远地区，那么该举措难以形成制度性的机制。二是业界名家进课堂，带来的更多的"活鱼"，案例新鲜、操作技巧超前，但缺乏系统性和理论性。教学和业界实践的沟通如果持续不顺畅，还会出现学界和业界相互轻视的现象。因此，如何调适这一矛盾也是未来需要考虑的重要问题之一。

二、慕课模式对数字化新媒体实务课的启示

在当前的教学实践中，应对上述教学困境的举措，除了压缩理论内容，增加专业实践时间，还有必要借鉴一些新兴的教学模式来对新闻实务课进行改革。笔者认为，引入新举措的根本目的是调动起学生的积极性以及强化和缩短与业界的差距等。其中，慕课、翻转课和研讨课等几种新型模式对新闻实务课有一定的启示作用。

所谓慕课，指的是"大规模、开放式在线课程"（Massive Open Online Course，MOOC）。其中，影响最大的是 Coursera 平台，由美国斯坦福大学的教授创办，报名学生突破 150 万人，来自全球 190 多个国家和地区。"课程注册人数多，每门课程容量可达数万人，最多一门 16 万人数；学习气氛浓厚开放，以兴趣为导向，凡是想学习的，都可以进来学；使用客观、自动化的线上学习评价系统，如随堂测验、考试等，还能运用大型开放式网络课程来处理大众的互动和回应，提出问题 5 分钟后能得到反馈。"其重要特点是资源丰富，全球范围的一些高校资源共享，而且成本低廉。复旦大学 2014 年 4 月首门上线 Coursera 平台的课程大数据与信息传播，全球选课人数已突破 1.2 万人。这门课由复旦大学新闻学院程士安教授主讲，探讨人、媒介、信息在社会化媒体环境下的新规律。在国外几大慕课平台的影响下，清华大学的"学堂在线"、上海交通大学的"好大学在线"、深圳大学致力推动的"优课"联盟（UOOC）等中文慕课平台相继上线。其中，"学堂在线"上与网络新闻传播实务相关的课程达 20 多门，二级页面"广场"栏目则是学习者互动的区域。"好大学在线"中也有若干课程与此相关，而入驻"优课"联盟的高校近百家，是几家平台中数量最多的一家。中国大学的慕课平台显示，截至 2015 年 5 月，进驻该平台的高校仅有 32 所，其中北京的高校数量占 21%，长三角高校占 19%，西部地区高校占 19%，32 所高校开设慕课 375 门。和全国 2000 余所高校及诸多学科的课程数量相比，这一数字反映了高校领导者对新技术的不敏感。在中国大学慕课平台的课程中，和网络与数字化新媒体相关的有大学计算机、C 语言设计、数字电子计算基础、数据结构等 10 余门课程，授课教师清一色来自各大名校，听课者参与的程序很简单。此外，还需要"提交作业、测验、期中考及期末考试"等。高校扩招使实验室资源紧缺，学生对于新技术的学习在课堂上根本无法完成，但是，目前几乎人手一部智能手机，关于 APP 等移动媒体技术的学习完全可以借助个人的手机完成，互联网上商业性质的"慕课网"实用性更强，如有的网站定位"国内最大的 IT 技能学习平台。提供移动端开发、PHP 开发、Web 前端、Android 开发以及 Html5 等视频教程资源公开课"。以 Html5 专题制作为例，该页面详细介绍了"Html5 热点关注、开发实例、新特性和应用开发"等方面的内容，而在应用开发方面，则有 40 余篇文章对 Html5 进行了多维度的应用开发介绍，这种专业水平是传统新闻实务教师无法达到的。不过，传统的教学方法多把师生限制在教室内，重书本而轻实践。对于当前的教学机制而言，慕课该占有怎样的比重还值得探讨。如何激发学生对慕课的学习兴趣是另一个

重要问题，手机或平板电脑的娱乐化功能越发突显。调查显示，在中国的移动互联网用户的热门活动中，52.6% 的用户热衷在线音乐，34.8% 的用户热衷在线游戏，故而在缺乏压力和监督的情形下，学生很难对枯燥的技术视频教学产生兴趣。笔者认为，课堂之外的学习在未来所占的比重会越来越大，如何培养学生的新型学习习惯和健康的新媒介素养，也是本节需要考量的问题。就前者而言，新型的学习习惯减少对传统教学方式的依赖，能有效克服所授知识的滞后性，能保持对前沿热点领域的关注和学习等；而对于后者而言，良好的新媒介素养能减少对新媒介娱乐功能的沉迷，转而对技术和创新等因素进行关注。

对于非一线城市的高校而言，不少高校的新闻传播学院设置在远离市区的新校区，交通不便，环境相对比较闭塞，因此，利用慕课来消除知识获取上的鸿沟显得尤为必要。慕课有助于加强课程内容建设与推进混合式教学改革，使学习空间从类似公共空间的教室变得虚拟化，师生之间的传播形式也由人际传播变成大众传播，学习时间变得可自由支配，对于快节奏的后现代社会而言，无疑是一种进步。慕课学习并非传统课堂教学的简单补充，对网络新闻传播实务课而言，慕课为翻转教学形式提供了便利条件，对基于印刷术的传统课堂教学模式进行解构，学习的决定权从教师下移至学生，信息的获取则主要依靠学生对数字化新媒体的应用，而课堂上的主要任务则变成基于项目的学习，自媒体平台如微信群、微信公号、微博等为这种项目式的学习提供了便利条件。

当然，采用慕课形式学习网络新闻传播实务还面临的一个重大问题是如何将这种学习形式纳入既有的教育体制中，即学习者取得了慕课的结业证书和分数，但是所在学校可能并不认可。在上述几个国内慕课平台中，只有上海交通大学的"好大学在线"提及学分认定的问题，但这种认定范围仅限于合作的 33 所高校。对适应"互联网＋"时代而产生的网络与数字化新媒体专业来说，这是一个发展障碍，也是未来教学实践中需要解决的一个问题。

第三节 数字化新媒体实践教学与设计

深化教育教学改革以来，天津美术学院一直把设计与数字化新媒体作为学校的重点建设学科，把工业设计、动画艺术设计、数字媒体艺术三个品牌专业作为重点学科发展对象。通过十几年的重点培养，目前三个学科建设优势明显，紧密结合社会发展需求，采用多种实践教学模式，研究培养学生创新能力的实践教学模式，为社会培养了大量的优秀人才。

自从重点学科建设启动后，天津美术学院加大了实验室的投资、建设和管理力度，实行了校院级二级管理。学校整合学院之间优势资源，将设计实验室和数字化新媒体实验室合并成立了设计与数字化新媒体艺术实验教学中心，合并后的实验中心承载着设计与数字化新媒体学院各个专业的实验教学任务，中心下设与专业发展相符合的实践教学实验室和学生创作工作室，为贯彻新形势下的人才培养机制，适应社会发展、注重实用型人才发展的需求，中心下属各个实验室专注实践教学，培养学生的创新能力，通过不断改进和完善实践教学新模式，学生在科学研究、实践创新方面都取得了显著的成果。

一、实践教学理念

实践教学是人才培养的最终目标，艺术类学生要想毕业后得到社会的充分肯定，就要将艺术和实践结合，运用学到的理论知识，用于探索问题，研究和解决问题，增强社会服务的责任感，进行理论联系实际的钻研，建设艺术知识架构体系，开发实践动手动脑能力，通过实践取得创新成果，全面调动学生情感、能力的辅助作用，提高今后走向社会的竞争力。

天津美术学院从人才培养的根本任务和艺术教育规律出发，将加强艺术人才的创新能力和实践能力的培养作为本科教学改革的核心内容。学校注重实验教学和实验艺术的创新发展，先后制定了应用于不同专业的实验教学大纲，在"十二五"期间购置了大量专业仪器设备，在硬件设施上处于艺术类院校领先水平，实验中心制定了比较完善的规章制度，各个实验室的管理水平逐年提高，实践教学的开展更加适应专业发展的需求。

设计与数字化新媒体实验中心自成立以来，始终致力于实验教学的改革和实验教学体系的完善。根据笔者所在学校对艺术人才培养教学理念的多年探讨，艺术类实验中心的建设属于专业实验中心建设，是艺术与工程的结合。学校的本科教学大纲规定，实践类课程约占总课程的60%以上，而设计学的大部分专业课程必须利用实验室完成。学校提出了设计与数字化新媒体实践教学的理念，将理论传授、动手实践、创新培养作为一个整体教学过程，以培养创新型人才为目标，注重专业实践教学的深入开展和研究创新。实验中心实践教学强调智能与技能、艺术与技术相结合；强化学生运用所学知识与技能进行实际操作和解决问题的能力，以及综合创新能力和社会适应能力，培养学生成为适应社会需求的创新应用型设计人才。对于设计学科而言，实验教学以视觉传达、工业设计、动画艺术、装饰艺术、数字媒体、移动媒体、环境艺术、服装染织设计等作品的技术制作和艺术创作训练为重心，以各门类艺术知识的传授和实验项目的完成为手段，以注重探索体验的创造性思维方式，达到艺术设计实践能力、创新能力培养的目标。

二、实践教学的规划

（一）加强实验师资队伍建设

师资队伍建设是实验室整体实践教学水平得以提高的关键。学校应该增加实验教师进修深造的机会，培养教师的理论知识体系、综合实践能力和实验创新意识。对实验教师经常考察评比，避免一门课程上几年不改教案、不更新实验方案的陈旧呆板教学。学校加强对企业同行专家的聘任讲学，提高专业学科等多种元素的引入，开阔学生的视野，对当前艺术设计最前沿的东西做到更快、更好地吸收。增加专业设计相关课程的选修，增强学生交叉学科知识创新的能力。

实验师资队伍建设是实验中心常态管理与发展的关键。为此，学校人事处制定了《天津美术学院实验室工作人员考核办法》，教务处制定了《关于加强实验技术队伍建设的实施意见》等相关文件。对实验中心的实验教师和实验技术人员进行年度考核，实验中心将进一步加强实验教师队伍的梯队建设，研究制定相关激励政策，实现教学相长，进而提高实验教学与科研水平，达到提高教学质量的目的。

（二）深化实验室建设和管理

首先要加强实验室的软硬件建设，加强实验中心和实验室的资金投入，借助国家财政投入，实验中心成功申报市级实验教学中心，加大对数码影视工作室、计算机教学实验室，以及平面输出实验室的仪器设备投入，对于产品设计和服装染织实验室也进行了新老设备的更替，全校完成了无线网覆盖，使学生网络交流更加便捷，网络互动课堂得以实现。

积极探索新型实践教学体系，借鉴兄弟院校的成功经验，将实验教学作为教学改革试点，坚持理论和实践齐头并进的教学模式，建设开放型实验教学体系，增强学生的研究技能，实验教师继续改进教案，编撰着重动手实践的教材。

（三）扩大对外交流，发挥对外辐射示范作用

开展广泛的国内外学术交流，及时把握本学科的前沿理念与技术，吸取国内外的先进实践经验。在加强自身建设的同时，积极发挥对外辐射作用，努力发展成为具有广泛影响和学术地位的国家级实验教学示范中心。

三、实践教学改革思路和方法

由于面临社会发展对设计人才的迫切需求，实验中心加强了设计实验课程设置，增加了专业导向，强大了实验教师队伍，丰富和多元化了设计小型科研项目选择种类，积极联系相关产业基地，为本科生提供更广阔的实验实习机会，使理论和实践在很大程度上得到了紧密的结合。实验中心成立5年多，为社会培养了大量优秀的设计人才。产品工作室抓住"十二五"学科建设重要时期，积极采购了一批先进的工业铣床等生产加工设备，以前设想过很多次的施工工艺终于得到了落实。通过实践，相关的课程方案和加工工艺得到了很大的改善，学生争先来到实验室进行产品创作，其中电动自行车辅助设计平台的搭建成功申报国家级课题，并且申报多项校级科研基金。学生作品多次获得创意创作大赛奖励，每年都有多项优秀毕业作品在天津美术学院美术馆展览。

改革思路：遵循艺术设计教学规律，以提高学生创新能力、实践能力和专业水平为指导思想，将实验教学与理论教学紧密结合，有针对性地制定相关措施和培养计划。在基础性实验训练、研究体验、创造性实验训练的全过程中，坚持以学生为主体，以能力培养为核心，不断完善更有利于创新人才培养的实验教学体系和人才培养模式。

改革方法：

（1）优化数码影视实验室建设，作为实验中心建设的亮点，使之在实验水平和实验条件上继续保持国内同类实验室的领先地位，打造国内高端数码影视实验基地，使之在动漫、数字媒体、移动媒体等新兴产业中发挥重要作用。

（2）完成产品工业实验室的搭建，购置实践教学仪器设备，提升实验室科研创新的硬件条件，更大程度地满足设计类师生研究课题，满足实践教学的需求，构筑优良的实践教学环境，使广大师生业余时间愿意走进实验室进行研究创作，积极开展与企业之间的产学研交流与合作。

（3）继续完善与实验课程对位的系列教材，陆续出版自编教材。

（4）努力发展品牌专业的实践教学，创作更多的艺术作品，积极申报相关专利成果，把相关精品课程的实践创新提高到应用实践当中。

（5）积极参加国内实验室建设交流学术研讨会，把工科院校的实践教学与艺术院校的实践教学进行交叉研究，打造具有艺术特色的实践教学模式。

四、实践教学体系建设

艺术设计造物特性中人工性、物质性、技术性决定了实践教学是设计学科教学的主体。在此思想指导下，设计学科教学以学生为本，以培养学生自主创新能力为目标，以设计学理论教学和实践教学为两翼，形成了以设计学各专业的技术制作和艺术创作为中心的实验教学，形成教学层次分明、实验项目丰富、教学手段多样、实验教学条件优越、实验教学管理完善的崭新的设计学实验教学体系。

设计学科各专业教学依据知识和能力培养两个方面，由理论教学和实践教学所构成。从设计人才培养到设计创新成果的完成，是一个持续不断的过程，其中实践教学贯穿学生创新能力培养的始终。实验教学在本学科教学中占有相当大的比例，发挥着重要作用。为此，我们强化了实验教学观念，并进行了实验课程的规划与建设工作。改进的实践教学目标着重培养学生动手能力，开发实验技能培训课程，设计实践课题，培养学生创作思维和竞争意识。

四年制主修实践课程1574学时，占主修专业课总学时的74%。在完成相关理论课程学习的同时，实验教学课程与理论课程形成相辅相成的实践教学模式，其中实践教学占据主体地位。

五、设计与数字化新媒体实验教学案例分析

为确保改革方案的推进，进一步完善实验教学资源共享的理念。实验中心在资源整合、科学管理上不断探讨、解决新问题，在充分发挥实验室诸多功能的同时，扩展实验室功能，增强实验室教学承载能力，构筑功能齐全、资源共享的实验教学平台。

改革创新是实验中心发展的理念，创新更加离不开实践，产品工业设计实验课程主要围绕提高学生能力，激发创造思维，解决工业上的技术难题和艺术品创作为指导，深入开展一系列知识能力竞赛，使学生动手能力和素养不断提高。在实验室，学生的理论知识往往和实践表现有冲突和矛盾的地方，在实验教师的指导下，学生解决问题的实践经验在不断增加，通过本科四年的锻炼，真正做到把知识变成手艺，将更加有利于他们走向社会，发挥更大的人生价值。

产品设计专业打破了以往教师虚拟课题，学生创作不结合社会需求的状况。通过建立大学生创业社会实践创新基地，把越来越多符合社会需求的创作应用到实践生产中，实践课题设计又反过来促进理论教学，经过改革创新，理论和实践达到了进一步结合。学生不再把知识僵化在课本中，而是增强了实践动手能力和创新能力。通过联系生产厂家，给予学生相关的设计订单，使实验室设计创作的氛围更加浓厚，学生钻研的目的更加明确，为他们以后走向社会工作岗位打好了坚实的基础。

六、实践教学的创新形式

实践教学是加大人才培养，提高学生创造能力、动手能力、探究能力的重要环节，把实践教学作为学院的主体教学机制常抓不懈，建立完整的实践教学课程体系。当前，艺术类高校注重培养应用型人才，以更加适应社会的广泛需求，在实践课程平台搭建方面，课程设置更要突出专业特色和实践课程的有机结合，促进理论和实践更加紧密结合。

增加学生实践实习的机会和时间。通过大量设计社会上各种公司的设计订单，学生愿意把大量时间用在实验室进行设计和研究，解决生产上的难题，不断查阅资料，通过真实的课题研究，提高学生之间的团队协作能力。有人负责数据统计，有人负责建模，有人负责调试和输出。团队精神的建立提高了团队的工作效率和学习效率，使学生设计的积极性得到了广泛的调动，该学科建设水平也得到了很大提高。

创办和参与设计竞赛，增强学生的竞争意识。当前设计与媒体艺术发展迅速，任何的停滞不前都会导致思维和意识的落伍，树立忧患意识、创新永无止境的态度十分重要，源于艺术的创造在未来也更加适应社会需求，通过开展工艺品设计竞赛，不设主题的装饰品设计竞赛以及媒体艺术设计竞赛，使学生的思维空间得到了充分拓展。

实践教学应该尊重学生的个性差异，使每个学生的特长得以充分发挥，多元化开发学

生的创新潜力。通过加强优质教学资源课题的引入，满足不同学生的学习需求，从根本上培养学生的创新意识、精神和能力。鼓励有丰富实践经验的学生参与到教师科研队伍中，以此鼓励学生的动手积极性和创新热情。针对不同专业特长的学生，实验教师为其安排到不同的课题组工作，对学生的理论和实践经验给予了充分的锻炼和提高。

进一步完善实验教学考评机制，学生的课程分数不再通过单一的试卷答题，更多地加入实践作品的考评，增强学生的研究意识。不同学生之间的作品实行互评机制，更多的评判能使学生之间取长补短，活跃整体创新思维。加强青年实验教师在个性化实践教学中的辅助作用，年轻教师更容易和学生交流，为实验教师提供更多的授课机会。

设计与数字化新媒体艺术作为新兴的实验学科，实践教学还存在很多的不足。在解决一些横向科研项目上，实验教师的能力还有很大欠缺。作为实验教师，应该不断加强专业进修，在艺术和技术上不断进步，更好地适应当今社会科技的飞速发展。在应对繁重的教学任务时要针对实践不断进行改革，积极编撰适应时代发展的优秀实验教材。通过实践教学模式的研究与创新，使学生学习的热情达到了空前高涨，克服了懒惰的情绪，毕业生的作品创作不再依赖外面的设计公司和生产企业。学生把大学更多的时间花在了自习室和实验室进行作品创作研究，实践教学从根本上为学生提供了产学研一体化教学平台，为学生走向社会、服务社会打下了良好的基础。

艺术设计实践教学本质在于创作的作品经受得住实践的检验，做到社会所需，得到社会认可，否则一切自认为再好的艺术得不到第三方的认可和评价，也都是徒劳的。通过健全艺术设计实践教学的理论指导，不断提高学校和社会的黏合力，使学生的大学所学真正做到了符合社会经济发展的需求。

第四节 数字化新媒体环境下构成设计教学

本节通过对构成设计教学存在的问题进行分析，提出在数字化新媒体环境中，从改革教育理念出发，使用"启发式""模块式"教育手段，提高学生的创新思维能力。同时，通过对数字技术手段在构成教学中的应用研究，探索提高构成设计教学效果的有效途径。

构成基础课程是设计类专业必修的一门专业基础课，学生通过课程的学习，完成具象思维向抽象思维的转变，学会用抽象、概括、简洁的视觉形象元素在一定设计法则的指导下，进行有内在视觉表现逻辑的创造性行为，是重要的设计启蒙课程。随着社会的进步，体现科技发展以及信息传播多样化的数字化新媒体语言成为许多学科教学运用的载体，更好地体现现代教学理念的重要组成部分。构成设计教学呈现了非常强烈的媒体属性，无论在教学过程中，还是在教学效果评价环节，数字化新媒体的有效介入都无疑成为重要的手段和方法。

一、传统构成教学和数字化新媒体环境下构成教学的比较

在传统教学过程中，大量授课环节和实践环节依靠静态图形示意以及手绘实践操作的形式，体现理论讲授、案例分析和实训操练环节。教师教与学生学相对处于一个效率平缓的教学实境中，现代数字化新媒体手段给课程展示、影像传递以及实践技能数字化都带来了全新的面貌。当然，传统教学中的优良传统以及教学方法是前提和基础，数字化新媒体手段的结合方式以及适用度的把握是需要在教学实践中不断摸索的。

构成教学过程是一个设计教学研究和设计教学实践密切结合的过程，理论研究为设计实践提供验证理论模型和方法，进行新语境下的教学理论建构是结合当下社会发展需求必须为之的探究行为。传统构成教学和现代构成教学是在信息技术发展背景下针对教学模式和方法展开教学方式及效果的比较，针对不同的教学内容，两者体现了不同的优、劣势。如何利用两者之间的优、劣势，探索出更好的教学方法，从而取得更好的教学效果是讨论的主要议题。

二、教学实践及问题

现代构成教学是一种通过对生活和身边事物的观察、分析，经由对视觉语言的抽象概括提炼，并运用相关设计原理及法则进行创造性的组合。这个过程本身就包含要对周围世界发生的新变化密切关注并依托之进行创造性的行为，但是往往因为教育者固有的教学思维和程式化的教学范式，不太轻易地进行改变，从而造成现代构成教学中的一些困惑和问题。

（一）常规教学理论的授课模式

教师在常规教学中，一般采用先进行理论引导，后设计实践训练专题，让学生有序地进行理论到实践的学习认知。但是，学生仅在上课时才能进行系统的理论学习，之前没有很好地被引导借助媒体手段进行学习资源的探索和素材收集，无形中降低了课堂效率，加之构成设计课堂一般被设计成理论讲授加上实践训练的四节课连上的形式。学生在课堂上最终呈现的作品没有足够的时间形成很好的展示效果，进而教师不能很好地监测到学生对理论学习的成果。为提高课堂教学效率，在授课之前教师应设计相关教学预习环节，引导学生带着问题，结合多样的数字化新媒体载体，开展"自主式"的学习是关键。"启发式"教学是如何在一定形式和任务要求的指导下，更快、更好地让学生适应课程教学内容，激发其创造性思维，从而实现教学目标的更好达成。

（二）表现手法的局限性

传统构成教学中，设计制作的表现手法往往局限于传统工具的绘画表现，在平面构成、色彩构成以及立体构成方案设计阶段采用工具手绘的形式居多。传统手绘对学生的最初创意表现以及绘画基本功的训练有得天独厚的优势，并且是设计意图反复论证阶段必须经历的过程。但是其劣势也较为明显，费时费工，对错误修正和反复修改没有优势。数字媒体的介入为其提供了很好的解决方案，就如何形成两者之间的完美对接，突破表现手法的局限性是现代构成教学关注的技能表现层面的关键问题。

（三）专业认知度低，学习针对性弱

构成设计是设计学科必修的专业基础课程，为各种设计学专业提供基础、有效的设计法则和视觉规律，但是，由于各个专业具有不同的研究领域，不同研究领域对构成课程设计原则的适用性都有不同的需求。在传统构成教学中，过多地关注方法论本身的探索过程，大量的练习和训练仅集中在对视觉规律的参透上，最终作品没有呈现出较为清晰的专业指向。缺乏对专业领域发展需求和发展趋势的引导，从而造成创新实践的方向和定位不够精准，课程教学溢出的指导效益不高。以数字媒体艺术专业为例，在对点、线、面基础构成练习的过程中，如何引入点、线、面构成形式在数字化新媒体艺术表现中实现静态图形往动态影像表现的方案解决，可以成为课程解决的重点和难点。在构成设计教学中，如何使学生带有专业属性的倾向去解决专业领域的现实问题是加强专业课程衔接的重要途径。

三、数字媒体语境下的教学方式改革

数字媒体手段在构成实践教学中的应用（数字媒体艺术专业构成基础课程的特点）。

（一）数字化新媒体手段在"启发式"教学中的作用

在"实证主义"设计研究的哲学范式分析中，对设计师进行了较为明确的定位。设计师不仅进行具体材料、技术和物理决策，更重要的是要从一个更为广泛的社会、环境、文化的角度对设计进行思考。在信息社会中，我们对世界的探索、知识的获得不能仅仅停留于传统的方式，而要使各种数字化新媒体载体都成为我们获得新知识的重要工具。在现代教学中，"启发式"教育理念正是要借助大量的数字化新媒体工具和数据资料让学生通过有针对性的学习目标，自主完成对问题最初的理论和实践探索。例如，在构成教学中，最初激发学生发现生活中的具有构成意味的视觉形式，从自然中获取有关信息，可以借助手机里的各种APP，在拍照获取素材的同时，借助媒体获得对对象物的精准认知，从而增加学生的学习兴趣和获得更多的信息储备。并且在作业成果的展示环节要求学生不要仅局限于PPT的各种动态图形的媒体展示方法。

（二）数字化表现技能的有效介入

计算机绘画、数字化新媒体推广手段的运用使现代构成课程呈现出新的发展态势和教学效果。在经过最初思维创意的拓展和手绘草图的精心筛选后，如何有效率地进行作品表现成为课程最终成果需要解决的重要问题。计算机辅助绘画设计无疑成为一个很好的选择，计算机辅助绘画设计凭借快捷、可反复修改、图形精准、色彩系统可控的优势，在作品最终表现环节体现出与市场商业标准高度匹配的特点。在现代构成教学中，保持创意构成阶段采用大量手绘设计训练的优良方法之余，提高学生使用数字技术手段表现设计成品的技术能力，切实提高教学质量，创设多元化的学习环境。

（三）借助数字化新媒体资源开展"模块化"教学

针对不同的专业属性，设计独立性、指向性强的实践教学模块。借助课程模块化，开展与专业归属行业紧密结合的设计实践专题。各教学模块设置专题实训，结合专业项目需求，进行快题训练，激发学生的快速反应能力，提高其设计思维的创造性和快捷的方案设计能力。同时，为提高设计的领先意识，教学过程中设计"经典案例分析模块"结合国际重要展示展览经典案例进行深度剖析。通过数字化新媒体实时跟踪国际知名展示展览，以获得重要参展商以及最新资讯，注重设计前沿信息的发展态势。

数字化新媒体环境下对构成设计课程教学展开创造性的变革，是针对媒体环境的变化以及接受群体获得信息的特点进行的教学尝试，探索师生在构成设计课程教与学的过程中，如何更好地获得资讯、提高创新能力的途径。借助数字化新媒体手段进行更多、更合理的知识储备和解决方案的参考是提高教学效果的有效途径，数字技术的有效介入在很大程度上提高了构成作品表现的质量。同时，"模块化"的专题实训解决了问题针对性的有效性，能更大程度地提高学生对专业学习的认知。

第五节　数字化新媒体环境下字体设计的教学

数字化新媒体环境下对于信息的传播、字体的设计不再只有唯一的衡量标准和创意要求，字体设计要根据其传播途径的差异，做出相应的改变。在教学实践过程中，对于字体设计的教学理念和教学方式都要有一个划时代的提升与创新。本节将在分析数字化新媒体环境特点的基础上，研究在不同领域、不同功能下对于字体设计的多方面要求；并结合字体设计的教学实践，从创意创新教学模式以及提高教育对象的综合能力等方面进行研究与探讨。

一、数字化新媒体及数字化新媒体环境

英国中央圣马丁艺术学院教授崔西亚·奥斯丁在著作中提到"数字化新媒体语言是指依托于互联网、电脑游戏、光盘和影碟交互的环境下进行的视觉传达和信息交流模式"。事实上任何数码移动产品,还包括自动更新的电子阅读器,都属于数字化新媒体的范畴。在数字化新媒体环境下,字体设计不仅保留了其在传统媒体中的表现形式,而且基于数字化新媒体的传播特性和表现形式衍生出了新的形态。数字化新媒体最明显的特点是交互性强,能把静态的设计,如印刷、摄影、广播、电视或电影同动态网络反馈,或是交互展览、物体和环境相结合依托于数字化新媒体在表现形式上的动态性和传播形式上的交互性,字体设计也将突破传统形式进行创新。字体是视觉传达设计的重要手段,但字体的实用性、功能性并不像其他设计表现得那么纯粹。虽然字体设计不可以直接使用,但是其应用的范围十分广泛。比如,包装设计、标志设计、招贴设计等方面。随着数字化新媒体环境的普遍使用,字体设计作为数字化新媒体技术下的视觉语言得到了进一步的发展。基于数字化新媒体的动态表现形式和互动性的传播特征,动态标志、动态海报、互动招贴等众多视觉传达新语言丰富了视觉效果。这种新的视觉语境下同样要求字体设计根据其载体进行相应的形式创新。

二、创新教学实践

基于数字化新媒体环境下字体设计的特点和要求,在数字化新媒体环境下的字体设计教学实践不仅要继承平面效果上字体设计的教学重点,还要加入数字化新媒体环境下字体表现形式的相关要求。针对数字化新媒体动态效果、互动性的特点,以及新技术下的衍生形式所需要的表达要求,将字体设计的教学实践环节从创意语言的培育、表现技法的创新以及综合运用能力等方面进行充实与完善。

(一)创意创新的培育

创意创新培育。首先,要注重结合相关知识。除了其他感官形式的结合,字体设计和版式设计、字体设计和色彩学、字体设计和图形创意的理论知识同样要运用到设计过程中。将字体设计结合版式设计的基本理论运用到整合媒体、跨界媒体等捆绑式媒体传播形式中,根据不同媒体的不同要求按需组合,也为字体设计的教学与实践带来了不小的挑战。字体使用途径的不同导致其字号、像素以及版式效果都会有相应变化。既要保证字体设计在相关媒体上的适用性,又要保证其设计感,是创新教育中的另一个创新重点。其次,崔西亚·奥斯丁在著作《数字化新媒体设计概论》中所引用的弗兰德·迪克林(Fred Deakin)的理念"数字化新媒体出现对平面设计来说是一把'双刃剑'。这种

可以创造和融合平面内容、声音、音乐以及各种界面的技术，赋予设计师和我们探索那些曾经不愿接受数字化新媒体的勇气。新的工具也扩展了相关技术的适用范围并在多学科混合项目中取得了良好的效果，同时在传统领域中发挥了重要的作用，如字体设计和版面设计"。在创新性教学中，数字化新媒体融合了声、光、影、音等多种传播形式，字体设计也不再单一地出现在二维媒体展示平面上。空间内的字体设计、动态交互型的字体设计、动态配合声音节奏性的字体设计等形式层出不穷。在教学活动中引导学生从意识上更新字体设计的观念：字体设计不再是一个平面衍生形态下的生成作品，更是空间里互动过程的必备元素。课堂教学中培养学生字体设计不只是平面表达形式，而是要在做平面中的字体设计草图时，同时形成创意系统，考虑到应用在三维空间、音效、交互设计里的形态。

（二）教学形式的创新

数字化新媒体是现代教学实践中最重要的手段之一，而综合利用各种媒体形式的优势，将平构、色构、音效、动画以及字体设计等重要的效果因素有机结合，本身就是数字化新媒体环境下字体设计的典型案例。在教学结构的设置中，秉承基础理论和传播媒体特性分析并重，用传媒特点体现基础理论的内涵，用基础理论的精髓分析媒体传播过程中字体设计的重要性。随着数字化新媒体被普遍接受，强调数字化新媒体成像特点、传播特性，让学生深入了解字体设计的来龙去脉，更明确、更精准地针对不同传播渠道、不同用途的文字进行相应的设计工作。在课程教学过程中，学生可以根据自己在平面中制作的草图进行相关动态、互动动作的延展设计。对设计好的字体进行合理的效果展示，使其在动态、互动中的字体符合其相关的功能和风格。在激发学生兴趣的同时引导其在实践中理解、感受字体设计的规律。

尝试从字体所应用的新环境中进行教学创新。数字化新媒体的动态效果、互动效果以及模拟环境立体效果的展示形态层出不穷，要求字体设计要随之不断进步。在教学过程中，要全面、合理地考虑字体的应用范围及展示效果的理念，避免设计出的字体仅能运用在有限的媒体上，缺乏整体感和系统完整性。为达到这样的教学效果，可以尝试利用数字化新媒体多样化的效果展示与体验功能，模拟创意形式和预设计效果。在创意方法上，要将传统媒体的构成理论基础、相关数字化新媒体知识以及用户体验和设计目标要求等相关知识、要求进行综合性的考虑，形成一套可以匹配数字化新媒体展示功能和应用效果的字体设计，逐渐打破传统平面媒体字体设计方法的限制。

从字体设计相结合的其他媒体形式进行创意创新的唤起。数字化新媒体技术的日益强大，使得在数字化新媒体形势下的字体设计有必要与其应用环境和多感官传播形式结合进行教学实践。根据数字化新媒体适用的表现手段和表现渠道，结合整体效果的主题特点及表达要求，结合音频节奏、触感等形式，让动态感、互动性的文字与之相匹配。视觉上的体验变化同其他感官的节奏感进行相互配合，力求给予受众多感官、多方位、真切、生动的形式表达。体现不同字体设计的运行环境、投放媒体特性、表现要求变化,根据要求的不同和表达形式的不同,因地制宜地转化字体的形式与风格。

(三)综合应用的创新

在字体设计的创意培养模式下,字体的概念、字体设计的基本理论和相关知识的铺垫依然是字体设计的基础支撑。结合当下设计趋势与经典案例,分析并阐述其字体设计的原型和创意方式,引导学生用综合利用设计原理,结合当下设计风格分析、解读成功案例的创作过程和成功原因。通过当下设计案例的分析与研究掌握当下设计手法、字体设计与造型能力以及数字化新媒体环境下字体设计的发展趋势。在教学实践活动的创新过程中,要注重将字体与其内容和作用相结合的创意创新。随着数字化新媒体环境特点的逐渐显现,不仅数字化新媒体的表现形式和传播模式发生了改变,其形式和内容也发生了较大的改变。在教学过程中,要将设计发展趋势与成功案例进行讲解分析。分析当下的设计发展趋势有助于学生更好地进行相关实效性较强的风格理念的理解和应用。解析成功案例,通过反推、分析等手段,引导学生深入地思考在同样的创意手法下,如何进行不同风格化、个性化的创意字体设计。联系自身实际,更有效地进行不同方向的对比,在深入辨析优秀案例的同时,对自身的设计风格和设计理念进行一次次深入、定向的探究和学习。此外,在学习优秀案例的同时要注重选取时下相关热点话题进行创意作业练习。例如,微博热搜词汇、网络流行语等既具时效性又具实用性的语言,以此激发学生的创作热情和探索兴趣。结合自己的兴趣点和时代热点进行创意,不仅可以让学生练习找准切入点,同时减少了学生对命题理解的误差,并以此类命题展开调研、解析更多的字体风格和应用方法。在兴趣的引导下,将个人风格结合不同语境、含义对字体设计进行创意设计。此外,还可以结合大赛实题开展创意内容,带领同学们进行实题实做教学。实题实做教学是具有针对性、实战性的教学方式,根据现有的要求和限定,在实际的命题背景下进行字体设计及相关延展设计。在实题设计过程中,学生可以真切地了解到字体设计在实际市场中的主要作用、应用范围、不同风格形势下字体的表达要求。

数字化新媒体环境下的字体设计,面临着不小的挑战。字体设计的要求源于数字化新媒体的形式,数字化新媒体日益优化的技术为字体设计提供了更多的表达方式。新的表现形式带来了更大的市场需求,在这种市场需求下,要求字体设计的教学实践活动要随之改变。数字化新媒体及其衍生媒体传播范围之广、传播范围之迅速、传播形式之多样、受众者也是发布者等特点,给字体设计在功能和效果上都带来了巨大的改变,同样也表现在其丰富的形式上。尽管如此,二维平面中的字体设计是数字化新媒体字体设计的雏形,更是数字化新媒体衍生形式下字体设计的根本。所以,不抛弃原有的教学理论及美学原理,将字体设计转型运用到数字化新媒体的进程中,依旧要秉承坚持。字体设计作为适用性极强的一个设计方向,将会随着数字化新媒体的发展变得更加多样化。数字化新媒体及其衍生形式的多渠道传播、表现形式与其他相关设计专业的联系更加紧密,形成更多的表现形式。

在教学活动中，培养学生全新的字体设计思维模式，提高其数字化新媒体环境下字体设计的综合技能和表现技法。根据数字化新媒体动态感、互动性等特点，从创意角度的培养阶段给予学生较为全面、完整的创意体系的建立。利用完善的创意构思，引领新的教学模式下产生的字体设计可以灵活运用于传统媒体和数字化新媒体的各种平台之上，使字体设计摆脱媒体表现形式的差异束缚，较为整体、合理地将字体设计效果展现在各种媒体平台上。

第七章 数字化时代高校教学管理创新研究

第一节 数字化时代高校教学管理创新的必要性

高校教学管理是一项重要又复杂的工作。近年来,随着教育体制的不断深化发展,对高校教学管理进行不断创新已是必然趋势。本节以高校教学管理创新必要性为切入点,重点对高校教学管理创新的对策做出详细探究,从而保证高校教学管理迈上一个新台阶。

建设创新型国家是我国提出的新型战略方针。如何实现创新型国家,关键在于创新型人才的培养与储备。高校作为创新型人才培养的重要阵地,对创新型人才的培养成为高校教育教学管理的重中之重。

一、高校教学管理创新发展的必要性认识

随着教育体制的不断深化发展,培养创新型人才成为高校首要的教育工作。高校教学管理的创新不仅是时代发展的需要,更是国家建设的需要。另外,受市场经济体制的影响,高校不断发展进步,必须进行教学管理的创新工作。新时期高校教学管理创新的必要性主要包含以下三方面的内容。

(一)高等教育大众化发展的迫切需要

近年来,我国各大高校每年招生规模都在不断扩大,我国高等教育从精英教育向大众化教育发展。正因为招生规模不断扩大,高校面积不断增大,使原本简单的教学管理工作变得越来越复杂。但是,对现阶段的高校教育来说,这是新时代发展的必然产物,也是社会不断进步的体现。因此,为了使高校教育跟上时代的发展,必须对高校教学管理进行不断创新。受市场机制的影响,其中部分高校只追求学生数量的增大,忽视对学生质量的要求,导致其发展速度远远跟不上高等教育大众化的发展速度,最终使其课程教育、教学等都与社会发展需求相背离,培养人才技能结构过于传统。虽然近年来大学生毕业人数不断

增加，但是真正步入社会后，一些高校学生所学的专业无法和社会需求相挂钩，不仅学生的就业质量得不到保障，还造成教育资源和人力资源的浪费。

（二）高校自身发展变化的迫切需要

近年来，我国大部分高校招生力度不断加大，校区规模不断扩大，其中还有不少高校，在本校区以外建立分校区，如此，想要实现规范统一的教学管理必然有一定的困难。教学资源分散，管理难度增加，管理效率低下，诸如此类问题的存在，成为高校教学管理创新工作中必须解决的内容。传统教学管理模式与经验已然不适用于现今的跨校区、多校区教学。在新背景下对高校教学管理创新发展已成为高校自身发展的必然需求。

（三）高素质、创新型人才培养的迫切需要

自21世纪以来，世界各国综合国力的比拼越来越白热化，而有效提高综合国力的关键在于科技实力的提高和创新型人才的培养。高校作为培养人才的主要场所，学生的创新教育成为重中之重。因此，高校首先应该改变思想，重新审视传统的教育理念，重新定位创新型人才的培养目标；其次要从教学管理制度入手，对专业设置、人才培养目标重新进行创新性定位，优化现有的教学管理制度，制定满足培养学生实践能力、创新精神和创业能力的教学管理制度。高校教师在教学过程中要充分考虑并尊重学生的个性差异，懂得因材施教。另外，还要注重学生的个性化发展，培养学生的自主学习能力，并为学生自主学习营造有利的氛围，采取灵活多变的教学方式，充分为学生的实践活动提供指导，从单一的课堂教学转变为教学竞赛一体化的教学模式，充分发挥学生的主体作用，把教学的主体从"教师"向"学生"转变，从而为社会培养出更多的创新型人才。

二、高校教学管理创新性对策研究

教学管理工作作为高校工作的重中之重，若要实现高校教学管理的创新就要立足全面分析问题，并从整体入手进行优化，既要坚持传统却行之有效的管理模式与经验，又不排斥学习、引进先进的管理方式。笔者谨提出以下四点建议完善高校教学管理的创新性改革。

（一）坚持"以人为本""以学生为本"的指导思想

理念是行为的主导，正确的理念能够引导人们在正确的道路上前进。对教育实施者的行为产生影响，对教学内容、课程设置、教学方法、教育目的乃至师生关系也有影响。高校的教学管理创新，归根结底是教学管理理念的创新，革新教育管理理念是根本。其科学发展的核心就是"以人为本"，国家发展是这样，高校教学也是这样。在高校教育过程中，坚持"以人为本"就是"以学生为本"，所有教学管理工作都要秉承"一切为了学生，为了学生的一切，为了一切的学生"管理原则，将人文关怀渗透日常教学与管理活动中。尽

可能突显教育方法的开放性与灵活性，最大限度地保留大学生的个性差异，让他们在高校中培养出强大的自主学习意识和创新创造能力，使学生成为社会发展与国家进步所需要的优秀创新型人才。

（二）加强教育者自我学习，提高整体管理能力

加强对高校教学人员的管理，不断提高管理人员的整体工作水平，主要包括以下三方面。第一，思想政治修养的加强。高校作为文化传播的重要场所，身上肩负着培养人才、发展科学和社会服务的重担。因此，高校教学人员首先要具备高度的责任心，用严谨认真负责的态度对待工作，这才是高校教学管理创新性发展的前提。第二，掌握现代教学管理的理论知识。为了提高高校的教育管理水平与教学质量，每一位高校教学人员都应该全面掌握现代教育理论知识，尤其对教育心理学、教育管理学等方面的学习，还要对教育教学管理制度有充分的了解，如此才能保证教学管理工作顺利开展。第三，高校教学人员应该具备创新能力和创新意识。为了高校更好地发展，教育不断改革，具备创新能力和创新意识是不可忽视的重要内容，只有具备这两方面能力，才能为高校献言献策，提出新的发展方向，为高校创新性发展提供理论基础。只有在创新的道路上不断前进，找出适合自身的发展道路，才能使学生个性化发展得到保证，才是不断提高学生的学习积极性。在如今"互联网+"的时代背景下，对高校教学人员提出了更高的技能要求，网络、电脑、智能手机等都成为教学管理工作的重要工具。这就要求高校教学人员在工作中自觉地学习，积极发挥创新意识，多掌握一些网络技术，不仅能保证工作效率，而且能保证各项教学工作的准确率。

（三）充分发挥"双效激励机制"

充分发挥"双效激励机制"，该激励制度不仅是教师积极参与教学管理的基础条件，同时是激发学生主动学习的动力。"双效"具体来说，一是对教学者——教师的激励机制。高校要进一步完善针对教师所实施的各类福利政策，让教育者毫无后顾之忧地投身教学工作。一方面要不断加大课时津贴、教学奖励等福利政策的实施力度；另一方面要鼓励高校教育者将个人兴趣融入教学活动中，改变重科研、轻教学的倾向，做到教学与科研两手都要抓、两手同时抓，为教师努力营造出公平合理的教学管理氛围。二是对受教者——学生的激励机制。充分发挥对学生的激励机制，是提高学生学习积极性与创新性最行之有效的措施。首先，引导学生提高自主学习能力及创新能力。高校要给学生营造出良好的学习氛围，引导学生树立正确的人生观、世界观和价值观。其次，高校要多途径、多方面为优秀学生搭建创新平台，学生接受教育的场所不再单一地局限于课堂，通过诸如课程实践、实习、竞赛等多途径为学生发展提供机会。最后，建立学生参与教学的管理制度，让学生通过校方的正规途径充分了解学校、学院在教学管理方面的创新性工作，从而更好地发挥学生的主观能动性。面对新时期的高校发展，建立"双效激励机制"已是必然趋势，支持教

学者与受教者的工作与学习，让教与学在高校教学中发挥出最大的功效与潜力，从而达到教学目标的最优化。

（四）深化教学管理体制创新

为了满足我国经济体制的发展需求，教育体制要适时地进行相应改革与创新。学校主要进行宏观政策、机制上的调整，进行相应的评估检查，各个学院的主要职责是对教学过程和教学质量进行监管。因此，高校教学管理重心要下移。首先，高校要改变传统专业课程的设置模式，让全体教师都主动参与到教育教学的改革、学生课程的培养方案优化工作中，从而不仅能发挥出教师的各自优势，还能节约高校教育资源。其次，完善高校教学管理中校、院两级分级管理模式，重点强调院系教学管理的主体地位，明确其中的权利与责任。最后，建立更加科学的学分制度，努力促进高校教育思想、教育观念、教学模式、教学内容与方法的变革。

高校教学管理创新工作是大势所趋，必须凝聚国家、高校和社会各界的力量协同完成，秉承"以人为本"的科学发展理念，努力提高自身的管理能力，充分发挥"双效激励机制"，努力深化教学管理体制创新，为高校教学管理创新迈上新台阶奠定坚实的基础。

第二节 数字化时代高校教学管理创新发展探索

高校教学管理创新发展是时代变革发展的必然趋势。高校教学管理现状主要表现在教学管理工作认识程度不够及教学管理数字化程度相对薄弱两方面。建立"以人为本"的现代高校教学管理理念，构建高校教学管理网络信息化运行机制，开展"精细化"高校教学管理模式是高校教学管理创新发展的有效途径。

随着我国科教兴国战略的推进实施，促进高等教育事业实现了深刻变革与巨大发展。适应时代发展需要，是我国高等教育改革与发展的基本目标与要求。高校教学管理工作是高校管理工作的核心内容，是高校培养高质量人才服务社会的重要保障。根据现阶段我国高等教育发展的实际情况和发展特点，国家教育相关管理部门对高校的教育管理已经提出了新要求，尽管我国高等教育发展过程中对教学管理做出了相应的改革，但在应对新形势下的高校教育教学中面临的问题还存在着部分限制解决因素，在一定程度上影响了教学质量的提高。因此，通过改革创新教学管理模式是我国高等教育适应时代发展的现实要求。

一、高校教学管理创新发展的必要性

（一）高校教学管理创新是时代变革发展的必然趋势

步入 21 世纪后，社会改革发展使社会政治、经济、文化及教育等方面都发生了巨大变化。高校作为社会发展输送人才的主要阵地，根据时代变革特点转变原有的教育管理模式，提高教育质量是高校教学管理创新发展的基本原则。相关统计数据显示，与改革开放初期我国专业教师人数相比，现今的师资数量及结构发生巨大变革，中青年教师及青年教师成为师资结构的主要组成部分。随着时代的变革发展，如此庞大的教师队伍是高校教学管理进行创新改革所要考虑的重要层面。2016 年 6 月，教育部下发了《关于中央部门所属高校深化教育教学改革的指导意见》明确指出，提高人才培养质量是高等教育的核心任务，深化教育教学改革是新时期高等教育发展的强大动力。当前，在高校教学管理中要深入推进信息技术与教育教学管理深度融合，其是时代变革中教学管理创新发展的必然趋势。

（二）互联网技术普及应用为高校教学管理提供新契机

随着互联网信息技术的不断发展，当前社会已经进入"信息时代"，互联网的普及已经成为社会发展的趋势并逐步应用于各领域。因此，建设以互联网应用为基础的网络信息化管理是高校教学管理改革的重要途径。互联网技术的应用可以使管理方面更为精准化、人性化及集约化，高校在教学管理中运用互联网进行多种信息传播将更为技术化，在操作过程中精准程度将大幅提高。同时，在劳动强度方面可以极大地减少工作人员的工作量，提高日常教学管理的工作效率。高校通过互联网技术与高校管理服务体系的深度结合，利用互联网带来的公共数据资源的开放获取优势，可以形成在线"一体化"公共服务体系，将服务资源进行有效整合，实现数字化及智能化的高校教学管理服务模式。

二、高校教学管理创新发展的有效途径

（一）建立"以人为本"的现代高校教学管理理念

"以人为本"体现了中国共产党全心全意为人民服务的根本宗旨。高校教学管理的本质就是在教师从事教育教学过程中尽可能地进行辅助服务，"以人为本"的现代教学管理新理念其核心就是围绕教师和学生通过使用科学的管理模式对学生及教师开展教学管理工作，与传统的管理模式相比弱化了以理性为中心开展管理工作，是当前高校教学管理改革发展的必然趋势。一方面，高校管理人员通过加强自我服务意识，对学生及专业教师的个

性化需求给予最大化的满足，在教学、科研及服务管理过程中做到规范管理、人性管理和民主管理，切实做到"以人为本"，突出人性化的教育管理理念。另一方面，要重视学生的地位。学生是高校教学管理内容的重要组成部分，通过发挥学生的主观能动性可以激发学生的学习兴趣，进而提高教师的教学效果，达到人才培养的最终目的。

（二）构建高校教学管理网络信息化运行机制

"互联网+"与高校教学管理工作的紧密融合使信息资源高度共享得以实现。高校网络信息化运行是提供服务于学生及教师办理日常事务的最简化途径。应用教学管理信息化系统是高校进行网络化办公的主要方式。提高高校教师及学生对教学管理信息化系统的使用效率是构建高校教学管理网络信息化运行机制的根本目的。积极引导高校学生正确、快速地使用高校教学管理系统，减少现场办公环节，可以对提高高校教学管理工作的效率起到积极的作用。同时，在完善教学评价过程中，网络信息化提供的大数据可以及时分析在教学过程中发现的各类问题，教师通过数据分析结果及时调整教学内容，最终会促进整体教学效果的提高。高校教学管理在大数据的支持下可以从宏观向微观转变，把对群体的分析与观察逐步转向个体，在分析具体学生的反馈数据基础上进行实时跟踪，以实现高校教学管理质量的显著提高。

（三）开展"精细化"高校教学管理模式

"精细化"管理模式主要是通过细化分工实现最佳管理效果的一种职责明确化方式。在高校的教学管理中，开展"精细化"教学管理是高校教学管理创新发展的有效途径。高校的"精细化"管理模式主要是通过对正常运行的教学管理的各个主要环节进行合理策划、精心组织，紧扣管理中的实际情况，依据"以人为本"的主要原则加大管理力度，实现教学管理从量的改变到质的提升。一方面，通过"精细化"管理加强高校管理工作人员的素质提高。制订"精细化"的教学管理工作人员素质提升计划对其展开培训。利用聘请专家进行专业化讲座及参观培训的方式，对"精细化"管理相关实践技能开展有效学习，逐步掌握流程化的管理技巧。另一方面，要构建"精细化"考核监控体系。通过"精细化"的管理考核体系可以激发高校管理工作者的工作情绪，调动其积极性和主动性，同时在不断完善奖惩机制过程中，激励教学管理人员不断改革创新。

第三节　数字化时代高校教学管理创新

随着网络信息技术的发展和高校教学改革的不断深入，高校教学管理信息化建设在资金、人员、教学管理软件以及教学评价标准方面都跟不上发展的速度。高校要想进一步提高教学管理的科学化和现代化水平，就要在电子教务管理系统、管理人员信息素养、筹资渠道、教学管理软件、教学评价机制、可持续发展等方面积极探索教学管理信息化建设的新路径。

高校教学管理信息化是高校利用先进的计算机、数据库和网络技术，实现教学信息的资源共享，使传统的教学管理向规范化、科学化、数字化和网络化发展，最终形成与高校教学管理发展并存又相互作用的虚拟教学管理系统。近几年来，随着现代信息技术的飞速发展和网络基础设施的不断完善，高校教学管理信息化建设取得了重大进展，采用信息技术运行的各种教学管理信息系统更是得到了广泛的应用，促进了从宏观到微观的高等教育管理体制的改革与创新。

一、数字化时代高校教学管理信息化建设的背景

随着科学技术的进步和全球经济的飞速发展，人类社会已进入一个崭新的信息革命时代，即数字化时代，21世纪对高校人才的培养也提出了更高的要求。当前，高校教学管理工作面临着网络新时代发展背景，具体体现在以下三个方面。

第一，数字化时代高校教学管理面临的新问题挑战。21世纪是一个信息技术高速发展的时代，以计算机技术、网络技术以及各种新媒体手段为核心的信息技术纷纷出现，并被广泛应用于社会各领域中，成为拓展人类能力的主要工具。在这样的信息化环境下，高校的教学管理工作面临着新的机遇和挑战。一方面，高校可以充分利用现代化的信息教育手段开拓教学管理工作的新局面，促进教学管理理论和方法的创新，提高教学质量，探索与发展全新的教学管理模式。另一方面，高校教学管理在运用各种现代化信息技术教育手段的同时，面临着科技新发展所带来的各种挑战。例如，各种新媒体及网络技术的购买和维修成本高，对高校的经费投入提出了更高的要求；新教学设备的维护工作给专业的技术支持人员提出了新的要求。

第二，高校大力推行教学管理改革运动。近年来，我国高等教育事业获得快速发展，学校办学规模不断扩大，在校学生人数持续增加，毛入学率不断提高。我国高等教育已经逐渐由精英教育向大众教育转变，给高校教学管理工作带来了前所未有的压力和挑战，如何确保高等教育教学质量，防止教学质量滑坡已成为社会各界重点关注的问题。显然，高

校过去的传统教学形式和管理体系已经难以适应大众化高等教育的发展。为了应对这种挑战，国内很多高校进行了以选课制、学分制、弹性学制为核心的教学管理改革运动。选课制是学生在一定的规则范围内，自主选择所修的课程。学分制与学年制相对应，以学分考核学生的学业完成情况，用规定的毕业最低总学分来衡量学生的学习量和毕业标准。弹性学制是学分制的另类发展和表现，指学生可以根据自身的条件和特点来安排学习，其最大特点是学习时间的伸缩性、学习过程的实践性以及学习内容和学习方式的选择性。这些教学管理改革运动在一定程度上配合了高校教学管理信息化建设的需求。

第三，21世纪对创新型人才的需求。21世纪是知识经济的时代，是全球政治经济一体化、文化多元化的时代，社会、科技和经济等各方面的发展给人才的培养提出了更高的要求。创新能力越来越成为各国衡量人才的首要和关键标准，高素质的创新型人才成为推动社会各领域飞速发展最重要的推动力，能够有效地推进创新型组织及创新型国家的建设。自1995年我国提出科教兴国战略以来，创新人才培养成为国家人才战略的核心，而实施科教兴国和人才强国战略，就必须加强科技创新和教育创新，在社会的各个领域培养出具有国际竞争力的创新型人才已成为我国教育事业的首要目标。清华大学教育研究院发布的"以学习者为中心"的研究报告称，和美国的研究型大学相比，我国的"985"高校在激发学生自主学习的愿望与能力、提供创新性学习方面表现不佳，"填鸭式"教育方式在我国高校仍未得到根本性改变。因此，在高校建立创新型人才的教学培养模式是我国目前亟待解决的问题。高校要顺应21世纪教育创新发展的需要，实行高效以及操作性强的教学管理新模式，注重对学生创新能力和综合素质的培养，充分运用信息技术手段进行教学管理，提高教学管理效率，实施个性化教育，培养创新型人才。

二、数字化时代高校教学管理信息化建设存在的问题

在当今的数字化时代，虽然高校教学管理信息化在我国越来越受到重视，但是大多数高校还处于起步阶段，发展不完善，在资金、人员、教学管理软件以及教学评价标准等方面存在很多问题。

资金投入不足。教学管理信息化需要有完备的教学设施。虽然高等教育信息化建设的重要性越来越受到各高校领导的普遍认可，但是资金投入不足仍是制约高校信息化发展的因素之一。究其原因，一是由于高校扩大招生规模，高等教育日益大众化，单一的国家财政拨款远不能满足高校发展的需要，因而教学管理信息化建设上的投入也就相对不足；二是近年来各高校都在加速建设的步伐，将主要经费投入校园建设、人才培养、教学项目等方面，忽视了教学管理信息化建设；三是教学管理信息化建设中所运用到的多媒体及网络技术的购买和维护成本较高，资金投入总量较大。此外，由于我国区域间经济实力发展的差异，导致不同地区的高校教学管理信息化发展水平极不平衡，那些经济发展水平较高、

经费投入多的高校，教学管理的信息化程度较高，建立了完善的电子教务管理系统。而一些地方性院校、中西部高校，由于经费投入不足，导致教学管理信息化的进程严重滞后，有些地区甚至缺乏基本的网络教学设备。

相关技术人员队伍建设滞后。高校教学管理信息化的建设过程离不开高素质的专职技术人员的支持，主要表现在教学硬件的维护以及教学软件的研发等方面。然而，高素质的专门技术支持人才的匮乏成为制约我国高校教学信息化发展的又一障碍。在实际工作中，由于受人员编制、资金投入等因素的影响，在职位设置上，各高校普遍没有专门的技术支持人员岗位，导致信息化的教学设备维护的技术水平较低，教学管理系统的稳定性和安全性得不到保障；在具体教学过程中，经常出现在教学设备突发故障时没有专门的技术人员及时进行维护的情况，导致正常的教学活动受到影响；在教学管理软件的研发上，许多高校由于自身专门的技术支持人员的缺乏，往往单纯依赖外部专业的程序开发人员规划和设计教学软件、系统，导致设计出来的软件和系统出现功能与实际不符或者操作不便等诸多问题。教学管理的实践证明，高等教育信息化的建设速度越快，技术支持的问题就越突出。

教学管理人员是高校教学管理工作的组织者和实施者，在具体教学活动中起着至关重要的作用，直接影响着教学任务的完成。如今信息化的教学管理环境对教学管理队伍的综合素质提出了更高的要求，信息技术素养越来越受到重视。但是，在对教学管理人员进行招聘时对其素质要求不高，录用后又忽视对他们进行系统性的培训，加之自身传统教学观念的落后，导致高校教学管理人员的信息技术素养普遍偏低，不熟悉计算机和多媒体技术的操作，不善于使用网络技术、计算机、互联网等现代信息技术手段去获取、分析、反馈信息以及处理繁杂的日常事务性工作，缺乏学习和应用新技术的积极性和主动性，工作效率低，这些都制约了高校教学管理信息化建设的进一步发展。

缺乏完善的教学管理软件。目前，我国很多高校学籍管理、考务管理、教材管理等信息管理软件已经在实践中得到了应用，在成绩、选课、学生基本信息管理等方面发挥了一定的作用，大大提高了高校教学管理的效率。但是，这些软件大都属于教学管理信息系统的某一局部应用，其开发时间、使用要求以及应用水平都呈现出不均衡性。此外，这些教学管理软件大多是各个高校委托专门的技术公司研制或是自行研制开发的，缺乏信息化平台建设统筹规划性。在信息化建设过程中，忽视了教学管理信息化的核心地位，数据共享和传递困难，难以实现资源统一管理的目的。

缺乏支持教学管理信息化的评价标准。随着学生对网上教学平台和电子课件利用率的增加，自助式教学在我国很多高校越来越受到热捧。然而，支持高等教育信息化的教学评价标准尚不成熟，自助式教学的效果如何检验、教师网上答疑和多媒体课件制作如何计算工作量等一系列问题不断涌现，亟须解决。众所周知，教师在教学过程中使用信息技术要花费教师更多的时间，会成倍地增加教学工作量，虽然提高了课堂效率，但很多高校的人事考核还没有对这种额外劳动进行科学的评价和物质奖励，会大大影响教师运用信息技术进行教学的积极性和主动性。此外，信息技术与教学的结合涉及教学模式的改变和学生学习效果的评价，这种教学评价工作的执行也需要以统一的标准为参考依据。

三、高校教学管理信息化建设的新路径

数字化时代，高校教学管理信息化在高等教育改革和发展中起着越来越重要的作用，为了进一步提高高等教学管理的科学化和现代化水平，各高校要在电子教务管理系统、管理人员信息素养、筹资渠道、教学管理软件、教学评价机制、可持续发展等方面积极探索教学管理信息化建设的新路径。

建立信息化电子教务管理系统。高校要根据自身的实际情况，利用现代信息技术，建立以信息化为平台支撑、完整统一和技术先进的电子教务管理系统，实行以信息化为平台支撑的教学管理改革，实现智能性、互动性、个性化的教学管理。建立信息化的电子教务管理系统，高校要从以下具体方面着手：一是建立完备、可靠的教学信息处理系统，在各教务管理部门间实现统一的信息浏览、成绩管理，通过对学生基本信息的高速共享，促进教学管理部门之间的高效协作；二是建立集教务工作自动化和信息化为一体的先进的电脑网络系统，通过电子化、无纸化、信息化，实现教学管理的规范化，提高教学管理效率；三是随着教育资源管理系统、课程管理系统、课程制作系统、智能答疑系统、作业与考试系统等的相继出现，推行以选课制、学分制、弹性学制为核心的教学管理改革运动，实现个性化教育和创新人才培养。此外，高校要利用网络技术，发挥互联网的优势，建立教育资源库和校园门户网站，为学生和教师提供方便的网上教学平台，为师生构建网上协作学习的良好环境。

提高教学管理人员的信息技术素养。高校教学管理信息化建设对教学管理队伍的综合素质提出了更高的要求。提高教学管理人员的信息技术素养和信息管理能力是实现教学管理信息化的关键。首先，在新任教学管理人员的招录上，针对信息技术素养设定一定的录用标准，通过现代化信息教学设备的实际演练和操作进行能力考核，择优录取。其次，要对新任教学管理人员进行信息技术培训，根据岗位特点，有针对性地加强信息管理知识的培训，提高计算机技术、网络技术和多媒体技术的应用水平，扫清技术和操作上的障碍。最后，对在职的教学管理人员进行年度性的信息素质考核，通过制定有效的惩罚和奖励机制，促使教学管理人员主动适应信息化社会发展的需要，不断提高自身的综合素质，不断积累计算机技术、网络技术、多媒体技术等方面的知识，更新和拓宽自己的技能领域，熟练地驾驭现代信息教学技术。通过这三个途径最终打造一支具有教学管理经验和创新能力，能熟练应用基于网络技术的教学管理信息系统的高素质的教学管理队伍。

多渠道、多元化筹措资金。长期以来，我国高校形成了以财政拨款为主要经费来源的筹资格局，虽然自20世纪80年代以来国家财政和各级地方财政对教育经费拨款逐年增加，但是由于高等教育规模的不断扩大以及物价指数的飞涨，单一的国家财政投入远不能满足

高校发展的需要。因此，要借鉴发达国家高校教学管理信息化的经验，结合市场经济的发展特点，通过广泛的社会服务和参与，形成以国拨经费为核心，多渠道、多元化的筹资体制，充分发挥中央政府、地方政府以及高校在教学管理信息化建设中的集资作用。中央和地方政府除了每年向高校提供固定的财政补助，要通过制定相关税收优惠政策，鼓励、支持各种社会团体、企业和个人参与到高校信息化建设中，通过引进技术和资金，更新落后的教学管理硬件配套设施，建设性能优异的电子教务管理系统。高校要结合自身的实际情况通过各种合法手段获取办学经费。

开发优质的教学管理软件。优质的教学管理软件是实现教学管理信息化的重要条件。目前，我国不少高校都是委托校外某个公司或机构来完成教学管理信息软件和系统的程序设计与开发，而学校教务管理部门本身并不参与或很少参与这个过程，导致开发出来的教学管理软件和系统在实际应用中存在很大的局限性。因此，各级教育主管部门、各高校要组织本校既懂现代信息技术又懂教学管理的人员共同开发研制质量高、适用性强的教学管理软件，而教务处的系统规划者也必须全程参与到开发过程中。在具体的开发过程中，要采用国家标准和教育部对教育信息化管理的规范，充分考虑上级教育主管部门对学校和下级管理部门的要求，实现数据的完全共享，提供完整的信息指标体系，使其内容能够满足各种类型高校的需求。

建立教学管理信息化的评价机制。科学的教学管理信息化评价和激励机制可以有效地促进教学工作水平和教学质量的提高。为了有效促进高校教学管理信息化建设的发展，各高校要根据不同层次和类型的教学工作要求，制定科学合理的评估指标体系，采取切实可行的评估方法，对各层次和各类型的教学管理工作进行科学客观的评估，为今后改进教学管理工作提供科学的依据。此外，要建立支持教学管理信息化的教学评价标准，对教师因运用信息化技术进行教学而增加的额外工作量进行合理评估，并建立与之相对应的物质奖励机制或课时抵用的合理计算方法，从而调动教师进行信息化教学的积极性。对因信息技术与教学的结合而产生的教学模式和学生学习效果的改变也要建立一套合理的评估体系，支持高校教学管理信息化建设的进一步发展。

促进教学管理信息化建设的可持续发展。高校教学管理信息化建设是一个长期而曲折的过程，要努力使其实现可持续发展。具体要做到以下三个方面。一是实施教学管理信息化的全面、协调发展。教学管理信息化的实施不仅要体现对学校教学工作的重要支持，还要体现对科研、行政管理和社会服务的支持，要让教学管理信息化带动高校整体信息化的协调发展。二是对教学资源进行优化配置、合理利用与保护。教学管理信息化系统是一个较为复杂庞大的管理系统，包括硬件设备、应用软件以及管理人员等各种资源，在具体的教学管理工作中，要对这些资源进行优化利用和配置，同时要做好这些资源的维持和保护工作，发挥它们的长期效用。三是加强各级教学管理人员的信息技术能力建设，通过不断提高教学管理人员的信息技术素养，不断深化高校教学管理信息化进程。

总之，高校教学管理的信息化建设是当今高等教育发展的大势所趋，也是适应当今数字化时代对创新人才的培养要求，各高校要充分利用现代信息技术，探索新的教学管理模式，促进高校教学管理信息化建设的发展，进一步提高教学管理的科学化和现代化水平。

第四节 大数据背景下高校教学管理创新

在互联网技术的迅速发展及影响下，我国已经进入了大数据时代，大数据信息使人们的生活、工作、学习得以全新的改变，同时受到了教育管理者的推崇与使用。其中，高校的教学管理工作也在适应着时代的发展需求，不但摒弃了以往落后陈旧的教学管理方式，而且充分利用大数据信息对教学管理模式进行了创新改革。目前，将大数据信息与高校对学生的管理模式进行有机结合，不仅能彻底摆脱低效落后的管理手段，也能够大大提高高校对学生开展管理与服务的工作效率。但是，在大数据背景之下，高校教学管理工作中依然存在着很多问题，如何高效解决这些问题且采取相关策略去推进高校管理工作的顺利开展是十分值得我们探究的。

高校是学生接受教学培育以及日常生活的主要阵地，因而需要制定针对有效的教学管理制度，并且只有通过充分运用教学教育的管理手段，才能高效实现对学生的教学管理目标。大数据的普及运用，给教育行业带来了新生，很多高校慢慢脱离了过去传统陈旧的教学管理模式，同时为了适应大数据时代的发展趋势及当前的教学管理实际需求，高校对教学管理工作实施了一场创新改革，取得了很明显的效果，但是由于经验不足，导致有些方面还尚有不足，如何更好地将大数据信息技术与高校教学工作进行更好的结合，是高校当前面临的挑战。

一、大数据技术的概念内容

大数据技术就是涵盖海量数据的整合，无法在一定的范围与有限时间内开展信息内容的收集与高效管理的数据形式。通过整合与处理海量的大数据信息资源，能够对企业、事业单位的相关工作进行相对应的决策指导，优化大量信息数据的管理过程，并且推进不同种类无形资产的快速增长。大数据技术的运用，其最终目标并不是搜集大量的数据信息，而是处理巨大的数据资源。通俗来说，就是整合使用多个数据信息库，再对数据库中覆盖的大量信息资源进行"加工"，能够在原来的基础之上促使数据信息价值的增值。

二、大数据背景下高校教学管理中存在的问题

　　高校教学管理工作中收集与整合数据缺少明确的目标。当前，很多高校运用的大数据技术，依然处在我国信息化建设工作的起始阶段，大数据在高校教学管理中的使用方向相对较少，并且缺少清晰明确的工作目标。高校的相关管理部门没有按照日常学习与活动的数据要求对数据进行收集、整合与存储。而是对高校学生的所有信息开展收集管理，包含图书借阅、课外活动、课堂学习、兴趣爱好等信息，致使高校对学生的数据信息管理缺少规范、科学、明确的实行目标，搜集到的学生数据信息也是杂乱不齐，其中也有很多数据信息根本没有什么存储价值，可是重要的学生数据信息又会出现漏采或没有记录的情况，这样就会造成高校的教学管理工作出现失误和偏差。

　　高校的数据化教学管理与实际人才的需求存在脱节的现象。在大数据时代，高校获取及存储的信息数据，基本是将不同种类的信息数据区分开来再存储到不同的数据管理库。所以，在高校不同的数据管理库存在着差异化的信息数据，各种各样的教学资源信息如"孤岛效应"一般地存在着。很多高校数据信息库之间没有建立内部联系，导致无法共享资源信息，同时社会与高校之间缺少直接的数据交流途径。在各种数据资源独立与不相连的情形下，高校的教学管理能力自然就会大大降低，并且高校对学生进行的一系列教学活动也无法满足社会企业对人才的实际需求。因此，当下高校的教学管理数据库建设，依然处于利用信息数据的过渡时期，挖掘和分析的数据信息内容不够全面、统一，数据信息资源对指导高校开展教学活动也起不到突出的作用。

三、大数据背景之下高校教学管理的创新策略

　　加强高校教学应用数据信息技术的管理意识。当前，大数据不但是高校教学管理的无形资源，也是高校不同部门进行教学管理决策的关键性依据。目前，部分高校教学管理部门及教师对学生的数据学习缺少敏感性，运用多种信息数据对学生进行管理的效果很不理想，根本实现不了专业化、精准化的教学管理。因此，基于大数据信息技术的分析和研究的教学角度，高校教学管理的相关部门工作人员要加强自身数据化管理的工作意识，创建对学生进行教学引导的信息化平台，对高校的各种数据资源信息进行统一整合，深度挖掘与学生心理教育及课程教学有关的数据信息内容，以此来真正实现大数据对高校教学管理的有效服务。

　　创建数据信息的统一管理标准，实现共享数据。构建统一的高校教学信息管理的相关标准，能够大大减少采集信息时出现过多无用的数据，从而有助于充分保障收集、存储及利用有用的数据信息，同时能减少工作量，提高管理效率。另外，各个高校建立统一数据收集与管理的相关标准，能够使不同的云端存储平台有机地衔接，而且能通过互联网平台

共享和交流各种数据信息资源。高校可以利用服务器和数据库等相关硬件设备，通过互联网平台共享互通学生的数据信息资料，同时筛选出有用的信息进行深度的挖掘。例如，高校的相关管理部门可以将学生的考试成绩、得奖情况、挂科情况、参加社会实践活动、课堂表现等信息进行统一整合，然后在学期末根据这些信息对学生进行综合性考核，给予相关的奖励与惩罚。对于表现好的学生发放奖学金、发放优秀学生的荣誉证书、保研等，而对于表现差的学生可以实行记过，甚至留级的对应惩罚。

第五节　MOOC背景下高校教学管理创新

在高等教育信息化背景下，MOOC浪潮席卷全球，对高校的教学管理提出了新的要求。本节分析了MOOC对高校的教育生态、教学理念、教学管理制度、科层管理模式、基于专业的教学管理范式、传统的教学模式等方面的挑战。探索了MOOC背景下，应对这些挑战的高校教学管理创新策略：积极推进MOOC本土化，优化师资队伍，更新教学理念，建立新型的教学团队，建立、完善MOOC发展的规范与标准，由科层管理转向共同治理，建立"课程管理"的教学管理范式，创新混合式教学模式。

一、研究背景

高校教学管理，是高校教学行政人员为完成教学任务，提高教学质量，运用的一定原理和方法，通过一系列特有的管理行为，组织协调和指挥、控制教学工作，以实现教学目标的过程。教学工作是学校的中心工作，而教学管理是教学工作正常运行的基础，科学合理的教学管理是提高教学质量的保障，能够促进教师不断发展提高，直接影响着学校的人才培养质量和育人目标的实现。高校教学管理，主要内容有教学计划管理、教学质量管理、教学运行管理、教学评价以及课程管理、教材管理、专业管理、教师管理、学生管理、教学管理制度等。

信息技术对于教育发展具有重要影响，要促进教学内容、教学手段和教学方法的现代化。应充分利用优质资源、先进技术，创新运行机制与管理模式，优化整合现有资源，构建先进、高效、实用的数字化教育基础设施。高等学校要利用信息技术创新教学管理方式，将教学管理与信息技术相融合，提高教学管理的水平，从而提高教学管理质量。

大规模开放在线课程慕课，是一种基于计算机技术和互联网应用，通过网络平台，把课程的教学录像、课程简介、教学大纲、参考资料、作业、重点难点指导等教学活动必需的资源全部上传到网络平台，学习者通过在线学习和互动交流，达到获取知识和技能的教学活动。慕课这种大规模的在线课程掀起的风暴开始于2011年，美国《纽约时报》将

2012 年称为"MOOC 元年"。随着美国 Udacity、Coursera 和 edX 三大 MOOC 平台的相继组建及更多课程的在线发布，MOOC 的发展态势呈现"井喷式"。2014 年 5 月，"爱课程"网的"中国大学 MOOC"正式上线，我国高等教育开始进入 MOOC 时代。MOOC 的规模庞大，资源丰富，由很多国家的著名高校提供，发布 MOOC 的教师多为业内权威教师，教学经验丰富，课程门类众多，内容精致，参与 MOOC 的学生规模庞大，来自世界各地的成千上万名学习者可以在线学习，互动交流。MOOC 将课程资源发布在网络上，学习者根据自己的喜好和需要，选择适合的课程。课程内容公开透明，形式多样，时间和地点不受限制，对学习者的身份和人数也无要求，因此，只要有时间，人人都可以自由学习。MOOC 实现了以学习者为中心的学习方式。教育的作用体现在教师的教是为了学生更好地学，MOOC 真正还原了学的本质，体现了师生互动、生生交流，重视学生的学习体验，使学生对知识的认识和理解在互动交流的过程中逐步加深。MOOC 基于互联网平台，没有了师生之间的面对面交谈，更多的是人机对话，缺少监督和约束机制，难以保证学习者本人是否在真正地学习，作业是否抄袭，学业水平的真实性无法考证。因此，MOOC 对学习者的自主性和自我约束力提出了更高的要求。MOOC 在很大程度上促进了信息技术与教育的融合，加快了教育信息化进程，并为跨国界校际交流与合作提供了桥梁与纽带，推动了全球优质教育的资源共享，有利于促进教育公平，帮助学生养成终身学习的理念。

二、MOOC 与高校教学管理在理论层面的关系梳理

结合国内外优质高校 MOOC 平台的成功实际操作经验以及学界研究者的相关研究，MOOC 与高校教学管理存在着相互影响、相互作用的关系。MOOC 给高校教学管理模式的改良与创新提供了新的方向与思路，与此同时高校教学管理工作的有序开展保障了 MOOC 在高校的可持续发展，因此二者的有机结合势在必行。MOOC 应用为高校教学管理带来的影响体现在教学目标管理、教学过程管理、教学质量管理、教师管理以及学生管理各个教学管理环节的顺势变革改良过程当中。对比传统教学模式下我国高校教学管理与 MOOC 模式下高校教学管理的各个环节，我们可以清晰地意识到，MOOC 为我国高等教育带来的不仅是教学方式的转变，还有对高校教学管理改革创新的推动。

（一）教学目标管理的转变

教学目标管理为高校教学管理创造了优质的条件，对于传统高校教学过程而言，教学目标是教学管理工作取得成效与否的重要判断指标。

传统模式下普遍以设定学生的知识习得为根本教学目标，立足于学生的知识获取量，以确保教学工作的顺利开展。基于高校教学模式，大多数教师都会考核特定目标，通过严格化考试形式对教学效果进行检验，所以教学目标的评价具有极大的局限性，对推动学生全面发展和提升学生的创新水平的作用不是很大。

MOOC 应用使得传统教学管理模式实现了进一步的创新，提供了发展的空间，使高等教育从记忆性教育向创造性教育转型。MOOC 应用中，在学生熟悉基础学科知识的基础之上，也可以通过先进技术不断增强自主学习水平，教师也从传授专业知识的定位逐渐向教授学习方法的定位转型。

MOOC 的应用推动高校教学管理模式的顺势变更，这就对新时期高校教学管理工作者提出了更为严格的要求。首先，思维模式的不断革新。与时代发展脚步相统一，提升教师管理观察的敏锐度，制定"互联网+教育"模式下全新的人才培养目标，让教师制定清晰的教学目标，确保教学目标可以早日完成。此外，在实施教学目标期间全面贯彻落实监督管理环节。其次，培养和增强学生能力。当下，高校学生的思想观念在时代不断发展的同时产生了翻天覆地的变化，单一的课本知识已经无法满足学生的需求，学生希望通过高等教育提高自我能力。因此，高校教学管理者对于学生创新能力的培养不能仅流于形式，在日常工作中应当注重学生创新能力与实践相互结合，真正完成高校教学目标管理从知识获取转变为能力增强。然而关注学生能力增强并不代表着专业知识习得可以放在次要位置，高校教学管理人员需要积极发现有效的方式实现两方面的协调发展，促进高校学生的全面发展。MOOC 的应用，使高校教学目标管理由"学生的知识习得"向"学生自主学习能力的提升"转变。

（二）教学过程管理的转变

教学过程管理是高校教学管理的核心环节。教学过程管理不仅包括对教师教授课程这一过程的管理，同时包括对学生知识习得这一过程的管理。

在传统的教学管理过程中，通常由教师作为课堂活动的主导者，单方面地对学生进行知识灌输式的教学。在此过程中，学生往往缺乏主动表达的途径，仅仅是教师教学活动中的一个部分，课堂活动的内容、主题、形式由教师主导把控。因此，在传统的教学过程管理中，对于知识传授的过程较为重视，却忽视了对学生学习情况进行管理，没有给予学生独立思考的空间。

MOOC 的应用逐步转变了传统的教学过程，将以学生为本的管理理念得以充分体现出来。教师更多的是处于咨询者地位，还是学习动机的激发者。随着 MOOC 的全面落实，可以增强师生互动的时效性，对创造性结果的产生具有很大的帮助，还对学习内容的掌握有良好的促进作用。学生作为教学活动主要参与者的定位更加突出，突显了以学生为本的教学管理理念。在 MOOC 模式下，学生与教师之间的交流渠道更加畅通，教师的角色定位不再局限于传统模式的主导者，而逐步向学习动机的激发者转型——学习困惑的解决者，这有助于学生创造能力和自主学习能力的提高。MOOC 的应用，使高校教学过程管理由"以教师为中心"向"以学生为中心"转变。

（三）教学质量管理的转变

教学质量管理对保障高校教学管理起着至关重要的作用。教学质量管理在教学的各个环节进行质量控制，教学评价可以直接体现出教学质量，也可以增强教学质量管理的有效性。

中国高校在传统高校教学质量管理模式中，面临着一个较为明显的教学评价问题，这一问题主要体现在教学质量评价的过程、方式以及主体上。我国高校在进行教学评价的过程中对结果评价过于关注，而忽略了过程评价的重要性。从评价方式角度来看，大部分高校都采取通过期中、期末考试成绩对学生展开结果性评价；中国高校教学评价的主体单方面是任课教师评价学生，通过这种方式评估教学质量，该行为没有统一规范标准，客观性和公正性有待考证。

MOOC 的应用，使高校教学质量管理这一环节在一定程度上从成果管理转变为全面管理。MOOC 模式下，教学管理相关工作者对于教学质量管理环节的评价包含了以下四个部分：教师对学生学习内容进行的考核、授课教师对学生学习情况做出的评价、学生对自身学习情况的自我评价以及课程学习者之间的互评。MOOC 的应用使得教学质量管理的评价维度得到进一步延伸，教学质量的评价依据更加细化、全面，科学性有所提高。与此同时，MOOC 应用使得教学管理工作者意识到评教环节对于提升教师监督作用以及提高教学质量的重要性。MOOC 的应用，使高校教学质量管理由"'重结果'的学习成果管理"向"'重过程'的全面管理"转变。

（四）教师管理的转变

教师管理是高校教学管理的关键。高校教师的素质直接影响了高校的科研能力以及教学水平，为了提高高校的科研能力和教学质量，必须对高校教师进行科学有效的管理。

在我国传统的高校教学管理模式下，对于教师的管理普遍以教师个体为单位，对教师自身的道德品质、教学行为、教学质量、科研成果等进行评价，这样的个体化评价与管理方式，忽视了高校教师之间的联系与相互促进作用，使教师成了独立的存在，不利于教师间的专业化合作和学术讨论的开展。

MOOC 的应用对高校教师管理的影响主要表现在它的设计与开发、授课与在线交流等各个核心环节都不是一个教师就可以独立完成的，需要高素质的教师团队相互配合、紧密合作完成，因此 MOOC 促使高校教师管理向团队化管理发展，MOOC 的运行模式打破了传统教师个体化独立存在的格局，促使不同领域不同学科的教师之间有了深层次的合作和配合，为教师之间的沟通交流提供了机会，有利于激发高校教师的团队创造力，进行思维碰撞，进而提高高校的科研能力。教师的团队化发展方向对高校现行的教师管理模式提出了新要求，必须在教师管理过程中注重教师资源的整合，引导教师个体充分发挥专业化优势。团队化的管理模式在培养高校教师间协作精神的同时，促进了其创造力的激发与成果的创新，团队化发展是高校教师管理的未来发展趋势。MOOC 的应用，使高校教师管理由"个体化管理"向"团队化管理"转变。

（五）学生管理的转变

学生管理是教学管理的重点。高校教学管理服务的主要目标是学生，改善学生的培训成果，实现学生的全面发展，提高整体素质是高校教学管理应该达到的目标。

在传统的高校教学管理模式下，学生管理呈现出统一化的特点。统一进行高校招生、统一的培养目标设定、统一的课程教材、统一的教学模式、统一的考核标准、统一的评价体系等，统一的管理模式在增加高校管理规范性、保障各环节有序进行的同时，使得学生丧失了学习的自主性和选择的灵活性，进而削弱了学生对学习的积极性，使得学生的个性化发展未受到应有的关注，更谈不上增强其创新能力。

MOOC 的应用为高校学生管理模式的改变创造了前所未有的机会。MOOC 对学习者的管理具有个性化的特点，学习者可以通过开放性的在线课程平台，根据自身兴趣及需要自主选择学习内容、学习方式、授课教师以及自己安排学习进度等，充分调动学习者的主动性。MOOC 模式使得个性化学习再次得到关注，启发和推动了高校学生管理由统一化转向个性化。每个学生都是具有独立思想、独立人格的个体，高校学生管理应更加注重因人而异、因材施教，不剥夺每一个学生成才的机会。MOOC 的应用，使高校学生管理由"统一化管理"向"个性化管理"转变。

三、MOOC 背景下高校教学管理面临的问题和挑战

MOOC 的出现给我国的高等教育带来了前所未有的机遇：MOOC 不仅是对教育技术的革新，更重要的是对传统的课堂教学模式的颠覆，MOOC 的兴起必然会带来教育体制、教育观念、教学模式、人才培养等方面的深刻变化。这些变化又会给教学管理带来一系列问题和矛盾，成为高校教学管理面临的新问题、新挑战。

（一）MOOC 在高校教学管理中的问题

1. 教学管理体系不完善，观念陈旧专业度低

首先，目前在样本高校的校级、院级都未建立专门化的 MOOC 教学管理机构。教务处教学管理人员要同时负责传统通识课程和 MOOC 课程的运行管理。在这种情况下，高校教学管理人员难以同时兼顾，导致了其对 MOOC 相关教学管理工作无暇顾及、管理不到位。在调研过程中样本高校的学生 A 表示："现在 MOOC 在教学过程中还处于刚刚兴起的阶段，我们对于这种教学形式十分感兴趣，也想参与其中，但是很多时候不知道具体要怎么操作，自己选修的 MOOC 课程也不知道学校是否承认，想要通过学校的官方渠道了解具体细则却又找不到专门负责的老师来解答我们的疑问。"负责高校 MOOC 的教学

管理人员，要同时负责为学生提供 MOOC 咨询服务、监控 MOOC 教学质量、对 MOOC 课程质量进行评估、协调高校间学分互认事宜、研究 MOOC 学分互认规则标准等，现阶段高校教学管理人员往往一人身兼数职，没有明确的责任分工。因此，完善的 MOOC 教学管理体系和清晰的职责划分对于 MOOC 教学管理工作是十分重要的。

其次，样本高校 MOOC 教学管理团队的问题。该问题具体表现在：一方面，刚性化的教学管理理念。传统的教学管理思想内化在高校教学管理相关人员的日常工作行为当中，形成了短时间内难以改变的自上而下的管理模式，这种固化的教学管理理念会阻碍 MOOC 在高校的进一步发展以及高校教学管理的顺势变革。样本高校的学生 B 在访谈过程中表示："学校虽然开展了 MOOC 教学，但是在实际应用过程中还是对我们进行硬性的要求与规定，对于可选课程给出了明确的范围，但这样的模式还是不能让我们真正获取想要学习的知识，仍然是变相的形式化教育，没有考虑我们的需求。MOOC 是诞生不久的新鲜事物，相对应的高校教学管理工作也要进行创新，与时俱进。MOOC 学分互认工作尚处于探索之中，因此高校 MOOC 教学管理工作需要充分站在学生的角度开展。在现阶段高校刚性化的教学管理理念指导下所进行的教学管理工作对学生的关注过少，创新意识也有待提高，使 MOOC 教学管理工作的效果大打折扣。另一方面，高校教学管理团队缺乏对 MOOC 教学管理的理论和实践研究。这一问题，在样本高校院系级教学管理人员中尤为突出，在校级部署开展 MOOC 相关工作后，后续事宜无法跟进以及及时处理，使得高校 MOOC 的实际开展与落实情况不尽如人意。随着高校 MOOC 的应用和推广，MOOC 教学管理的新问题和新情况也不断涌现，MOOC 对高校教学管理团队提出了更高的要求，尤其是专业化水平，对教学管理人员提出了新的要求。

2. 教学目标实现度低，学生缺乏激励与监督

不包括学习者自身因素影响在内，MOOC 模式无法及时激励学习者，也是引起完课率不高的一个根本原因。课程本身很难吸引学习者的长期注意力，所以学习者在学习期间，因为该激励机制的不足极易产生中途坚持不下去的想法，从而导致教学目标很难实现，最终无法确保学习效果。

高校 MOOC 教学目标实现度低的严峻问题或多或少也突显出了 MOOC 应用中高校教学管理监督不到位的问题。MOOC 以网络为基础大范围传播和共享教育资源，然而其自身监督机制的匮乏也导致了高校 MOOC 教学目标管理无法达到预期效果的产生。通过 MOOC 测验样本高校学生完成行为之后归纳出如下结论：可以完全根据 MOOC 要求自主完成课程测验的学生占比为 20.60%，选择放弃完成课程检验的学生占比为 18.41%。学习者为了获取学习评价，本身应该完成课程检验，然而没有监督机制的影响和制约，MOOC 很难防止作弊问题，也使得课程检验的真实性难上加难。此外，一般情况下 MOOC 以机器智能测评来评估学习者的学习效果，然而对不存在统一答案的主观题，则需要选择其他方式展开评价，如互评等。监督机制的匮乏使学生互评的客观、公平性大打折扣，从而在

数字化时代下高校教育教学管理创新研究

很大程度上给高校 MOOC 教学目标的完成带来了很大的影响，MOOC 模式本身的弊端以及高校教学管理环节的监管不到位，使教学目标的实现程度大大降低。

对于高校教学目标管理环节，高校引入 MOOC 相关应用和实践的基本初衷是将"学生知识习得"的目标向"学生自主能力提升"的目标转变，然而在实际调研与分析过程中，笔者却发现现阶段这一教学目标的实现效果仍然不尽如人意。60.71% 的被调查学生指出自主学习能力是他们在 MOOC 学习中亟待提升的重要能力。学生在 MOOC 模式学习中需要拥有极大的自主学习能力，然而这却和当下高校学生自控能力不高的实际状况不相统一，成为 MOOC 在高校发展的阻碍之一，也与原本教学目标的设定背道而驰。针对学生自身自主学习能力的问题，高校教学管理如何找到对学生有效激励的方法，保证 MOOC 的学习效果，加大教学管理各个环节对于 MOOC 进行的监督力度，是 MOOC 应用中高校教学管理存在的亟待解决的问题之一。

3. 课程设置管理形式化，学分互认制度不完善

在分析样本高校关于是否有选修其他专业课程以及关于教师教学内容前沿性的相关调查中，48.17% 的被调查者表示有需求选修其他专业的课程，分别有 39.29% 和 35.44% 的学生认为课堂上教师教学内容的前沿性一般或比较陈旧。由此可见，MOOC 应用中高校仍然存在课程建设管理过于形式化的问题，高校所设课程在一定程度上不能满足学生的需求，课程内容也存在过于陈旧的问题，没有从学生的角度出发进行课程建设相关的改革和完善。MOOC 课程设置适用性不足，内容缺乏创新，无法满足学生的兴趣以及对于本专业知识以外的需求，难以激发学生的学习动力，影响学生的学习效果。

2015 年 4 月，教育部出台《对在线开放课程的建设与管理的意见》，该文件对在线课程建设提出了全新的指导原则，即立足自主建设、注重应用共享、加强规范管理，高校 MOOC 课程建设应体现"向管理要质量"的内在要求，然而由实地调查可知，在高校 MOOC 课程建设的过程之中，仍然存在着在课程建设管理方面追求数量轻视质量、重视形式轻视效果的现象。这就导致了在 MOOC 应用中，高校教学过程管理形式化，教学过程管理存在缺陷，无法满足学生的实际需求。

与此同时，在关于通过 MOOC 获取学校学分的调查中发现，在样本高校中，84.89% 的被调查者表示可以通过 MOOC 学习获取学校规定的部分课程的学分，10.99% 的被调查者表示可以通过对 MOOC 课程的学习获取与专业相关课程的学分。

由此可见，MOOC 的应用虽然推动了高校之间学分互认制度的建立，但这些制度还存在着很多不健全、待完善之处。MOOC 等新生代在校教育资源的涌现使得各大高校纷纷加入或建设专属的在校教学平台，各个平台各有优劣，提供不同来源的教学资源，因此高校教学管理人员无法仅选择某一平台提供课程，这也给高校间 MOOC 平台的学分互认制度建立增加了难度。现阶段，高校 MOOC 学分互认主要局限于区域内互认，学校规定的部分课程可进行学分互认。显然北京、上海等一线城市的部分高校之间优势互补的学分互认模式已开始构建,但中、西部高校之间的学分互认发展仍十分艰难,全国范围内的高校学分互认更是处于起步阶段,高校间教学管理体系的差异也给学分互认制度的完善带来了很大阻碍。

4. 教师管理片面化,评价机制不健全

MOOC应用中,高校教师管理环节仍采取简单的学生网上评教模式对教师的教学情况进行反馈和管理,未能与时俱进健全相关教师评价机制,全面评价教师的能力与贡献,真实反映学生的反馈意见和诉求,提高授课教师的教学质量和综合素质。

教师团队考核仍采取评价"一刀切"。MOOC课程的设计和开发除了教师积极参与才可以完成,还需要教师团队在整个过程中通力协作、相互配合,最终所取得的实际成果也应该属于整个教师团队,团队中教师的职责各不相同,考核评价方式也应该区别对待,"一刀切"的评价方式缺乏针对性。

高校MOOC的应用和推广为多元化的教师考核和评价提供了契机,然而当前高校教学管理过程中却仍然存在对教师考核管理片面化等问题。当前阶段样本高校学生在参与评教时仅有26.65%的被调查者能够主动进行客观评价,仍有55.22%的被调查者存在被迫进行形式化评教的现象,甚至有12.64%的被调查者表示其评教是由他人代劳的,5.49%的被调查者表示未参与评教。由此可知,现阶段MOOC应用过程中存在着对教师评价形式化、不全面等问题,充分说明评价机制不健全。

5. 学生管理机械化,选择自由度低

高校学生学习管理是高校管理活动中的重要组成部分。如何在MOOC的推进过程中提高学生学习能力,进行有效的学习管理,是高校教学管理工作者的努力方向。现如今部分高校在学生学习管理过程中却呈现机械化倾向,管理的呆板使得MOOC的推进受阻,管理效果也不尽如人意。

在访谈过程中,样本高校的学生C表示:"在高校教学管理过程中,我们学生往往扮演着被动接受的角色,被动接受通知、调剂、培养计划、课程设置、教师安排等,希望有机会进行自主选择。"而学生D则表示:"我认为每一个学生都是不同的个体,有不同的个性特点、学习方式以及学习需求,因此统一的培养方式并不是真正适合于每一个人,希望学校可以借助新媒体的方式和手段对学生管理进行改良,提升我们的参与感,满足学生的个性化需求。"

在围绕大学生开展有关学习管理的满意度的研究时得知,被调查者在进行专业挑选、选课、挑选任课老师、学习手段选择等方面的自由度、满意度普遍偏低,表明目前阶段高校仍然存在学生学习管理过于机械化、教学管理单项化的现象。

对学生专业选择及课程选择管理机械化。学生做出选择之前了解相关信息的渠道单一化,导致学生对相关信息了解程度低,部分学生还存在缺乏前期相关专业背景的问题,对MOOC课程架构,如学科内部的对应关系等问题缺少了解,导致专业选择课程选择过程盲目，使选择缺少了自主性。学生无法对MOOC课程教师进行自主选择，现阶段，样本高校内引入的MOOC课程数量有限，学生结合自身情况及所学专业要求后对在线课程进行选择的空间有限，此外，由于教师资源有限，经过专业化培训具备MOOC教学技能的教师数量较少，学生几乎无法依据自身的听课习惯、接受程度、兴趣喜好的方式选择教师，只能被动接受相关课程所配备的教师，这就使MOOC应用的针对性减弱，忽视了学生的个性化管理。MOOC应用模式本身为学生学习方式带来了改良的契机，使学生的学习不再受时间和空间的限制，提升了学生学习的主观能动性，但此次调查研究发现，实际操作中的"重形式、轻内容"等问题使学生在MOOC学习中的学习方式与传统教学模式相比无本质改变，依旧采用机械化的授课、统计学时、测试考评流程，对学习行为过程和学习成效的监管都存在明显不足，学习管理体系的建设仍然有待完善。教学管理者作为下发通知的主导者，仅完成下达通知任务，对学生的选课过程缺乏规范性指导。

学生是高校教学管理需要提供服务的目标群体，其为MOOC教学的终极受益方，MOOC和高校合作的原始目标就是提升学生的学习效果与品质。围绕MOOC实践过程中存在的部分矛盾，追求其规定和需要间的和谐关系，是高校教学监管在以后的MOOC实操过程中需要关注和解决问题的重中之重。

（二）MOOC对高校的教育提出了挑战

1.MOOC对高校的教育生态提出了挑战

MOOC给现有的高等教育生态带来了冲击，高校将面临全球化竞争的压力。任何人在任何地方只要通过网络就可以在线学习，与名校名师交流，教育生态向开放转型，高等教育的大众化、普及化是大势所趋。MOOC的机会均等，促进了教育公平，也改变了高校的竞争模式，使高校面临前所未有的压力。MOOC带来了教育成本的降低，给高校的管理体制也带来了挑战。MOOC可以免费学习，如果要得到学分或证书，只需缴纳少量费用，相对而言，高等学校的学生学习成本要高得多，每年数千元甚至数万元的学费以及同质化的课堂教学模式已引起高校对教育教学改革的思考。MOOC打破了高校的围墙，也打破了世界范围内的国界限制，高校面临全球化的竞争。一些名校或具有优势资源的学校，通过MOOC可以扩大知名度和社会影响力，在竞争中占有绝对优势，而生源和师资力量相对薄弱的应用型高校，在竞争中则明显处于劣势。

2.MOOC对高校的教学理念提出了要求

目前，我国高校存在着重科研、轻教学的现象，评价一所大学的优劣也往往以科研指标来衡量，教师在职称评审和待遇方面也和科研直接挂钩。因此，部分教师将主要精力用在项目申报和发表论文上。教师对学生的学习关注不够，教学方式单一，教学效果很难得到提高。MOOC作为一种全新的教学模式，对高校教师的教学计划、课程设计、教学大纲、教学内容、教学投入提出了更高的要求，对学生的主动性、积极性、参与性，对教学管理的科学性、规范性、先进性等都提出了更高、更严格的要求。来自国内外名校名师的MOOC，无疑对学生有着更高的吸引力，对一些师资力量相对薄弱的一般高校和教师必将带来巨大的压力和冲击。因此，高校教师和管理者必须改变重科研、轻教学的理念，把教学工作作为高校的中心工作，树立以学生为中心的教学理念，提高教学水平和人才培养质量。

3. MOOC对高校的教学管理制度提出了要求

高校的教学管理制度是高等学校对教学工作有效管理、对师生员工的行为规范进行约束引导，从而实现高校教学目标和人才培养目标的重要保障。教学管理制度在高校中具有约束、激励和导向功能。MOOC的到来，对高等学校的管理者来说，是一个新鲜事物，在MOOC建设与推广过程中会出现新的问题和矛盾，传统的教学管理制度已不适应MOOC背景下的教学管理，需要相应的教学管理规章制度来实现MOOC的顺利开展。如何制定MOOC课程的认证标准，如何引导教师积极参与MOOC建设，如何计算MOOC的学分，如何共享MOOC的优质资源，如何改革MOOC背景下的教学管理方式，如何评价MOOC的教学质量，如何调动学生的学习积极性、阻止学生的抄袭与作弊，如何建设本土化MOOC课程，如何计算MOOC的教学工作量等，都对传统的教学管理制度提出了要求。

4. MOOC对高校传统的科层管理模式提出了要求

传统的教学管理是建立在科层制管理基础上的。科层管理强调的是程序化、系统化的方法，在严密设计的各种组织中有很多规定好的程序，通过成员执行规定的程序完成任务。科层管理追求效率和逻辑，以自上而下的管理作为运行机制，关注的是控制而不是理解，严格的科层制导致的是从属而不是创新。科层制管理容易形成管理主义意识和控制情结。因此，科层制的教学管理模式与MOOC背景下的教学管理模式严重冲突，MOOC突破了跨国界的校际界限，对封闭式的科层制教学管理提出了要求。

5. MOOC对高校基于"专业"的教学管理范式提出了要求

高校传统的教学管理范式是"专业管理"，这种管理的结果就是高校的教育资源被一个个专业分割，课程资源在同一学校甚至同一学院内都不能共享。专业管理范式下，以固定的课程组成明确口径的专业，形成一种固定的批量人才培养模式，是与计划经济体制相适应的。但专业管理的范式，导致各个专业的教学资源只为本专业服务，不能有效共享，学生被限制在一个固定的专业领域，转专业非常困难，不利于培养社会需要的复合型人才。在教育信息化和MOOC的背景下，大量优质的课程资源在全球范围内共享，促进了学习方式和教学方式的改革，各高校都希望通过MOOC平台提高自己的影响力和知名度。基于专业的教学管理范式已不能适应MOOC背景下的教学管理，高校需要构建适应MOOC发展的课程管理范式，以适应复合型和多元化人才的培养。

6.MOOC 对传统的教学模式提出了要求

当前的教学模式反映的是工业革命时期的特点，为了提高标准化教学的效率，在生产流水线上使学生接受教育，教师在台上讲，学生在下面听。在这种传统的课堂教学模式下，所有的学生接受同样的教育。其缺点在于，学生的认识、能力、水平各有差异，有的学生学得快，有的学生学得慢，教师对一个概念解释多遍，有的学生还是不能掌握，有的学生恰恰相反，当教师在课堂上不断重复解释一个概念时，他们会感到厌烦。因此，MOOC 的到来给传统的教学模式带来了冲击，但是并不意味着 MOOC 可以完全代替传统的课堂教学，MOOC 本身也有许多不足，只能作为传统课堂的补充。传统的课堂教学在创新思维、创新能力、批判思维、团队合作精神和意识、人文素养等方面具有 MOOC 无法比拟的优势。因此，如何实现 MOOC 与传统课堂教学的无缝对接对高校的教学管理提出了要求。

四、MOOC 背景下高校教学管理的创新策略

（一）完善高校 MOOC 教学管理体系建设

1.完善高校 MOOC 教学管理组织设计

在教育信息化的环境下，在线教育已经成为教育国际化的重要途径。高等学校要从战略上重视在线教育，将其纳入学校长远发展的规划，抓住信息技术高速发展的机遇，以 MOOC 为契机，大力发展在线教育。首先，借鉴国外先进的 MOOC 经验，建立自己的 MOOC，推进 MOOC 本土化。高校内部制定相关政策，鼓励教师进行 MOOC 建设，对教师开展培训，推动在线教育平台建设，为 MOOC 建设提供技术支持，在本校 MOOC 建设能力不足的情况下，可以结合学校和专业实际，引进适合自己学校人才培养目标的优质 MOOC。其次，高校积极创造条件，和其他高校联盟，合作共建 MOOC 平台，共享优质高校教育资源，建立区域性的高校联盟。建立高校 MOOC 联盟，有利于制定统一的 MOOC 标准和共享机制，缩小教育资源的差距，有助于推进教育国际化，提高教育质量。MOOC 教学管理模式区别于传统的高校教学管理模式，因此要实现高校 MOOC 的良性发展，把握现阶段的发展机遇，就要完善高校 MOOC 教学管理组织体系的设计，配备专职的研究和监管人员，从而在组织上保证 MOOC 的实践过程中的高校教学监管任务的健康发展。

MOOC 相关的教学管理机构设置分为校级、院级两个层次。在校级设置 MOOC 建设工作委员会、MOOC 课程质量监督委员会、MOOC 教师培训机构以及 MOOC 对外合作办公室等。校级 MOOC 教学管理机构的主要职责是对外组织 MOOC 的校企、校校合作与 MOOC 平台建设维护，对内要研究基于本校实际情况的 MOOC 教学管理可行性办法与工作细则，如建立校级在线课程建设管理办法、组织教师进行专业化培训、制定将 MOOC

纳入培养计划的具体实施办法，以及制定一系列开课选课评分标准细则等文件。在院级机构中设置学院MOOC工作组，结合自身的专业背景和实际情况处理MOOC教学行政工作，如MOOC日常教学运行管理、MOOC课程的建设与管理、MOOC教学质量的检查与评估、解答学生在MOOC学习过程中遇到的问题、给予学生切实有效的指导性意见、了解学生的实际需求等。

2. 加强对在线教育的宣传与引导

在线教育迅猛发展，使得学习者摆脱时空的限制，丰富了学习者获取学习资源的途径，不可否认线上教育正逐渐取代一些传统教育的作用与效果，处于由辅助性课程向主要课程的转变之中。教育信息化创建在党的十九大会议上被提出，且被赋予了更加明显、关键的意义，高等教育信息化发展是历史进步的方向，所以在这个时期的高校需要强化线上教育的推广，以此提高MOOC等在线教学平台的接纳度尤为重要。在加强对在线教育的宣传与引导方面，需要做到以下几点。

（1）学习成功案例的经验教训，强化高校教学监管人员的信息化观念。以清华大学的"学堂在线"平台和上海交大的"好大学在线"平台为例，经由极具代表性的高校获得的相关成果和将来的进步方向，从而让高校教学监管人员最大限度地认识到线上教育的重要作用。

（2）以高校社交平台为媒介宣传推广在线教学，提升师生对在校教育的了解和认识，并通过互动交流使管理者充分了解师生需求，促进高校教学管理与时俱进地改革与创新。

（3）积极响应国家教育部门的号召，在实际工作中贯彻落实教育信息化的指导方针，在高校营造良好的教育信息化氛围，从政府角度引导高校教学管理者进行思想变革。

3. 提高MOOC教学管理团队的专业化水平

信息技术的高速发展给高校教师带来了严峻的挑战，同时，带来了难得的发展机遇。高校应加强教师队伍建设，采取各种措施，更新教学理念，对于在MOOC建设和教学改革中出现的优秀教学成果，可以在职称评审、岗位聘任时作为重要的依据，引导教师将更多的精力用在教学上。以教学发展为中心，对教师进行培训。一方面，聘请相关专家和技术人员就MOOC平台的建设和使用开展专题培训。另一方面，鼓励教师走出去，观摩学习国内外优秀的MOOC课程，深入了解MOOC，亲身学习完成一门MOOC课程。MOOC需要优秀的教学团队合作共建，高校要加强教学团队建设，推进教师分工和多元化，将教师的个体劳动向团队协作转变。在MOOC背景下，教师要对自己的角色与职能进行调整，学生成为教学活动和课堂的中心，教师不再是单独的知识传授者，而是个性化学习的指导者和服务者，教师的职能和角色应朝多元化、专业化方向转变。师资结构要适应MOOC的发展，教师的个体角色向"三位一体"的专业化团队角色转变，主讲教师负责MOOC视频的制作设计，辅导教师负责MOOC的课堂教学活动的答疑讨论，助理教师负责线上的辅导和对数据材料的收集、整理。新型的教学团队需要分工合作、各司其职，这样既提高了教学环节的专业化程度，也不会出现因工作繁重而手忙脚乱的局面。

加强高校教学管理人员的培训，在全新阶段树立和强化教学管理人员的相关观念，能够极大地推动高校的教学管理工作可持续发展。强化围绕高校教学管理人员的培训不但能够剔除落后的、不合时宜的原有教学管理观念，还能够尽可能地让他们了解 MOOC 教学的作用和重要性，提高其专业技术水平。在提高 MOOC 教学管理团队的专业化水平方面，需要做到以下几点。

（1）邀请知名专家学者开展关于信息化教学管理的讲座，定期对高校教学管理人员进行授课培训，同时迅速掌握相关学习情况与成果，尽可能地保证其专业性与效果。

（2）开展"互联网+"背景下教学管理相关研讨会，头脑风暴展开讨论，引发教学管理人员对信息化教育的思考，对在线教育发展形势进行预判，促进高校信息化教育的发展，为后续工作打下基础。

（3）派遣相关教学管理人员到 MOOC 建设较为完善的典型高校进行调研和进修，学习借鉴其 MOOC 教学管理相关先进的管理经验，给未来的教学监管任务的进行和矛盾的处理制订新的解决方案。

（二）提升高校 MOOC 教学目标管理的地位

1. 教学目标指向能力与兴趣培养

MOOC 教学的目的不但是教授和学习相关的学科知识，其重点还放在了培养学生的独立自主能力、团队合作能力、顺畅交流的能力及创新思路的养成等，其教学目的的核心就是激发起学生对知识的好奇心与兴趣。教学管理者要根据学生的实际情况与接受程度不断健全 MOOC 教学目的的创设，向着学生的学习与就业需要这一目标前进，努力培养学生需要掌握的关键技术和能力。从能力这一指标来看，MOOC 进行混合式学习的教学目的是最大限度地促进学习成果与效率，MOOC 的学习模式更加注重学生的探索学习水平、自主学习水平与合作学习能力的养成；基于兴趣指标可知，要想变成综合性的人才，仅仅具备渊博的学科知识与创新观念等是远远不够的，兴趣是最好的导师。因此，激发学生对学习的兴趣爱好也是 MOOC 教学目标之一，高校 MOOC 的应用为创造性人才的养成创造了良好的环境。MOOC 学习模式会给学生的自主学习水平提出更严苛的要求，然而部分学生的自主学习水平较低，相关观念不强。面对此种情况，必须调动出学生的学习热情，让他们对学习更加具有好奇心，才可以促进这样的学生发挥其学习的主观能动性，在主动解决问题与团队协作中明了学习的作用和重要性。

2. 充分发挥教学目标的功能

首先，教学目标具备导向作用。如果学生对于 MOOC 学习有了明确的目标，那么就会将其注意力集中在与这个教学目标有关的教学活动之中，教师和学生有了共同的前进方向，保证教学与学习都具备鲜明的前进方向，使学习不再漫无目的。鲜明的教学目的能够指引学生围绕MOOC形成精准的学习动机，从而帮助学生学习的主观能动性的强化，创设符合自身需要的学习手段和学术环境。其次，教学目标具备鼓励作用。鼓励学生学习的要素之一就是教学目的，经由给学生理性细致地描述详细的教学目的，让学生对教学目标形成明确的认知，加深其对教学目的的掌握程度，使学生对即将学习的内容有所期待是教学目标激励功能的体现。明确的教学目标调动了学生学习的积极性，使学生自主参与到学习过程当中，有利于学习效果达到预期值。

高校教学管理者和授课教师要在MOOC学习过程中，使学生对教学目标有明确清晰且全面的认识和了解，特别是加深学生对自身水平的提高和兴趣的培养方面的掌握，最大限度地利用教学目的的指引与鼓励作用。教学目的不但能够指引和激发学生的学习过程，其在高校一线教师和大学教学管理人员身上也能起到同样的效果。除此之外，教学目的还能够给教学项目与手段、课程开展与教学评估提供理论依据。因此，高校教学管理者要充分发挥教学目标的功能，制定合理的MOOC教学目标，促进高校MOOC教学效果的提高。

3. 鼓励学生参与高校MOOC教学目标管理

高校教学管理者应该发挥学生参与教学目标管理的主体性，鼓励学生参与MOOC教学目标管理，激励学生主动了解相关政策，让学生推动他们参加创设与修正大学MOOC教学目标的流程。从高中已进行过MOOC学习、对MOOC模式有一定认识的学生中选拔出不同学院和年级的学生作为代表，针对教学目标的创设提出建设性意见，传达出广大学生的心声。学生代表还能够基于学生的角度，围绕学习MOOC的现实作用和MOOC教学目的间的不同之处开展反馈，和教学监管人员一起讨论无法完全实现MOOC教学目的的缘由，以及如何完善。给学生参加MOOC教学目的创建的机会，有利于加深学生对MOOC教学目标的理解和认识，树立正确的学习动机，提高MOOC的教学效果。与此同时，经由学生信息的迅速反应，可以更好地推动高校MOOC教学目的监管任务的健康发展。

（三）加强高校MOOC课程建设的统筹管理

1. 增加高校MOOC课程的适用性和多样性

高校教学管理人员要在充分开发学生对MOOC课程的现实需要的前提下，健全大学的MOOC课程创建，提高其普适性与丰富性，增设满足学生需要和有助于学生能力培养的MOOC课程。由于MOOC的混合式学习模式并不适合所有高校在校学生，也不适合于所有课程，因此在教学过程管理课程设置的过程中一定要做到充分考虑不同学生、不同课程的特性，真正将MOOC课程设计和建设实施的权利赋予授课教师和学生，充分体现学生在高校教学管理活动中的主体地位，让学生参与到课程设计当中，让他们能够行使自己的选择权和参与权。最大限度地思考学生的学习情况和其前途，为学生提供具有高适用性、多样性的 MOOC 课程，满足学生发展的需要，提高学生的全面能力和综合素质。

2. 加大对 MOOC 平台的监管力度

首先，高校教学管理者根据高校 MOOC 的实际发展建设情况制定 MOOC 平台基本要求规范，保证将在线课程的质量放在首要位置。其次，降低学生操作的烦琐性与复杂性，搭建统一的校级 MOOC 平台，整合与规范适用于本校学生的在线教学资源。最后，要完善 MOOC 课程评价指标设定以及落实具体的评价办法。组织校内外专家对高校 MOOC 课程进行评价与审核，建立对于 MOOC 平台的动态评价机制、合理的退出机制，随时把控及时监管，对于内容未达到相对应的质量标准，内容更新不及时、缺乏新意，内容与教学目标不一致的课程实行下线整改或退出，教学管理人员对 MOOC 课程的整体运行过程进行动态监督，以此促进高校 MOOC 平台课程质量的提高。

3. 试点翻转课堂，创新混合式教学模式

MOOC 对传统的教学模式影响很大，但是也不能解决所有问题，更不能完全取代课堂教学，将线上教育与线下教育相结合的混合式教学模式成为各大高校的探索方向。混合式教学模式就是将传统的课堂教学的优势和数字化教学的优势结合起来，这样既能发挥教师引导教学过程的主导作用，也能体现学生作为学习主体的主动性、积极性。在混合式教学模式下，学生自己安排学习进度，自己决定学习的深度和内容，遇到疑问可以通过线上向教师或者其他学习者求助，也可以通过课堂教学直接向教师求助。把教师从重复性的讲课中解放出来，可有更多的时间和学生进行沟通、交流和互动。而学生从被动接受向主动学习转变，授课模式从传授式学习向探究式学习转变。

"翻转课堂"是混合式教学模式的主流形式，是把传统的教学模式"课堂教师讲课，课后学生作业"翻转为"课前学生自主学习，课堂教师答疑解惑"。具体的教学流程就是学生在家里通过观看视频自主学习，查找资料完成练习，发现疑难问题；课堂上学生提出疑难问题，教师组织交流讨论，解决问题。翻转课堂聚焦于每一个需要帮助的学生，让能力各异的学生变得更加优秀，使真正的差异化教学成为可能。学生在观看视频时可以随时暂停，直到学会，不用再为跟不上教学进度而感到焦虑。翻转课堂使师生之间、学生之间的交流增加了，有助于营造积极互动的学习氛围。

4. 加快区域间在线课程联盟建设

随着"互联网+教育"的迅速发展，愿意借助创建线上教育联盟来促进彼此进步的大学数量不断增加，目的是借助教育机会平等化来减小地区间的教育差距，从而推动高等教育的整体水平的提高。目前，高校应充分利用 MOOC 模式所带来的机遇，加快建设课程联盟的进度，经由不同学校之间围绕教学管理开展协作和沟通，寻求供给平衡的点，完成大学生跨学校、跨专业的教育目标，以促进学生全面的个性化发展。治理强调的是多元主体的共同管理，是一种协作、互动，而不是自上而下的管。高校的教学管理不是控制与约束师生，而是激励与鼓舞师生。树立教学管理是服务师生的理念，发挥专业权力，发挥教

授专家执教的作用，充分体现师生的主体地位，激发和引导师生共同参与到教学管理工作中。对教师和学生给予决策、建议和监督的权利，发挥教师与学生的反馈与评价作用，使教师、学生、教学管理部门之间相互监督、相互制约。要推动MOOC的积极开展，仅靠行政力量远远不够，要突破封闭式的管理，让利益相关者成为教学管理的主体，力争多元主体参与，包括校长、院系领导、教师、教学管理部门、学生、家长、社区等，积极创造机会，提高教师的领导能力，充分发挥校院两级教学指导委员会、学术委员会、教学督导委员会的教学管理与监督功能。高校区域间MOOC联盟平台的建设，不但有利于实现资源共享、促进校际间学分互认制度的完善，还对高校塑造学校特色，找寻自身定位，提高学校的综合影响力有所促进。建立区域间高校MOOC课程联盟，高校教学管理工作者应该做到以下几点。

（1）以教育部门为主导，加强区域间高校进行协作互通，共同参与到MOOC的建设当中。

（2）高校根据自身需求特点，引进其他高校优质教学资源，加快经由教育资源的优化配置来创设跨专业的学科机制，营造全面型人才培养氛围，尽可能地借助"互联网+教育"模式来营造新型教学环境，经由虚拟的教学互动来尽可能地调动老师与学生的学习积极性。

（3）选派教师去其他高校进行参观学习，互相借鉴优秀的教学经验，提高课程建设的先进性和科学性。

建立新的教学管理方式，使"专业管理"向"课程管理"转变。在"课程管理"范式下，专业是课程的组织形式，教师通过组织课程，确定教学内容，学生通过选择课程，获取一定的知识能力。高校应突破传统的"专业"内涵，以劳动力市场为导向，提供与社会需求、个人需求相适应的课程，学生根据自己的意愿选择合适的课程，确定自己的主修专业，从而完成高等教育的学习。"课程管理"的重心在课程，高校可以建设不同类型、不同层次的教学内容和课程结构，不同的课程组合实现不同的专门化，从而打破专业的固化和静止。在MOOC背景下，高校应该充分利用MOOC的优势和特点，积极开发建设本土化的优质MOOC。在本校MOOC建设能力不足的情况下，根据学校的人才培养方案和培养目标，引进适合本校学生的优质MOOC。以"好大学在线""中国大学MOOC"等为代表的大学教学平台的成功创建，重新打造了地区间的线上学科联盟的教育形式，推动了地区间高校的协同进步，给中国的高等教育事业的创新贡献了自己的力量。但是创建大学地区间的联盟平台面临着极大的困难，只有高校间积极沟通、相互协调，才可以创建长期持续的良好协作关系，为将来大学间的MOOC联盟的创建提供前提条件，高校课程联盟一定会在将来的中国成为高等教育事业的发展主流。

(四)健全高校 MOOC 教师评价考核制度

1. 转变重科研、轻教学的考评倾向

标准化与规范化是 MOOC 在高校顺利开展的基础与保障,高校教学管理部门要组织专家,尽快制定 MOOC 环境下的教学管理制度,建立和完善 MOOC 课程教学标准、课程运行标准、学分认证标准、工作量计算标准、教学评价标准、网络技术标准等。在 MOOC 课程建设方面,不仅要重视 MOOC 课程规模,更要重视质量建设,制定严格的课程认证标准,达到标准才能上线,对于上线的课程,要定期进行评估,对教学评价低、学生完成率低的课程要下线停开。制定适当的激励制度,一方面,激励教师积极投入 MOOC 建设中;另一方面,引导学生适应 MOOC 的教学方式,调动学生学习的积极性,制定学习效果评价标准和学生诚信奖惩制度。通过大数据分析学生的学习过程和学习成绩,提出有针对性的指导和解决方案。可以尝试与学生签订诚信保证书,使学生承诺不在学习与考试中作弊,对于诚实守信的学生给予褒奖,对于违反诚信制度的给予开除学籍等严重处罚。在学分认证和学籍管理方面,高校要创新管理制度。学生通过网络选课,高校之间互认学分,可以拿到外校的第二专业学位证书。这种学分互认的制度打破了高校之间的壁垒,使优质教育资源共享,加速了高校的学分制以及学位、学籍管理制度改革。为了提高教师的综合能力和创新意识,高校教师考核评价制度亟待完善与改进,落实由单一性考评转变成多元化考评的过程,改变当前的高校重视科研成果,忽略教学表现的教师评估标准。要想推动高校教师教学的创新意识,就一定要健全教师考查评估体系。很长时间以来,我国大部分高校基本保持着以统一评价标准对教师进行评估考核,缺乏合理的分类评价机制,在重视教师的科研成绩的同时,往往轻视了对教师教学成绩的认证与评价,评价体系的不健全,导致部分高校科研功利化现象的出现。因此,高校教学管理部门应在教学管理活动中克服"重科研,轻教学"的倾向,完善高校教师的综合评价考核体系。

在 MOOC 广泛应用的背景下,一方面,高校在教师职称评定、教育资源分配等事宜上,应突显教学的核心作用,关注传统教学和 MOOC 方式下的线上教学行为,把教学表现当成考查评估指标,而不是单纯地以科研成果为重点的考核标准,激发教师的教学热情。另一方面,考核评价标准与时俱进、因人而异,推行精细化分类管理模式,对于全身心投入一线教学的教师,对其科研成果不强制规定;对于擅长科研的教师,减少其课时安排,给予其充分时间潜心科研。这种精细化分类的管理模式针对性更强,充分考虑了高校教师工作的复杂性、创新性以及个体差异性,对进一步健全多样化、个性化的教师考核评价标准具有一定的参考价值。目前,国内以北京大学、浙江大学为代表的多所高校已经开展了与管理制度相关的改良与革新,将科研岗与教学岗的教师分别管理,这样的模式也为我国高校教学管理工作的继续发展指明了新的方向。

2. 实行科学合理的团队考核评价

在实地调研中笔者发现，在MOOC应用背景下，高校教学管理者对MOOC教学团队的评价仍然采用"一刀切"的方式，MOOC教学团队中各教师职责分工不尽相同，笼统的、单一的评价方式削弱了部分教师对在线教学的积极性，影响了教学团队的良性运作与发展。针对评价考核方式不合理的问题，科学合理的团队考核评价方式的制定与实行显得尤为重要，高校教学管理人员可以从以下几个方面出发。

（1）对团队成员分类评价。MOOC主讲教师以课时作为量化标准实施考核评价，以MOOC课堂教学效果为评价依据，以学生评教结果作为重要考量依据，此外教学内容的新颖程度、与学生的互动交流活跃度都可以作为重要的考核评价标准；MOOC课程制作教师从技术层面出发以课程的规范度和质量等作为参考；助理教师以辅助课时量以及对应的主讲教师、学生的评价为参考依据。

（2）评价过程和评价结果并重。在MOOC应用中应更注重对教师教学过程的评价，对MOOC课程的实施过程跟踪管理，以结果评价为辅，提升考核评价的科学性。

（3）将团队行为考评纳入考核评价标准。MOOC的教学结果是MOOC教学团队的共同成果，能够量化的数量、质量以及团队成员所做的贡献相对比较容易进行考核。但是对MOOC教学团队、成员团队行为的考评却缺乏量化标准，将成绩考评与行为考评进行有机结合，把团队行为考核评价纳入考评标准，对团队进行更加全面、客观的考核评价，有助于建立更加客观的教师评价考核制度与体系。

3. 建立有效的教师教学激励机制

建立有效的教师教学激励机制，充分调动高校教师的主动性、积极性及创造性。在建立有效的教师教学激励机制方面，应做到以下两点。

（1）秉持科学性原则。现阶段，我国高校MOOC刚刚起步，各大高校对教师实行的激励制度往往停留在对在线教学领域——出色的老师予以精神和物质奖励，但是此方针没有对合格教师进行相关奖励的内容，激励制度的不合理导致激励政策更多偏向主讲教师，严重制约了其他团队教师的创新意愿与能力，对于教师的职业发展和自身定位造成了不良的影响。

（2）加大MOOC课时量的转化力度，提高绩效补贴。MOOC的发展需要校级政策的鼓励与支持，适当提高MOOC课时的转化量及绩效补贴，使从事在线教学的教师真正受益，使教师掌握教学的话语权，尊重教师的教学权利。MOOC教师团队考核与管理应明确到每一位团队成员，在建立完善的评价体系的基础上，也应建立相应的针对团队和成员的激励机制，不仅停留在物质层面，精神层面也要有所涉及，最大限度地激发MOOC团队成员的积极性与主动性。

（五）创新高校 MOOC 个性化学生学习管理制度

1. 探索学生学习评价新标准

MOOC 应用中的学生评价，应摒弃传统的以单一考试和固定分数为标准的评价体系，多角度地从学生的综合素质、创新思维、实践能力等方面进行考核评价。在探索学生学习管理评价新标准的过程中，应该做到以下几点。

（1）实现多元化评价方式。目前国内部分高校的学生在 MOOC 课程学习的过程中，无法充分体现个性化学习的特点，高校管理人员对学生的学习评价也往往忽视对学习过程的管理。因此，在 MOOC 的学习过程中，教师除了通过考试成绩对学生进行评估，还可以将课堂互动提问情况、练习作业完成情况等按一定比例纳入学生的学习评估，将过程性评价与总结性评价相结合，增加对学生评价的科学性。

（2）实现多元化评价内容。从单一成绩评价向全面综合素质评价转变，充分考虑学生的自身特性，发现学生的闪光点，真正落实由单一的考试成绩评价变为非形式化的综合素质成绩考核。

（3）实现多元化评价主体。传统模式下学生被动接受评价，却缺失了自主评价的权利。MOOC 的应用使得评价方式逐步转向参与互动评价、自评与他评相结合的评价。与此同时，对某一学生个体的评价，可以由任课教师、课程内其他学生、学生自身等多元主体进行考核，传统模式下的被评价者也成了评价主体中的一员，有利于在平等、民主的互动中关注自身发展的需要，推动学生的独立进步。

2. 拓宽学生反馈信息的渠道

健全学生学习管理制度是学生学习质量管理的保障，可以更好地推动学生综合素质的提高以及高校教学管理的完成。在完善学生监管体系时，必须尽可能地听取学生的声音，提升监管体系的创新力与包容性，更好地促进体系的民主和科学作用的发挥。拓宽学生反馈信息的渠道能够最大化了解学生的感受与需求，切实完成高校教学管理的"以人为本"的目标。在拓宽学生反馈信息的渠道过程中，应该做到以下几点。

（1）充分利用反馈时段。在整个 MOOC 课程的阶段经由师生反馈，掌握学生对线上课程的学习成果和相关感受，注意学生的实际需要，切实记下有价值的意见和建议，指引学生将来的学习管理工作的发展目标。

（2）借助高校新媒体辅助搜集反馈信息。利用大学的官方网站、微博和微信等在线方式推送 MOOC 相关问卷，了解学生在 MOOC 在线课程学习过程中的真实需求。教学管理工作者需要提高自身对数据收集和研究应对的水平与操作水平，经由相关数据资料，找出更深入的矛盾，力求改善学生学习管理效果。

（3）高校教学管理者与学生平等交流。在日常教学管理过程中，需要暂时忽略老师和学生之间的地位差距，切实融入学生的日常学习生活中，用更加直接的方式和学生进行换位思考，探索当前出现的矛盾，尽可能地坚持人本思想。高校教学管理的根本服务目标就是学生，树立正确的服务观念、贯彻落实以人为本原则，了解学生群体的真实需求，使教学质量稳步提高才是高校教学管理工作的正确方向。

3. 完善高校间学分互认制度

随着教育全球化、在线教育的飞速发展和高校学分体系革新的深化，实现学分互认变得尤为关键。MOOC 的出现为高校学分互认的发展提供了新的机遇，但此项工作不是一朝一夕能够完成的，目前高校的学分互认体制机制还不够成熟，实际管理难度较大，笔者建议从以下几个方面加强制度建设。

（1）创建高校学分认定委员会。领导进行 MOOC 课程的学分认定过程，为学生和教师提供咨询服务，协调各高校间的学分认证与转换。与此同时，各高校也应设立相应的对接部门，依据实际情况有效开展学分互认工作和转换工作。

（2）制定系统化学分互认标准。创建 MOOC 等线上公开课程教学质量认定指标，将通过高校认定的在线课程纳入人才培养方案，并制定在线课程的教学效果评价办法和学生修读在线课程的学分认定办法。在保证教学质量的前提下，学校开展在线学习、在线学习与课堂教学相结合等多种方式的学分认定、学分转换和学习过程认定。为了实现各种类型的学分互认，相关教育部门需要研制统一的学分互认标准。

（3）国家层面的法律政策支持。可以借鉴国外学分互认相关经验，如韩国的"学分银行制"，建立了学分互换认证标准以及全国统一的课程标准体系，韩国是世界范围内少数颁布《终身教育法》《学分认证法》的国家之一。日本颁布的《学校教育法》确立了学分互认的合法性，鼓励高校之间开展学分互认。

第六节 数字化高校教学管理创新问题及发展思路

教学管理的创新问题已经成为各高校的共识，大家对创新的必要性进行了大量论述，并就如何创新提出了一些建设性意见。然而在实际执行过程中，有许多问题阻碍着创新的进一步深入，使教学创新流于形式。解决问题的关键在于制定切实可行的对策，并一以贯之。

近年来，随着扩招和教育改革的不断深入，我国高等教育已经由精英教育转向大众教育，教学管理的内容和对象也日益复杂。为适应这一形势，广大教学管理人员应主动适应现代社会发展需要，尤其是高等教育发展需要，与时俱进，对管理理念、管理资源、管理手段等主动调整、更新，促进管理创新的呼声日渐高涨。随着创新活动的逐步开展，暴露出许多设计和执行的问题，如何解决并进一步推动创新是当务之急。

一、当前高校教学管理创新存在的问题

对教学管理创新的支持力度不足。教学管理的重要性和必要性已经得到许多校长的认可。随着人才培养水平评估工作的深入开展,使教学管理的规范性逐步得到重视和提高,各类规章制度日趋完善,必要的管理岗位和管理人员也得以设立与充实。但许多学校把工作的重点放在了教学创新和专业建设方面,对教学管理的创新缺乏理念的支持和引导,缺乏必要的要求和足够的重视,对教学管理创新的探索零星而散乱,难以对教学工作起到系统的支撑作用。实际上,各高校对教师的教学创新和改革支持力度远远大于教学管理人员,客观上造成教学管理创新的滞后。

现实情况是,认识到教学管理中以人为本重要性的教师和管理者不少,但确立理念、上下贯彻的学校却很少。笔者认为,首先,由校长牵头,在领导层统一思想,再进行自上而下的人本理念的推广,在日常生活和工作过程中,领导层尤其要注意以身作则。其次,在实际工作中进行工作模式的理念固化,使人本理念深入人心。例如,与奖励教学效果的奖教金一样,设立管理创新奖,重点奖励管理人员在工作中的创新之举,由教师和管理人员共同评选,对获奖人的做法进行全校宣传和经验介绍。同时,应加大对教学管理的关注力度,从科研要求、管理效果等方面加强考核,最少应接近对教师的考核力度,并从经费支持、政策倾向等方面向普通教师靠拢。最后,在教学服务、检查和监督过程中要注重民主化,尊重学术的权威。充分尊重教师和学生意见,实行民主决策,提高决策的科学性和管理效能。充分发挥学校学术委员会、教学督导部门、教学指导委员会专家的作用,依靠专家、学者,使行政管理职能和学术管理职能有机融合。

评估工作的一个重要内容就是规范教学秩序,规范管理流程和手段。目前,规范的理念已深入人心,各项规章制度逐步设立,校方也更为重视教学管理部门的教学保障功能。但并没有表明教学管理已走上规范的轨道。事实上,管理人员为了规范而整日忙碌于事务性工作,产生了大量部门和岗位之间的内耗性劳动,并未产生实际效益,对教学质量的提高也起不到有力的促进作用,造成人力资源的浪费。原先传统的工作方法和习惯仍具有较大惯性,尤其是在历史时间较长、老员工较多的院校中表现更为明显。因此,在这种强调规范却尚未完全完善的环境中创新,容易引起思想的混乱,混淆工作的主次,反而会在一定程度上阻碍创新思想的萌发。

高校教学管理本身日益复杂。主要表现如下:一是学生、教师数量急剧增加,管理宽度扩大;二是专业设置快速多变,由传统管理方式逐步向跨学科管理转变;三是很多高校在合并过程中出现跨校区管理,导致教学管理难度和复杂程度增加、教学资源分散、校园文化建设难以统一等诸多新的问题;四是不少高校,尤其是高职院校的办学形式日益多样,学历教育层次较多,管理难度较大。以上种种因素表明高校的教学管理创新已成必然。具体问题如下:

（一）教学管理进程缓慢

随着新媒体技术的不断发展及其在教学管理过程中的逐渐应用，高校教学管理者不断反思自己的教学管理方式，以求适应新媒体技术的发展趋势，从而进一步改善教学管理。但从教学管理现状来看，改革的步伐仍十分缓慢，主要表现在以下两个方面。

1. 对新媒体技术的认识不足

随着新媒体技术对公众的影响力不断提高，一些高校对新媒体技术在教学管理上的运用认识不足，或者存在认识上的偏差和误区，或者不会使用新媒体技术甚至不熟悉新媒体技术。也有一些高校教学管理者的思维意识没有与时俱进，认为新媒体技术与传统的媒体技术并没有太大的区别，传统的媒体使用模式与方法就足以应对新媒体技术条件下高校所面对的挑战。有些高校教学管理者本身的新媒体技术素养没有得到改善和提高，因此也就无法认识到新媒体条件下教学管理客体在接受信息渠道和方式上的改变，也没有认识到随着新媒体技术所带来的影响会使师生的思想和行为的选择性、独立性、差异性都发生明显的改变，更没有认识到由新媒体所带来的思想观念、生活习惯的不同所导致的矛盾的产生，这些都导致高校教学管理者在利用新媒体技术进行教学管理时，无论是在方法上还是技术手段上都与当今时代和师生的切身需求脱节了。

2. 对新媒体技术的重视不够

在广泛应用新媒体技术的今天，将新媒体技术与高校教学管理进行整合，是教学管理者和高校师生所共同面对的问题。然而有些学校的教学管理者不仅自身对新媒体技术抵触和排斥，而且对高校教师与学生积极利用新媒体技术参与教学管理存在漠视，甚至在思想上对师生参与教学管理表现出抗拒的态度，认为师生过多利用新媒体技术会使高校的教学管理工作更加复杂。也有一些高校的教学管理者过于放大新媒体技术本身的一些缺陷，将新媒体视作大敌，对于师生利用新媒体技术发表自己的言论更是大加抵制，因而在发动师生利用新媒体技术参与提高高校教学管理上缺乏积极性，不仅起不到调动师生利用新媒体提升校园文化正能量的作用，反而在某种程度上引起了高校师生对教学管理的逆反心理，使得高校利用新媒体进行教学管理流于形式。

（二）教学管理方式的挑战

1. 教育者的权威在一定程度上遭到削弱

在传统高校教学中，教师是文化知识传播的主导者，而在这个新媒体技术高速发展的时代，借助新媒体技术所获取的信息与思想观念对传统教师教学造成了很大的冲击，更在一定程度上消解了教师的权威，而教学管理者也面临同样的困境。一方面，高校教师及管理人员由于受到自身新媒体素质、行政事务和工作时间等的限制，在教学管理相关信息的获取上陷入了尴尬的境地，学生可以与他们同时获取信息，甚至提前获知，这使得高校教师及管理者的权威性受到一定消解；另一方面，新媒体技术为学生与教师和管理者之间的平等相处搭建了平台，由于学生信息接触面日益广泛，不同的思想观点和价值观念充斥着整个社会，这就使高校学生可以更主动且可以选择多维的角度去理解信息，当然也更乐于根据自身的是非观念进行判断。在这种情况下，传统教学管理过程中教师及管理人员的信息优势正在逐步减弱，特别是当前有些处在一线的教师及管理者并没有深刻理解新媒体技术条件下教学管理所呈现出的新特征和规律，因而很难有效地开展教学管理工作，这也导致教师及管理者的权威性受到了强烈的冲击。

2. 学生易出现懈怠性行为

新媒体技术的流行，一方面助长了学生认为可以通过简单词语搜索、点击便可直接获得答案的知识学习方式，这在很大程度上弱化了学生对知识操作与技能学习需要艰辛探索这种观点的认知，倾向于被动式学习的学生对知识满足于"是什么"的简单现象描述，对于知识中应当追问的"为什么"，不能形成自发的态势，不能形成有效的自我约束动力，因而也就更不会去主动形成"怎么办"的实际问题应对习惯；另一方面愉悦化教学方式也增加了学生对教师教学环节的挑剔，这从另一个角度也挑战了教师的权威。两种误区的存在加大了教学管理人员在教学过程中监控的难度，如何引导学生掌握正确的学习方法，如何建设良好的学风问题则需要教学管理者付出更多的时间与精力。除此之外，这种现象对学生自身素质修养的提高也存在较大的阻碍作用，虽然对于新媒体技术的到来，教学管理上所倡导的做法是顺势而为，但学生也应意识到其终究不能代替传统媒体的实践教学，即便是移动终端再便捷，社交网络和自媒体再贴近使用目标，他们要做的仍然是尽可能自己去探索知识的学习，从而获得真正的提高。

（三）教学管理信息存在安全隐患

1. 信息资源来源广泛，建设力度大

新媒体技术的广泛应用使得高校教学管理工作琐碎而复杂。首先，高校学生对新媒体技术追捧与热爱且具有极大的依赖性，而新媒体技术带来的海量信息良莠不齐，这对于他们而言具有极大的冲击力，如何把握好大学生群体对信息资源的甄别，防止有害信息的大行其道成为教学管理者的一大难题；其次，新媒体技术的互动性使得高校师生不再作为信息的被动接受者，信息的传递也从单向变为双向，高校师生成为生产并传播内容的"自媒体"，而又由于不同个体及群体之间态度、价值观的不同，在传播观点上也存在很大的差异，从而在新媒体技术的使用上表现出了"众声喧哗"的去中心化现象，这也增加了高校教学管理的难度；最后，在课堂教学上，信息大爆炸所带来的海量信息，使得与教学不相关的信息也充斥在整个教学中，比如，在课堂教学的互动中，极容易产生教学目标偏离，甚至思想逃离，最终影响教学效果，因此这也加大了课堂教学管理的难度。教学管理者对教学新媒体技术的选择，引导教师学习新媒体技术，以及如何掌控通过新媒体技术所传播

的信息都成为教学管理者的关注重点，因而加强教学资源的建设问题仍是教学管理者在快速发展的数字化时代的一大困扰。

2. 教学管理数据安全问题

高校教学管理系统中存在众多信息，比如和学生的成绩、学籍相关的至关重要的数据，教学资源数据库、科研教学管理的数据以及办公系统中老师的个人信息、联系方式、学院公文等，这些数据很多都是涉密信息，对高校来说是绝对不允许外流和丢失的，因此应当重点保护。而随着新媒体技术的开放性、便捷性、共享性的功能越来越强大，高校教学管理数据所面临的威胁也越来越多，表现形式有以下几种：第一，网络攻击，主要表现在网络病毒对高校教学管理相关网站的攻击；第二，通过网络篡改数据，比如一些电脑黑客利用网络侵入教学管理系统，篡改学生成绩等；第三，移动设备丢失，移动手机、移动存储器、平板电脑已成为越来越多人的生活必备品，丢失的情况时有发生，也给我们的数据安全留下了隐患；第四，缺乏网络身份认证，随着高校无线网络覆盖范围的不断加大，很多人可以随意接入校园网络，从而也给教学管理数据的安全问题埋下了隐患。

（四）教学管理创新难度的增加

1. 对新媒体技术的应用程度不高

科学技术的不断更新使得新媒体技术的应用方式层出不穷，这对高校教学管理的创新性发展与建设带来了很大的难度与压力。由于教学管理工作者比较熟悉传统的教学管理软件、平台及方式方法，而这些传统在满足新时代背景的要求时又存在很多不相适应的部分，因此存在很多新的问题。比如不熟悉新媒体技术的运转体系，导致管理者无法有效使用新媒体平台开展相应的教学管理工作；不适应新媒体技术的表达方式，导致管理者无法有效地使用新媒体语言、文字及形象等表达自己的思想，更有甚者对新媒体语言了解甚少或者根本不知晓；除此之外，高校教学管理者对新媒体技术的运用不熟练也导致他们难以做好师生间的组织协调工作等，师生两个群体的内在需求无法得到有效满足，相应地，就容易导致管理者工作主导性缺失以及工作效果不理想，因而要求教学管理者在短期内实现工作的创新也是不太可能的。

2. "以人为本"原则更加难以贯彻

对信息时刻保持敏感度是高校教学管理者的基本素质，而新媒体技术的时代背景又对教学管理者提出了新的要求，即不仅要拥有敏感度，还要培养创新的理念，并能够迅速捕捉师生的心理，真正做到"以人为本"，从而挖掘师生真实的潜在需求。"以人为本"始终是高校贯彻实施的重要原则，而在实际的执行过程中，特别是面对新的背景条件，这一原则更加难以贯彻。一方面，即使有些高校逐步接触新媒体技术，但在使用方面仍不充分，有些学生甚至戏称高校新媒体为"布告板"，即高校管理者只将其作为发布信息的平台，而未发挥新媒体技术可以实现与"公众微距离"的优势作用；另一方面，在高校当中也有部分管理者将对新媒体技术的使用视作任务定额来完成，即为了完成任务而完成，在数量上更多的是堆砌与应付，内容质量上更是过于杂乱无序，形式上也缺乏创新应用，这也是由于监管方式和立意定位缺少有效考量而造成的，因此无法得到管理主体的认同与回应。新媒体技术带来的是瞬息万变的工作环境，如果高校管理者无法适应这一趋势，就无法抓住高校师生的真实需求，也就无法更好地发挥新媒体技术的优势以发展自身的管理特色。

（五）教学管理者能力的缺失

1. 教学管理者引导难度加大

在实践活动中，技术的掌握程度往往可以决定工作的进展状况，在高校教学管理中，教师作为教学活动的主导者，其对新媒体技术的掌握和运用程度也决定了教学进程，但从目前来看，教师较为缺乏新媒体素质，导致管理者引导难度加大。

对新任教师来说，他们对大多新媒体技术都可以顺利操作和使用，但由于缺乏教学经验，因此他们需要投入很多时间与精力来研究和分析教材，而新媒体技术的更新发展速度之快也使得他们手中所掌握的教育技术无法得到及时更新，长远来看也就使得他们的新媒体能力成了"死水"；对高校年长的一线教师来说，虽然新的教育理念对他们也产生了一定的冲击，但新媒体技术与教学的较好融合在短时间内是无法实现的，而且由于他们新媒体技术比较陌生，即使经过培训在短时间内也是无法实现在课堂上的灵活运用。对于年长的一线教师，则可能存在更大的难度。面对这些问题，教学管理者在动员教师对新媒体技术的学习，鼓励教师对新媒体技术的使用上也存在引导难度加大的问题，而且由于高校尚未建立起完善的激励管理机制，因而不会收到良好的效果。

2. 教学管理者媒介素养偏低

随着新媒体技术的迅速发展和日渐成熟，高校教学管理者的自身素养日显缺失，在当前的治理体制下，一部分人认为教学管理岗位上的工作都是简单的重复劳动，无须多少知识和能力，而且大部分高校里技术普及的多是教师和学生，而对于教学管理人员这支队伍，尚未形成根本的冲击力；另外，教学管理人员在信息的应用上存在差异。新媒体技术的开放性带来了各种各样的信息，由于高校教学管理者队伍的信息水平参差不齐，因而对信息的应用程度也存在不同，而且就整个教学管理队伍来说，一些管理者并没有进行过专业系统的培养，因而按经验办事的方式较多，尤其是一些年龄较长的人员，对新事物的接受速度较慢，对新媒体技术的使用也较为生疏，缺乏创新和开拓精神，有专业背景的管理人员并不是很多。由此看来，教学管理队伍自身素养的提高已成为当务之急。

二、高校教学管理创新存在的问题原因分析

新媒体技术条件下，高校教学管理不同模块具有不同的特征及问题，如何从教学管理的整体结构上出发去解决问题，则需要我们对影响新媒体技术条件下高校教学管理发展的因素进行深入分析。

（一）教学管理新媒体技术观念不足

通俗意义上说，观念指的是在长期的生产生活实践中，人们所形成的对客观事物的总体认知，它实际上是客观事物和主观认识的结合。当然，由于人们的自身认识存在历史性和局限性，因而人们也会因时间的变迁出现与时代不相契合的观念。

在传统的教学管理中，教学管理者逻辑思维的单向性和封闭性造成了教学管理种种弊端的出现，而新媒体技术的出现不仅改变了人们对信息的获取、存储、交换与处理方式，也推动了管理观念及管理方式的变革。特别是新媒体技术实现了虚拟世界和现实世界的无缝衔接，导致人们的思维方式发生了重大的转变。在这样的时代背景下，一些高校教学管理者仍然秉持保守观念，对新技术无法适应，甚至持抵触的态度，在进行教学计划管理时仍然按照以往的模式进行操作，造成了资源、人力、财力的浪费。当然不同的教学管理人员，其自身的素质也存在很大的不同，有的可以迅速地适应新媒体技术所带来的新变化，有的则仍然保持着陈旧的观念，这样就会造成管理者之间思想差距的增大，进而在工作效率上也会产生不一样的效果；除此之外，一些管理者虽然接受了新媒体技术并积极尝试着去使用，却是采取一味迎合大学生的思想观点来展开工作，这对教学工作的顺利开展带来了很大的冲击，对教学管理者思想也造成了严重的损害。

（二）教学管理内容不完善

新媒体技术所带来的大数据时代，一切管理都用数据"说话"，在这样的时代背景下高校教学管理效果不佳的重要原因就是数据信息的准确性和存在的安全隐患。传统的教学管理在基础数据的收集上费时、低效，且由于客观条件的限制使得数据的准确性存在一定偏差，这就与新媒体技术的快捷高效和准确性形成了对比；此外，由于教学管理系统中存在大量隐私数据，传统的教学管理平台在当前的新媒体技术条件下已无法有效地保护数据的安全，在身份认证、隐私保护以及访问权限控制上也存在诸多问题，造成了潜在的安全隐患。

另一个原因则是所获取信息资源的不确定性。新媒体技术与高校的不断融合，使其所传递的信息在高校师生间广泛传播，而面对海量信息的冲击，新媒体技术的时空突破及资讯的无屏障状态也为高校教学管理增加了巨大的信息控制压力。特别是随着教师与学生非正式学习资源获取渠道的不断增多，再加上高校与高校之间以及高校与其他外部机构之间

信息合作共享机会的不断增加，信息的安全性问题也成为规范教学管理内容的一大重任。除此之外，虽然新媒体技术具有快捷的信息处理与传递优势，但单位时间内面对海量的教学管理信息仍会使教学管理人员无所适从，难以抉择，特别是面对充斥真实与虚假信息的情况，教学管理人员更容易模糊概念，混淆视听，从而对最终做出的管理或决策的质量造成影响。因此，新媒体技术带来的海量信息也容易造成新的信息匮乏问题。

（三）教学管理现行平台乏力

任何活动的展开都需要借助一定的平台，同样教学管理平台也是高校教学管理活动发挥作用的必要条件。新媒体技术所带来的新体验与方式对传统教学管理平台形成了强烈的冲击，其逐渐显露的滞后性和低效性也不再适应新时期教学管理的需要，从而导致了问题的出现。

一方面，由于新媒体技术所提供的平台多种多样，越来越多的人倾向于便捷高效的信息获取方式，相比来说，传统的网站公告形式就已显落伍，无论是在信息的传递速度还是决策推行所收到的反馈方面，都无法再满足高校师生的需求，因而无法适应高校教学管理的运行需要。另一方面，新媒体技术所提供的平台存在着未充分利用的问题。特别是校园无线网络建设热潮的兴起，虽然许多高校相继进行了网络的建设与维护，但建设之后却并未进行后续的充分利用，这不仅造成了高校教学管理人力、物力、财力的浪费与消耗，也阻碍了新媒体技术在教学管理上的进一步推广与利用。当然，从传统平台到新媒体技术平台的转变也存在一个过渡的问题，在这一过程中要综合考虑管理主客体及管理载体等多个因素，如何协调配合也对新媒体技术条件下高校教学管理的发展提出了要求。

（四）教学管理人员培训及激励机制不健全

培训是快速了解和掌握新鲜事物的有效手段，激励则是在保障组织预期目标实现的同时，能达成组织成员的个人目标，即在客观上实现组织与个人目标的一致。培训与激励机制是新媒体技术条件下高校教师及管理者对新媒体技术熟悉与推广的重要手段，这对高校教学管理水平的提高起到保障作用。

在"泰晤士高等教育世界大学排名"这一统计中，一所大学的得分60%来源于研究和引用，而教学仅占到了这一比例的一半。因此在学术界，存在着教师的研究资历价值远远超过教学技能的普遍认识。在这样的错误思维主导下，教师也缺乏努力实施创新高效教学方法的动力，加之许多教师对利用新媒体技术进行教学评价与管理的方式的不认同，因而某种程度上对教学新媒体技术也存在抵触情绪。由于教学管理岗位属于后勤岗位，教学管理人员的升迁、自我提升、外出学习等方面的机会几乎为零，这在很大程度上对教学管理人员的积极性造成了干扰，教学管理工作也无法得到顺利开展，因而不利于发挥新媒体技术对教学管理所起到的变革有效性。除此之外，新媒体技术毕竟是一项近几年才兴起的新鲜事物，其操作性和运用度还需要教师及管理者进一步的学习才可以熟练掌握，而与教学及管理的彻底融合更需要时间来整合与完善。因此，高校加大教学管理人员的培训是首要的，培训之余如何建立激励机制才是新媒体技术条件下高校教学管理高效发展的重要保障。

三、对高校教学管理创新的几点思考

在现代学校管理学中，教学管理首先是思想的管理，其次才是行政的管理。这是一个重要的观念。因此，要适应当代社会的发展，就必须先变革思维。当前社会已是数字化时代，网络覆盖了整个世界，已经到了"无网不入"的时代，因此寻找变革教学管理思维的切入点，树立全新的教学管理理念成为教学管理创新的首要措施。

（一）新媒体技术条件下高校教学管理的思维改变

1. 教学管理新媒体思维的建立

新媒体技术是工具，但更是一种思维。不同的时代所引导的思想文化是不一样的，新媒体技术时期，人们偏爱的是体验、参与和创造，这就是新媒体思维。因此，在这样的时代背景下，高校教学管理工作就需要通过体验式、互动式、引导式和渗透式的方法展开，相应地，高校教学管理人员也要逐步转变观念以建立起新媒体思维。对高校教学管理者来说，首先应当认识到现代教学管理中新媒体技术所起到的重要作用，深入理解教学管理的媒体化意识，探究与发现教学管理的新方案，从而保证教学管理的客观公正性。除此之外，新媒体技术手段使得高校建设发展进入一个多元化的领域，因此高校教学管理人员应加大新媒体技术的建设宣传力度，同时不能仅仅认为自己只是新媒体技术推广与使用的发布者、参与者，更应当摆正自己作为思想潮流引领者的位置与意识，从而更好地促进高校新媒体技术良好氛围的营造，促进师生主动体验、参与和创造，以此真正提高教学管理工作的亲和力和感染力。

确立并落实以人为本的现代管理理念。现代管理理念认为，在管理的诸多因素中，人是最活跃、最能动的决定因素。以人为本的教学管理理念，就是把人的管理作为学校管理工作的重心，根据人的社会价值和心理活动规律，正确运用用人方略，创新教学管理模式和方法，使他们积极参与到学校教育教学改革和发展建设中。过去，人们把教学管理工作单纯地理解为对学生、教师的行为管理，教学管理者居高临下，凭经验和权力意识指导教学，这种重在"管"的管理模式造成的是一种呆板、僵化、服从的管理氛围，在教学管理与重大教学改革中教师没有发言权，其创造性和积极性被人为压制。如今大家普遍意识到，教学管理不仅要"管"好，还要"理"好，要以人为本，创造一个科学、严谨、民主、开放的人才培养与成长环境，充分肯定人的主体地位和自主价值，实现管理者和被管理者之间的和谐统一。

有人认为，教学管理人员肩负管理的主要职责，创新的主要目的也是更好地服务教学，

数字化时代下高校教育教学管理创新研究

因此创新是具体执行人员的使命，与教学和学生管理工作无关。事实上，教学本身是一项综合性工作，学校所有工作都与教学紧密相关，缺乏任意一方支持配合的管理创新都将成为无根之木，难以持久深入。当前，为了规范而设立的各类部门和职位，有利于将具体工作做细、做精，却也容易滋生部门主义和山头作风，制造许多工作壁垒，使一些综合协调性的工作效率低下，得不偿失。

2. 教学管理跨界思维的融合

跨界思维采用的是多角度、多视野、大世界、大眼光的方式，它代表的是一种新鲜的态度与体验，通过这种思维方式可以实现资源利用的创新，进而在看待问题与提出方案上寻求全新的渠道与途径，对新媒体技术条件下的高校教学管理来说，跨界思维的出现不仅要求打破传统的教学管理模式，实现教学管理内容的充分演绎，还要擅于用各种新媒体技术，使教学管理的方式与手段充满新意；新媒体技术的开放性还将不同部门、不同人群串联在同一个网络中，在这样一个平台上实现不同信息的共享与交流，因此跨界思维要求综合利用各种信息，并学会分享自己的知识与经验。除此之外，新媒体技术的平等性使得教学管理不再是一家独大，教师与学生拥有了更多参与管理的渠道，因此教学管理科学性的要求也进一步提高。最后，高校教学管理者还应当加快新媒体文化建设在校园文化建设中的步伐，以利用新媒体技术有效推动高校教学管理的发展与进步。

（二）新媒体技术条件下高校教学管理的话语权变革

如果将高等教育视作消费品，那么高校师生就是这项消费品的"消费者"，特别是随着新媒体技术的引入，"消费者"的地位日益突显。同时，对于传统教学管理理念中重管理、轻服务以及制约个性发展的问题，引进师生参与工作也将是对其进行改进的有益尝试。

1. 话语权变革应遵循的基本原则

（1）互动原则。新媒体技术以其开放性构造了一个虚拟与现实的交互空间，既为人们提供了一个开放自由的话语空间，也为每一个人提供了个性化的表达方式，教师与学生不仅可以充分地表达自己的看法，而且可以就某项新措施的施行发表自己的意见，因而利用新媒体技术加强管理者与师生之间的互动成为提高高校教学管理水平的重要措施。

（2）服务原则。虽然高校教学管理部门是高校的职能部门，但其工作性质实际上是服务性的，其服务对象不仅包括学校的教学管理工作，更主要面对的是高校师生。在新的时代背景下，高校教学管理者更应当牢牢把握教学管理的基本规律，树立全新的服务意识，切实考虑师生需求，真正将服务原则有序、规范地展开。

2. 话语权变革的具体实践

高校师生是高校教学活动的组成主体，这就决定了在教学管理中应当充分尊重师生的主体性，保障其拥有充分的参与权利。

（1）"以教师为本"。教师是教学的主导，教学管理又始终围绕教学展开，因此，教师在教学管理中主动性作用的发挥不容忽视。一方面教学管理人员应当营造支持和鼓励教师积极适应时代发展的教学管理氛围，另一方面也要为教师顺利开展教学管理工作建立良好的保障，而其中最重要的则是确立灵活的管理机制以提高教师的教学积极性，从而充分地尊重教师的自主发展权。

（2）"以学生为本"。教学管理所面对的最庞大群体莫过于高校学生，而这一群体的多元化与个性化又对高校教学管理提出了更大的要求。这就要求教学管理者一方面始终坚持"以学生为本"的管理理念，保障学生的主体地位，激发学生的主动创造性，从而构建起开放且充满活力的教学体系；另一方面也要尊重学生个性与差异，因材施教，使学生成为新媒体技术条件下具有特色的创新人才。

（三）新媒体技术条件下高校教学管理的内容优化

1. 数据管理优化

高校教学管理烦琐且复杂，其过程中不仅需要收集大量的数据，而且不断产生新的数据信息，因此保障教学管理基础数据的准确性以及保障教学管理数据的有效利用，则成为教学管理系统顺畅运行的前提。

要想提高教学管理系统的生命力，在教学管理的数据优化上，教学管理人员需要做到以下几个方面。

首先，严格遵循数据管理规章制度。教学管理人员要始终明确"以人为本"教学管理原则的重要性，本着对教师、学生负责的态度保障数据的安全性和保密性。

其次，充分保障各项数据的准确性。数据的准确性是新媒体技术条件下快捷高效展开教学管理的基础性工作，这里不仅包括数据的收集、上传，数据的统计，还包括政策的解释以及一些异动情况的出现等，在整个过程中都应当力求不出差错，从而实现教学管理的协同、高效和有序。

最后，深入挖掘教学管理所产生的数据背后隐藏的信息。高校的教学管理活动自高校出现就伴随产生，因此在经过多个学年的正常运行之后，高校教学管理必会产生大量的业务数据，这些数据涵盖了学生的学籍信息、学籍变更、成绩数据等，一方面这些数据可以从某些角度客观地反映出高校教学管理的运行情况，另一方面也为进一步开发利用提供了资源，比如对高校教师连续多年的教学测评成绩绘制趋势图，以进行趋势分析；对高校学生的考试成绩数据进行统计分析；等等。

2. 教学管理资源的筛选与建设

教学管理数字化的发展带来了教学资源来源及内容的大大拓展，无论是教学管理应用数据库、网络大平台还是教师、学生以及教学管理者，都蕴含着极其丰富的信息。

高校教学管理无非涉及两个方面的问题，资源的获取如何筛选，即"源"的问题，以及资源的传递如何建设，即"流"的问题，但同时高校教学管理者应该意识到，教学管理资源不仅应当包括加工与处理，还应当是资源的再生产。因此在新媒体技术条件下，高校教学管理者应采取"开放、共享、共建"的新思路来解决教学资源建设的"源"和"流"问题。

其一，在"源"的问题上，互联网可以说是目前全球最大的、动态的"资源库"，如何将这一丰富的网络信息资源库转化为学习资源，如何使更优质的资源为教学管理所用，则需要教学管理者加强筛选，以保证资源质量的优质与高效。

其二，在"流"的问题上，充分利用各种共享平台作为信息资源的传输载体，同时通过平台中教学管理主客体之间的互动交流及反馈，以达到优质教学管理资源的建设与共享。

相应地，高校在自身教学资源建设策略上也可以采取以下措施，一般来说主要分两步走：在建设启动阶段，教学管理人员可以通过购买一些广泛认同的教学资源库，通过高校内部的校园网络实现广泛共享，使新媒体技术走进课堂、走进生活；在此基础上，高校也应当加强本校教师教学资源的共享共建，积极引导本校教师参与优质教学资源的建设，实现资源的创新与开发，并将本校优质课程结合网络及开放资源项目的平台予以推广，从而建立起更加丰富完备的教学资源库。

《"十四五"国家信息化规划》和《国家教育事业发展"十四五"规划纲要》的出台明确提出要加快教育信息化步伐，创建信息化应用支撑平台，以推动教育现代化发展。新媒体技术平台的建立无论是对信息的发布、资源的共享还是组织之间的交流协作等都起到了很好的作用，保证了各项工作的高效开展。

（四）数据管理平台的整合

1. 个性化教学管理平台的建设

管理学家马斯洛曾指出，建立个性化管理模式是实现人本主义管理目标的首要方式。随着社会各种矛盾的出现以及行业对人才要求的增加，高校现行的教学管理模式已无法适应社会需求，因此探索个性化教学管理模式，建立个性化教学管理平台成为新举措，而移动式教学管理平台的出现则顺应了这一趋势。移动式教学管理模式是以移动终端为媒介，通过在线传播方式开展工作的管理模式，这种模式最大的特色就在于私人订制、按需推送、个性化和便捷式服务。对高校师生来说，他们可以根据自己的喜好有选择地定制所关注的资讯，而对高校教学管理者来说，也可以通过推送重要信息或者有趣的互动来了解管理对象的想法与建议，从而更好地推动教学管理活动的展开。在推广个性化教学管理平台时，以下两个方面也需要注意：一方面，始终贯彻"以人为本"的教学管理原则，以促进教师发展和学生能力培养为出发点、落脚点；另一方面，充分利用各项移动应用程序和社交媒体平台，做好教学管理信息的传达与反馈，同时学会使用各种新鲜网络词汇，拉近与师生沟通的距离。

2. 教学管理共享平台的完善与维护

无论是"互联网+"教育新形态的出现，还是大数据热潮的不断涌现，优质教育资源共享都成为高校所追寻的目标。"2011协同计划"的出现就顺应了这一趋势，不同的大学及研究机构之间就技术、研究和共同发展目标开展合作，共同推动了高等教育的创新。同样的道理，高校教学管理也应当顺应这一趋势，力求搭建信息资源能够高度共享的平台。

建立师生教学共享平台，使授课教师与学生间可以进行充分及时的信息交流，随时处理学生的各类问题。教学管理系统可以通过对这一流程的观察与监控，掌握教师及学生间教学的基本规律，从而形成一套能够支撑学校教学模式改革的体制。

建立部门共享平台，强化部门间协同管理作用的发挥，推动学院教学管理组织扁平化特征的不断发展，促进组织活力的增强。

除此之外，高校也应当建立起数据共享平台，通过对公共数据的共享与分析，为高校教学管理者提供决策分析的有效数据。数据共享平台所提供的公共数据一方面可以作为教学管理各系统建设、应用推广的重要基础，另一方面各系统可以对公共数据进行补充与丰富，真正实现了数据的积累与共享，公共数据的数据质量可以不断得到提高，基于数据的应用和报表分析也可以更加完善，从而为学校进行分析、调整、决策提供有力支撑。

由于教学管理平台所需资金量较大，所以为了弥补资金与力量上的不同，可以选择分段建设的方法。高校合理发挥自身优势，建立符合高校管理的基本框架，由各高校添加适合的管理模板，并且建立完善的信息共享机制，以有效利用学校资源，提升其管理水平。

（五）新媒体技术条件下高校教学管理队伍建设

新媒体时代下的教学管理，其本质是指利用各种各样的新媒体技术进行教学的管理。利用新媒体技术只是一种很普通的手段和工具，高校教学管理人员除了应当熟练掌握业务流程和组织模式，还必须了解当前信息技术的发展状况和未来趋势，提高自身的媒体素养和信息素养，以充当好院校与新媒体技术的"接口"，提高教学管理的质量和效率。

1. 提高教学管理人员的新媒体素养

高校教学管理者的管理水平。教学管理的对象是人，以人为本管理理念的体现关键是教学管理者本身的素质与水平能力，而目前高校教学管理队伍相对教学队伍来说，教育教学管理理论知识贫乏，学历层次高低不均，每天大多忙于烦琐的日常教学管理事务，致使教学管理缺乏科学性和创造性。教学管理本身兼具行政管理与学术管理的双重属性，教学管理人员不仅要懂得一般管理经验，更要了解、研究教育理论和教学规律。因此，笔者认为，应从以下几个方面入手：加强对教学管理人员的培训，提高其管理水平，更重要的是更新教学管理理念，树立以人为本的管理理念，增强服务意识，为教师的才能发挥提供广阔的空间；致力于制定、实行公平的政策，创建有持续性的公平竞争环境，

数字化时代下高校教育教学管理创新研究

建立能持续调整的弹性机制，以实现管理效能整体提高的目标；熟练掌握学校教学网络系统，以提高教学管理效率，建立现代化的教学信息服务系统，包括所有课程的教学内容信息、课程调度信息、学习要求和毕业资格信息等，以方便学生查询、选择、自主设计学习方式。

新媒体技术的发展环境使得高校急需一支了解新媒体技术而又熟悉现代教学思想，并且具有丰富管理经验和较强创新能力的教学管理队伍，因此，良好的媒体素养成为新的时代条件下高校教学管理者必须具备的基本素质。一般来说，媒体素养主要包括以下几个方面内容。

（1）媒体意识。通过新媒体技术可以获取很多有关教学管理活动的信息，面对这些信息，教学管理者首先应当具备对这些信息的敏感度和注意力，当然也要锻炼对信息价值的观察与评判，从而对信息进行评价。

（2）媒体能力。新媒体技术的即时性、互动性一直是吸引管理者的重要特征，而要想通过新媒体技术实现管理效率的提高，则需要教学管理人员提高利用新媒体技术获取信息、加强沟通和科学评价的能力。

（3）媒体道德。教学管理不仅涵盖了高校的重要文件资讯，还包括大量的师生隐私信息，而新媒体技术的开放性又使这些信息处于敏感的位置，因此，教学管理人员首先应当从自身保持良好的道德，其次才能共同抵制不法分子的入侵与破解。

（4）终身学习能力。新媒体技术是一项快速发展并不断更新的新鲜事物，教学管理者又是加强新媒体技术与高校融合的必要因素，因此，要想推动高校教学管理更好地适应新媒体技术的大环境，不仅高校应当重视起教学管理人员的培养与引进，管理者自身也要加强学习，以提高整个队伍的水平。

2. 教学管理人员的保障措施

任何一项活动的开展都离不开人员队伍的建设，相应地，高校教学管理人员在教学管理活动中的作用也尤为重要，因此高校可以通过环境建设、加强培训和建立激励机制来保障教学管理者自身素养的提高。弹性制度切中规范与创新的最佳结合点。长期以来，学校管理重视制度建设，对教学管理的规范和教学秩序的稳定起到了非常重要的作用，但是过于"刚性"的管理制度也会制约教师的个性发展，制约管理人员创新行为的产生。因此，要建立完善弹性教学管理制度，既增强教师的自主性，激活其内在的动力和潜能，又充分发挥教学管理人员的创新智慧。所谓"弹性教学管理制度"是指根据社会的最新变化和教学的需要，实施切合专业发展、课程教学的一系列具体的管理方法、措施和规范。这是世界高等教育教学和教学管理改革的一个趋势。

弹性教学管理制度的建立可以从弹性学制入手，进一步完善学分制。学校根据质量要求确定各专业的学分数，学生可在教师引导的基础上，根据自身水平和基础，自行安排学习进度，提前毕业或延长学制；采取自由选课制，在修完专业核心课和专业基础课之后，学生自主选择感兴趣的课程，甚至允许学生跨校选课，通过各高校之间的学分认同，在充分满足学生个性要求的同时对所开设的课程设立奖励学分,对学科竞赛、科学研究、科研发明、社会实践中表现优秀的学生,给予学分奖励,甚至可以在条件成熟的情况下设立学分银行,对学分进行统筹管理。通过学分制的不断完善,改变过去在培养目标上忽视个性特点的状况,以适应社会对高素质创新人才需求日益增长的趋势,实现人才培养模式的创新。

(1)环境建设。环境是影响一个人信息意识形成与提高的重要因素,因此在新媒体技术条件下,构建良好的新媒体环境是培养和提高教学管理者媒体意识的物质基础。比如,配置足够的计算机;全范围覆盖校园网络并保障畅通;优化教学管理系统软件;加强新媒体技术在教学管理全过程的渗透,整合教学管理各应用平台,充分实现教学管理的智能化、便捷化和共享化。加强培训。培训是使一个人迅速了解并掌握知识的最快捷的手段,新媒体技术作为一种新事物,对高校教学管理者来说同样充满着神秘感,因此高校应当承担起为教学管理者提供培训的责任,从而为他们自身素质和能力的提高提供帮助。比如,向管理者普及新媒体技术的基础知识,消除年长者的抵触感;鼓励管理者积极利用新媒体技术与师生进行互动,体验新媒体技术带来的独特感受等。

(2)激励机制。将教师纳入教学管理创新的主体中。工作专门化、精细化曾经是管理史上里程碑式的创举,大大提高了效率,为人类物质生产做出了巨大贡献。引申到高校管理中,就容易得出管理人员是教学管理创新唯一主体的结论,目前这种论调还存在于不少人的观念中。实际上,即使在管理学领域也提出了更为符合形势发展需要的工作扩大化的做法。教学管理人员与教师之间的界限需要淡化而不是强化,两者结合可以极大地互补。因此,将教师纳入教学管理创新中刻不容缓。首先,教师应该为教学管理创新提供最为真实的数据和资料。教师既是教学管理的参与者,又是服务者,对管理过程中存在的缺点和不足有深刻的认识。如同管理人员应有教学科研任务一样,教师也同样应该具备管理水平和能力,并在考核指标体系中体现出来。其次,教师应该充分运用教学管理创新成果。教学的改革与创新离不开学生的参与和反馈,而教学管理部门恰恰在这方面具有优势,况且教学管理创新的主旨也在于为教学服务。在运用创新成果的基础上,将优缺点及时反馈,有利于教学管理创新的良性互动和可持续发展。无论是物质激励还是精神激励,激励作为制度推行的动力都起到了良好的作用,相应地,如何鼓励教学管理者加强新媒体技术的传递与使用,激励机制无非是一项有效的措施。学校可以通过激励机制在管理者职称评晋级等方面有所侧重;或者制定对应的信息管理规章,以达到有效实施考核奖惩制度的目的。除此之外,高校也可以在对教师的德能绩效考核时,将媒体技术素养作为一项重要指标,从而营造出新媒体技术的环境氛围与意识。

改革教学管理中统一制式化的做法,倡导多样化和个性化。长期以来,高校普遍存在教学计划一体化、教学过程同步化、教学方法单一化、教材使用一本化等问题。进入大众化教育阶段后,教师和学生本身更加注重个性发展,要求高校实行"多层次、多规格、因材施教"的人才战略。因此,在专业课程设置、教学方法、学习方式及评价方式和教学管理方式上都必须突出多样性,给教师和学生更多的自主性。在目前流行的院系两级管理体

数字化时代下高校教育教学管理创新研究

制下，系里的教学管理自主权普遍较小，在统一管理和加强监督的理念下遏制了教学系的积极性和创造性，这种现象在规模较小的本科院校和高职院校中较为普遍。因此，笔者认为，要转变工作观念，各负其责，即学校职能部门专注于创造良好的条件，为教学系的教学提供便利，教学系专注于改革和创新，紧盯招生和就业两个市场，让市场检验改革创新的成效。

当然，单纯强调以人为本，也会忽视管理应该遵循的客观规律，使管理失去客观性、公正性和规范性，造成管理的随意性和软弱性。高等教学管理应该是人文精神和科学精神的综合体，严格的科学管理制度与以人为本的管理理念两者相辅相成，是理想的教育管理模式。

基于对上述新媒体技术条件下，提高高校教学管理水平对策建议的研究，在日后开展高校教学管理建设时将更有针对性和方向性，从而更好地促进高校乃至高等教育的发展。

参考文献

[1] 陈前斌，张鹏，黄琼. 目标导向的高校教学数字化转型策略设计与实践推进 [J]. 重庆邮电大学学报，2023，35（1）：9.

[2] 肖爱春. 产教融合背景下高职酒店管理与数字化运营专业教学课程体系构建 [J]. 前卫，2023（9）：3.

[3] 曹薇. 数字化时代下管理信息系统课程教学改革探索 [J]. 电子质量，2022（8）：161-163.

[4] 禚海英. 教育数字化背景下高等学历继续教育高质量发展困境与出路 [J]. 长春师范大学学报，2022，41（11）：143-146.

[5] 于涛，申瑾. 建筑业数字化转型阶段工程管理人才培养教学改革研究 [J]. 工程管理学报，2022，36（4）：153-158.

[6] 郑小军，何娼. 教育信息化2.0与数字化转型时代的虚拟教研室：概念，种类，特点，功能与模式 [J]. 广西职业技术学院学报，2022，15（6）：10.

[7] 李厚佳，许耀东. 制造类高技能人才培养数字化转型研究与实践：以数字化先进成型技术专业群为例 [J]. 教育教学论坛，2022（34）：4.

[8] 戴铭. 基于混合式教学酒店管理与数字化运营专业双语课程教学改革中的应用 [J]. 中文科技期刊数据库（引文版）教育科学，2023（2）：4.

[9] 李燕. 数字转型背景下高校档案文件的数字化分类管理探究 [J]. 内蒙古财经大学学报，2022，20（5）：150-152.

[10] 张颖. 云时代背景下高校档案数字化管理及其应用 [J]. 吉林农业科技学院学报，2022，31（4）：63-65.

[11] 王璐."1+X"证书制度背景下数字化管理会计教学模式探析 [J]. 经济师，2023（3）：2.

[12] 朱敬，龙慧. 教育数字化转型新阶段对文化视域下教育技术伦理的呼唤 [J]. 广西职业技术学院学报，2022，15（6）：7.

[13] 陆栽华."1+X"证书制度背景下数字化管理会计教学模式探析 [J]. 爱人，2022（6）：3.

[14] 王鑫，李玉，于景伟. 地方应用型本科高校教学内部治理数字化转型思考 [J]. 教育探索，2022（12）：4.

[15] 李书乐.在教育教学数字化管理中提升校长的领导力[J].2022（10）：39-42.

[16] 李伟.高校信息化管理的重要性及实施策略探讨[J].办公自动化，2022，27（18）：32-35.

[17] 赵新民.新时代"体教融合"背景下高校体育"多维度，数字化"教学研究[J].体育科技文献通报，2022，30（1）：5.

[18] 张运泉.数字经济背景下深化高校教育教学数字化转型的思考[J].世纪之星—交流版，2022（25）：3.

[19] 李春强.智慧校园建设背景下高校档案管理数字化的路径[J].兰台内外，2022（18）：3.

[20] 傅佳青.数字化赋能高校教育教学创新发展研究：以宁波工程学院为例[J].太原城市职业技术学院学报，2022（9）：44-46.

[21] 曹刚.高校多媒体教学网络化、数字化、信息化管理的实现与应用[J].中国科技期刊数据库科研，2022（7）：4.

[22] 陈春花.数字化时代，MBA教学的变与不变[J].经理人，2022（1）：4.

[23] 笪笑.新时代下高校教学管理信息化研究：评《我国高校教学管理与信息化思维》[J].中国高校科技，2022（11）：2.

[24] 王耀章.新媒体时代高校数字化教育管理研究[J].中国报业，2022（4）：2.

[25] 王诚."互联网+"背景下高校完善教学管理信息化建设研究[J].中文科技期刊数据库（全文版）教育科学，2022（6）：3.

[26] 肖茹丹.基于"互联网+"时代高校教学管理工作的转型路径[J].办公自动化，2023，28（5）：4.